渉外戸籍実務基本先例百選

澤 田 省 三〔編〕

発行 テイハン

は し が き

　戸籍届出事件のうち，いわゆる渉外的戸籍事件とされるもの
の事件数は間違いなく増加の一途をたどっているものと思われ
ます。近年の国際化の進展に伴い，来日する外国人が増加する
とともに，海外に渡る日本人の飛躍的な増加がその背景にある
と思われます。

　ところで，渉外的戸籍事件は一般の国内戸籍事件と比較しま
すと，事柄の性質上，国内戸籍事件とはその事務処理への対応
にかなりの特質を持っています。国内戸籍事件であれば，事件
当事者は日本人が主体となっていますから，その事件に適用さ
れる法律も民法，国籍法等の実体法や戸籍法・同施行規則等の
手続法に限定されると言ってよいかと思われます。

　しかし，渉外的戸籍事件の場合は，こうした関係国内法に加
えて，外国法の適用あるいは解釈等の判断にまで及ぶことにな
ります。渉外的戸籍事件を処理する場合，周知のとおり，我が
国には渉外的事件に適用する法律を指定する法律として「法の
適用に関する通則法」があり，この法律の規定によって準拠法
を決定し，これによって決定された国の実質法によりそれぞれ
その要件を備えているか否かの判断が求められることになって
います。渉外的戸籍事件処理が難解とされているのもこのよう
な点にあると思われます。

　国内戸籍事件であれ，渉外的戸籍事件であれ，その処理に際
して求められる基本的原則として事件処理の全国的統一が図ら
れ，国民の身分関係秩序が維持されることが求められています。

1

その目的に大きな役割を果たしているのがいわゆる「戸籍先例」と言えましょう。この「先例」は，戸籍事務の処理に関する法務省の有権的解釈を示したものであり，具体的には「通達」「回答」等の形で発せられており，戸籍実務の現場では執務の拠りどころとして大きな存在となっています。最近の「先例」の発出状況を見ていますと，その多くが渉外的戸籍事件で占められていると言っても過言ではないように思います。

　前記のとおり渉外的戸籍事件の事務処理の難解さは戸籍現場における一つの課題となっているように思いますが，そこで今回渉外的戸籍事件の処理に関わる多くの「先例」の中から，基本的な先例として位置づけられるものをピックアップし「渉外戸籍実務基本先例百選」としてとりまとめて執務の参考に資してみることを考えました。

　膨大な「先例」の中からそれらのものを選ぶのは極めて難しい作業で，選んだ「先例」の妥当性についても問題があるかも知れませんがとりあえずは100の先例を選び公刊することとしました。少なくとも，渉外的戸籍事件の処理に際し，極めて基本的かつ重要な意味を持つこれらの「先例」は渉外的戸籍事件処理に際し普遍的に役立つものと信じています。本書が渉外的戸籍事件の処理に関わる人々にとっていささかでも役立てば幸いです。

　本書の出版に際しては，株式会社テイハン代表取締役坂巻徹氏，専務取締役市倉泰氏のご支援をいただき，また，同社企画編集部の皆さんの大変なご協力をいただきました。ここに深く感謝の誠を捧げたいと思います。

なお，本書に収録した「先例」の出典は，株式会社テイハン刊「戸籍六法」（平成31年版），法務省民事局第二課戸籍実務研究会編「新人事法総覧　実例編」（テイハン刊）が基本となっています。

　　2019年10月

　　　　　　　　　　　　　　　　　　　　澤　田　省　三

年次順先例目次

◆　　◆　　◆

【1】　法務省民事局長通達　　昭23・6・24民事甲1989号 … 1

【2】　法務省民事局長回答　　昭24・5・30民事甲1264号 … 2

【3】　法務省民事局長回答　　昭25・1・23民事甲145号…… 4

【4】　法務省民事局長回答　　昭25・8・12民事甲2099号 … 5

【5】　法務省民事局長回答　　昭26・4・30民事甲899号…… 7

【6】　法務省民事局長通達　　昭26・6・14民事甲1230号 … 9

【7】　法務省民事局長回答　　昭26・6・21民事甲1290号 … 10

【8】　法務省民事局長回答　　昭27・3・5民事甲239号…… 12

【9】　法務省民事局長回答　　昭27・3・18民事甲264号…… 14

【10】　法務省法務総裁官房長通知　　昭27・4・19民事甲

438号 …………………………………………………… 16

【11】　法務省民事局長回答　　昭27・6・19民事甲849号…… 19

【12】　法務省民事局長回答　　昭27・7・8民事甲986号…… 20

【13】　法務省民事局長回答　　昭27・9・18民事甲274号…… 20

【14】　法務省民事局長回答　　昭27・9・2民事甲167号…… 22

【15】　法務省民事局長回答　　昭28・4・8民事甲561号…… 23

【16】　法務省民事局長通達　　昭28・4・18民事甲577号…… 26

【17】　法務省民事局長回答　　昭28・8・15民事甲1458号 … 27

【18】　法務省民事局長回答　　昭29・3・6民事甲509号…… 28

【19】　法務省民事局長回答　　昭29・3・18民事甲611号…… 30

【20】　法務省民事局長回答　　昭29・9・25民事甲1986号 … 32

【21】　法務省民事局長回答　　昭30・2・24民事甲394号…… 33

【22】 法務省民事局長回答　　昭30・7・7民事甲1349号 … 35

【23】 法務省民事局長回答　　昭30・9・7民事甲1879号 … 38

【24】 法務省民事局長回答　　昭31・7・3民事甲1466号 … 40

【25】 法務省民事局長回答　　昭31・7・7民事甲1555号 … 41

【26】 法務省民事局長事務代理回答　　昭31・11・20民事
甲2659号 …………………………………………… 43

【27】 法務省民事局長通達　　昭32・9・21民事甲1833号 … 44

【28】 法務省民事局長回答　　昭34・8・11民事甲1755号 … 46

【29】 法務省民事局長通達　　昭34・8・28民事甲1827号 … 49

【30】 法務省民事局長通達　　昭39・2・12民事306号…… 52

【31】 法務省民事局長回答　　昭39・8・18民事甲2868号 … 54

【32】 法務省民事局長回答　　昭40・4・12民事甲838号…… 58

【33】 法務省民事局長回答　　昭40・11・26民事甲3288号 … 60

【34】 法務省民事局長回答　　昭40・12・20民事甲3474号 … 64

【35】 法務省民事局長通達　　昭41・8・22民事甲2431号 … 66

【36】 法務省民事局長通達　　昭41・9・30民事甲2594号 … 66

【37】 法務省民事局長回答　　昭42・12・22民事甲3695号 … 68

【38】 法務省民事局長回答　　昭43・9・30民事甲3096号 … 73

【39】 法務省民事局長回答　　昭44・1・8付外務大臣官
房領事移住部長あて ………………………………… 75

【40】 法務省民事局長回答　　昭44・11・25民事甲1436号 … 76

【41】 法務省民事局長回答・法務省民事局第二課長通知
昭和46・3・11民事甲1166号・昭46・6・24民事
二158号………………………………………………… 78

【42】 法務省民事局長回答　　昭47・12・27民事甲5658号 … 80

【43】 法務省民事局長通達・法務省民事局長回答　昭
51・1・14民二280号・昭51・1・14民二279号 …… 81

【44】 法務省民事局第二課長回答　昭51・9・8民二
4984号 ………………………………………………… 85

【45】 法務省民事局長通達　昭53・7・22民二4184号 …… 86

【46】 法務省民事局第二課長回答　昭53・9・13民二
4863号 ………………………………………………… 87

【47】 法務省民事局長回答　昭54・5・11民二2864号 …… 91

【48】 法務省民事局第二課長回答　昭54・8・1民二
4255号 ………………………………………………… 93

【49】 法務省民事局長回答　昭55・8・27民二5217号 96

【50】 法務省民事局長通達　昭55・8・27民二5218号…… 97

【51】 法務省民事局長通達　昭56・9・14民二5537号 ……100

【52】 法務省民事局長通達　昭57・3・30民二2495号 ……102

【53】 法務省民事局長通達　昭57・7・6民二4265号 ……105

【54】 法務省民事局第二課長回答　昭57・8・4民二
4844号 …………………………………………………107

【55】 法務省民事局長回答　昭57・12・18民二7608号 ……108

【56】 法務省民事局第二課長依命回答　昭58・2・25民
二1285号 ………………………………………………112

【57】 法務省民事局長通達　昭58・10・24民二6115号 ……114

【58】 法務省民事局長通達　昭59・11・1民二5500号 ……118

【59】 法務省民事局長通達　昭62・10・1民二5000号 ……135

【60】 法務省民事局第二課長回答　平元・3・10民二
662号 …………………………………………………155

【61】 法務省民事局長通達　平元・10・2民二3900号 ……159

【62】 法務省民事局長回答・法務省民事局長通達　平元・12・27民二5540号・同日付民二5541号 …………207

【63】 法務省民事局長回答　平3・2・18民二1244号 ……208

【64】 法務省民事局第二課長回答　平3・12・5民二6047号 ……………………………………………209

【65】 法務省民事局第二課長回答　平3・12・5民二6049号 ……………………………………………210

【66】 法務省民事局第二課長回答　平3・12・13民二6123号 ……………………………………………214

【67】 法務省民事局長回答　平4・3・26民二1504号 ……218

【68】 法務省民事局第二課長回答　平5・1・5民二1号 ……………………………………………225

【69】 法務省民事局第二課長通知　平5・4・5民二2986号 ……………………………………………226

【70】 法務省民事局長回答　平6・2・25民二1289号 ……228

【71】 法務省民事局第二課長通知　平6・3・31民二2439号 ……………………………………………229

【72】 法務省民事局長通達　平6・4・28民二2996号 ……231

【73】 法務省民事局長回答　平6・11・30民二8202号 ……237

【74】 法務省民事局第二課長回答　平7・3・30民二2639号 ……………………………………………238

【75】 法務省民事局第二課長回答　平7・7・7民二3292号 ……………………………………………239

【76】 法務省民事局第二課長回答　平9・7・10民二

1223号 ……………………………………………………………241

【77】 法務省民事局長通達　平10・1・30民五180号………243

【78】 法務省民事局第二課長回答　平11・4・23民二
872号 …………………………………………………… 245

【79】 法務省民事局第二課長・第五課長通知　平11・
11・11民二・五2420号 …………………………………246

【80】 法務省民事局民事第一課長通知　平14・8・8民
一1885号 ……………………………………………………251

【81】 法務省民事局民事第一課長回答　平16・4・26民
一1320号 ……………………………………………………252

【82】 法務省民事局民事第一課長回答・同通知　平18・
2・3民一289号・同日付民一290号 ………………254

【83】 法務省民事局民事第一課長回答　平18・7・25民
一1690号 ……………………………………………………255

【84】 法務省民事局長通達　平20・5・27民一1503号 ……257

【85】 法務省民事局長通達　平20・12・18民一3300号 ……259

【86】 法務省民事局長通達　平20・12・18民一3302号 ……278

【87】 法務省民事局民事第一課長通知　平21・3・26民
一762号 ……………………………………………………287

【88】 法務省民事局民事第一課長通知　平21・9・1民
一2012号 ……………………………………………………288

【89】 法務省民事局民事第一課長通知　平22・3・31民
一833号……………………………………………………291

【90】 法務省民事局民事第一課長回答　平22・6・23民
一1540号 ……………………………………………………292

5

【91】 法務省民事局民事第一課長通知　平22・6・23民
一1541号 ……………………………………………296

【92】 法務省民事局長通達　平22・7・21民一1770号 ……297

【93】 法務省民事局民事第一課長回答　平23・2・9民
一320号………………………………………………299

【94】 法務省民事局長通達　平24・6・25民一1550号 ……302

【95】 法務省民事局民事第一課長回答　平24・7・31民
一1953号 ……………………………………………308

【96】 法務省民事局民事第一課長回答　平26・2・26民
一187号………………………………………………309

【97】 法務省民事局長通達　平26・7・3民一737号………311

【98】 法務省民事局民事第一課長回答　平27・5・20民
一645号………………………………………………312

【99】 法務省民事局民事第一課長回答　平27・6・1民
一707号………………………………………………313

【100】　法務省民事局民事第一課長回答　平28・2・22
民一171号………………………………………………314

昭和23年

【1】
法務省民事局長通達　昭23・6・24民事甲1989号
（要旨－国籍留保の届出は，出生の届出と同時になすべきものであるから，国籍留保が同時にされない限り，出生届は受理できない）
　　　　　　　民事局通達（昭和23年6月24日民事甲第1989号各司法事務局長あて）
　　　　　在米日本人の国籍留保に関する件
　米国で出生した日本人の国籍留保について，左のように決定したから，これを御了知の上，貴管下甲号出張所及び市町村に対し伝達方を取り計らわれたい。
　右通達する。
　　　　　　　　　記
1．米国で生れた日本人の子について，航空郵便その他の方法により出生後14日以内に本籍地の市町村長に国籍留保の届出がされた場合には，国籍法第20条の2第1項の国籍留保の届出がされたものとして取り扱ってよいが，14日の届出期間経過後に届出があった場合には，国籍法施行規則第2条第2項に照らしてこれを受け付けるかどうかを判定する。しかし現情勢の下では，在米日本人には，航空郵便などによる届出の方法があることが周知徹底されていないし，また，日本の国内事情もはっきりしていないと考えられるので，特に期間を怠ったと認められる事情が明かでない限り，同項にいわゆる「避クベカラザル事由ニ困リ…期間内ニ国籍ノ留保ノ届出ヲ為ス能ハザル場合」に該当するものとして取り扱って差し支

1

えない。

2. 従来米国で生れた日本人の子で，今次戦争のため法定の期間内に国籍留保の届出をすることができなかった者について，その者の出生届出義務者が日本に帰還上陸後，出生並びに国籍留保の届出をする場合が現在少なくないようであるが，この場合には，右の出生届出義務者が日本上陸後届出をすることができるようになった日から起算して，国籍法施行規則第2条第2項の期間内の届出であるかどうかを判定し，期間内の届出であるときは，これを受理して差し支えない。

　　なお，国籍の留保は，国籍法施行規則第2条第2項により，出生届と同時になすべきものであって，国籍留保の届出が同時にされない限り，受理した出生届に基づき戸籍の記載をなすべきものでないにかかわらず，この点が徹底していない向もあるように見受けられるから，念のため申し添える。

（注）「国籍法施行規則第2条第2項」とあるのは「戸籍法第104条第1項・第2項」と改正されている。

【2】

法務省民事局長回答　昭24・5・30民事甲1264号
（要旨－外国人との婚姻届には，その国の権限ある官庁が発行した婚姻能力を証する書面を添付させて受理する。右の場合の婚姻届書は1通でよい）

　　　　　　山梨県南都留郡谷村町長照会（昭和24年4月18日第180号）

　左記のものの婚姻につき何分の御教示に預かりたく，婚姻届

昭和24年

書及び関係書類を添えて御願いします。（添付書類は目録のみ
を記載し，内容を省略する。）

　　日本人の戸籍の表示

　　　山梨県南都留郡谷村町下谷1699番地

　　　所在　右同

　　　　　　　　　　　　　　　　川　村　泰　男

　　　　　　　　　　　　　　　明治42．1．1生

　　女の本籍

　　　墺太利国スタイヤーマーク州クニッテルフェルト市

　　所在

　　　墺太利国維納市第三区ウンターヴァイスゲルバー街9

　　　　　　　　　　　　　　　ノーヴァクエリツァ

　　　　　　　　　　　　　　　大正13．6．23生

　　右両者間に無籍の男児

　　　　　　　　　　　　　　　　　康　　　　男

　　　　　　　　　　　　　　　昭和20．7．18生

　　出生の場所及び所在母に同じ

　　　　　　　　　記

1．婚姻能力，同意その他の要件が当町にて判明しないが，別
　紙届書にて受理差し支えありませんか。

2．妻を入籍させ得るとすれば，その記載例

3．届書を2通提出せしめ，内1通の届書の取扱については，
　当町に保存しておいてよいでしょうか。

4．子の出生届は，右両者間の嫡出子として，婚姻届出後に戸
　籍法第62条の届出があったときは，受理して差し支えありま

3

せんか。

添付書類

1．婚姻届書

1．妻の独身証明書

1．婚姻承諾書写

1．同意書訳文

1．出生証明書写

1．国籍証明書写

1．両親婚姻証明書

1．子供洗礼書写

民事局長回答（昭和24年5月30日民事甲第1264号）

1．妻の本国の権限ある官庁が発行した婚姻能力を証する書面を添付せしめて，受理するのが相当である。

2．戸籍法施行規則付録第7号戸籍記載例180により記載するのが相当である。

3．所問の場合，届書1通を提出させればよい。

4．貴見の通り

【3】

法務省民事局長回答　昭25・1・23民事甲145号

（要旨－外国の方式により成立した婚姻の届出についての領事の審査義務）

外務省管理局長照会（昭和25年1月5日管発第1号）

1．外国の方式により成立したる婚姻等の届出についての領事の審査義務

外国在住の日本人が外国法により成立したる婚姻等につき，外国駐在の日本領事に届出ありたる場合，領事は右婚姻等が我国法の要求する要件を満たしておるや否やにつきこれを審査する義務又は期限ありや，右義務又は権限ありとすれば，これが審査の結果当該婚姻等が我国法上取消原因が存し，又は無効なりと認められる場合は，届出の受理を拒否することができるものなりや。

　　　　民事局長回答（昭和25年1月23日付民事甲第145号民事局長）

2．外国の方式により成立したる婚姻等の届出についての領事の審査義務

　　存外邦人がその国の方式に従って，婚姻等に関する証書を作らせ戸籍法第41条の規定によりこれを提出する場合は，その身分関係成立の実質的要件について，特に審査をする必要がないものと解される。但し，右の書類には，夫婦が証する氏又は戸籍法第30条に規定する届書記載事項等は，記載されていないことが多いと考えられるので，これらの書類を受理する場合は，特にこの点に留意の上，必要に応じ右の事項を申出させ，受理した書類に添えて送付されるよう御配慮願いたい。

【4】

法務省民事局長回答　昭25・8・12民事甲2099号

（要旨－新国籍法施行後，夫婦がともに日本に帰化した場合，又は夫婦の一方が日本国民であって他の一方が帰化した場合等

昭和25年

における戸籍事務の取扱方）

　　　大宮市長照会（昭和25年7月8日第1971号）

1. 昭和25年6月1日付民事甲第1566号貴局通達中第2の2は次のように解してよいでしょうか。

　㈠　夫婦がともに帰化した場合とは帰化の許可が夫婦につき同時になされ同時に帰化の届出のあった場合のみをいうのでしょうか。

　㈢　夫婦の一方が日本国民であって他の一方が帰化した場合とは夫婦の一方が固有の日本国民である場合は勿論夫婦の一方が単独で帰化しその後他の一方が帰化する場合も含まれるのでしょうか。

　㈥　㈠㈢の場合ともに夫婦の称する氏本籍は夫婦の協議で任意に設定し又筆頭者となるものも自由に定められるのでしょうか。

　㈡　帰化した夫婦又は日本国民の夫又は妻が帰化したため新戸籍が編製された後これらのものが日本国民の養子となりその夫婦につき新戸籍を編製する場合は筆頭者である夫又は妻の氏を称する婚姻をしたものとして筆頭者であったものを縁組による新戸籍の筆頭者とする取扱でよいでしょうか。

　　　民事局長回答（昭和25年8月12日民事甲第2099号）

1. ㈠　夫婦について帰化の許可の告示が同時になされ，その届出が同時になされる場合は言うまでもなく，仮に夫婦について帰化の許可の告示が各別になされる場合があるとしても，その届出が同時になされる場合は，これに該当する。

㈡　貴見の通り。

㈢　㈠の場合及び㈡の場合のうち，戸籍法第16条第２項の規定により，帰化した者が既に日本国民である他の一方の戸籍に入籍する場合を除き貴見の通り。

㈣　貴見の通り。

【5】

法務省民事局長回答　昭26・４・30民事甲899号

（要旨－１．日本人男が外国人女と妻の氏を称し，外国において新戸籍を編製する旨記載した婚姻届は受理すべきでない。

２．日本人男が外国人女と婚姻し，婚姻前の出生子につき戸籍法第62条の出生届出をしても，その子は当然には日本国籍を取得しない）

　　　　　福岡県浮羽郡柴刈村長照会（昭和26年３月18日柴日記戸第94号）

　　　　外国人女と日本人男の妻の氏を称する婚姻並びに両者間の子の出生届出に関する件

　２月23日付管邦第827号をもって御通報下さいました左記人に対する標記の件届出について不明のため別紙日本の届書による届出を添付致しておりますので御多忙中誠に恐れ入りますが何卒御指示下さいますようお願い致します。

　　　　　記

本籍　福岡県三井郡大橋村大字蜷川1441番地の１

　　　　　　　　夫　　貞　清　久　人

　　　　　　　昭和３年10月１日生

昭和26年

　　国籍　　ブラジル国サンパウロ州アラカトバ

　　　　　　　　　　　妻　　高　山　スギ子

　　　　　　　　　　　　昭和４年12月８日生

　　出生地　　福岡県浮羽郡柴刈村大字八幡1352番地

　　　　　　　　　　　長男　　高　山　洋　一

　　　　　　　　　　　　昭和26年２月１日生

別紙戸籍抄本略

　　　民事局長回答（昭和26年４月30日民事甲第899号）

　　外務省管理局在外邦人課長あて照会の件は，当府の所管に
属する事項であるから，当職より左の通り回答する。

１．日本人と外国人間の婚姻については，民法第750条の規定
の適用がなく，また，右婚姻によって日本人は当然に日本国
籍を喪失せず，戸籍の変動を生ずることもないから，日本人
男が外国人女と妻の氏を称して婚姻し，外国において夫婦の
新本籍を定める旨を記載した本件婚姻届は受理すべきでない。
従って，右当事者が婚姻する場合は，届書（四）欄の記載の
余地がなく，その届書が受理されても，夫たる日本人男の戸
籍に婚姻事項を記載するに止めるのが相当である。

２．照会の出生届は，父母につき適法な婚姻届がなされたとき
は，父の本籍及び氏に関する記載を補記訂正させて受理して
差しつかえないが，父母が右婚姻をしないときは，改めて外
国人女の嫡出でない子として出生届出する外ない。なお，右
いずれの場合においても，子は当然に日本国籍を取得するも
のではないから，申し添える。

婚姻届・出生届（略）

8

昭和26年

【6】

法務省民事局長通達　昭26・6・14民事甲1230号

（要旨－米国人男と日本人女の婚姻及び離婚に関する戸籍の取扱につき注意すべき点）

　　　　民事局長通達（昭和26年6月14日民事甲第1230号各法務局長及び地方法務局長あて）

　　　　米国人男と日本人女間の婚姻及び離婚に関する戸籍の取扱について（通達）

　最近外務省に提出される渡航等に関する申請書等に添付した戸籍の謄本又は抄本中，米国人男と婚姻した日本人女につき，婚姻届出に基づいて直ちに従前の戸籍から除籍した記載のあるものが多く，渉外事務の処理上支障を生じている旨，今般外務省管理局長から申越があった。新国籍法は婚姻による国籍の変動を認めていないし，また，旧国籍法当時に届け出られた婚姻であっても，日本人女は米国人男との婚姻によって米国の国籍を取得しないため，同法第18条の適用を受けなかったので，同女につき国籍の変動はなく，従って，米国人男との婚姻に基づいて除籍する場合は全くないのであるから，同女は引き続き戸籍に記載されていなければならない。なお，旧国籍法当時，日本人女が米国人以外の外国人（例えば中国人）男と婚姻し，同法第18条によって日本国籍を喪失した事案であっても同女の戸籍は，国籍喪失届によって除籍すべきであって，婚姻届に基づいて直ちに除籍した戸籍の記載があるとすれば，過誤であるから訂正しなければならない。

　次に，米国人男と日本人女間の離婚につき，戸籍法第76条の

9

昭和26年

協議離婚の届出を受理したので，同男は離婚が有効に成立した
ものと信じ，その後更に米国人女と婚姻したため，法律上重婚
関係を生じ，由々しい問題となった事件が最近発生した。もち
ろん，外国人男と日本人女間の離婚については，法例第16条に
より離婚の原因たる事実の発生した時における夫の本国法によ
るべきものであるから，右夫たる外国人男の本国法により協議
離婚を日本の法律によってできる旨の証明書（かかる証明書を
発行する権限ある者の署名あるもの）を提出させた上，これを
受理すべきものである。しかし，目下のところ，米国において
は協議離婚の制度はないものと考えられるので，米国人男との
協議離婚の届出は受理しないのが相当である。

　以上の点に十分留意の上，今後とも，渉外関係の戸籍事務の
取扱については特に万全を期し，遺憾のないよう貴管下各支局
及び市区町村に対して厳達方取り計らわれたい。

【7】

法務省民事局長回答　昭26・6・21民事甲1290号

（要旨－養父は米国の，養母と養子は日本の国籍を有している
場合における養子離縁の取扱）

　　　　　　外務省管理局長照会（昭和26年5月28日管邦第211号）
　今般ホノルル日本政府在外事務所長より日本国籍を離脱した
元日本人との養子離縁に関し左記の通り照会があったところ，
右に関する貴見御回示願いたい。
　　　　　　　記
　中村文人は養父中村芳光，義母中村チヨコの養子であるが，

10

協議離縁により復籍を希望している。しかるに，養父中村芳光は養子縁組後昭和16年に日本国籍を離脱しおり，現在では外国単一となっている。

　右の場合通常の協議離縁届を受理して差し支えないか。

　養父芳光が婚姻又は養子縁組によって他家より入りたる者であれば，国籍離脱による去家により養父と養子の養親子関係は既に消滅しているのであるから，養子は養母と協議離縁をなし得るが，養父が婚姻又は養子縁組により他家より入りたる者でないときは，外国人である養父及び日本人である養母と協議離縁はなし得ないか。右なし得ないとすれば如何なる方式手続によるべきか。

**　　　民事局長回答**（昭和26年6月21日民事甲第1290号）

　所問の養父が縁組当時，家付の者であれば貴見の通り現に養父子関係は存続するものと解すべきである。そこで照会の文面から判断すると養父はアメリカ合衆国の，また養子は養母と同様に日本の国籍を有するほか，いずれもアメリカ合衆国に住所を有するものと認められるが，かかる離縁については，法例第19条第2項の規定により，養父についてはその所属の州の法律が，また養母については日本の民法がそれぞれ適用されるものと解する。しかるところ，養父の本国法には協議離縁の制度がないので養父との協議離縁届は受理しないのが相当である。

　次に日本民法の解釈上配偶者を有する養母については，原則としてその配偶者とともにせざれば協議離縁はできないとする取扱であるが，所問のようにその配偶者の本国法に協議離縁の制度がない場合は，各別に離縁をするほかはないので，養母と

11

昭和26年・昭和27年

の協議離縁届は受理して差しつかえないものと解する。なお，所問の養子は，養母との離縁によって実方に復籍する取扱が相当であるから念のため申し添える。

【8】

法務省民事局長回答　昭27・3・5民事甲239号
（要旨－米国在留の日本人夫婦が，米国裁判所の離婚判決に基き在外事務所に離婚届をしたが，その離婚判決が法例第16条の規定に違反し，日本法上離婚の効果を生じない場合でも，右の離婚届が夫婦双方から届け出られているときは，これを協議離婚の届出として取り扱うことができる）

外務省条約局長照会（昭和27年2月8日条3第32号）

今般在ホノルル日本政府存外事務所より，ハワイ県第一巡回裁判所の離婚判決を添付した在外邦人間の離婚届書を送付し来りたるところ，右判決によれば本件離婚原因たる事実は，わが旧民法第813条に掲げる離婚原因に該当しないものと認められるので，法例第16条の規定に違反する離婚として，右離婚届書は届出人へ返戻すべきものなりや，右とすればあらためて日本法による協議離婚届をなすの要ありや，又は本件離婚は日本法上も有効なるものとして，このまま本籍地村長へ送付して差しつかえなきものなりや。外国裁判所の裁判に基づく離婚届の受理に関する昭和25年10月12日付法務府民事甲第2711号貴官回答の次第もあるについては，本件離婚届の取扱に関し貴見御回示願いたい。

（別紙判決訳文）

昭和27年

　　　証　　明　　書
　別紙離婚判決書の写は，当所保管の原本の全文の真実且つ正
確な膳本であること。
　右裁判事件の何れの当事者からも右判決に対し控訴の申立て
がなかったこと及び右が最終判決であることをここに証明する。
　　1950年12月15日ハワイ準州ホノルルにおいて
　　　　ハワイ準州第一司法巡回裁判区
　　　　巡回裁判所書記
　　　　　　　　　ダブルユー・エチ・テイリー
D・第30754号
　　ハワイ準州第一巡回裁判区巡回裁判所において
　　裁判官，チャールス・イ・カッシテイ殿がその公判室におい
て公開のもとに司宰する面前において本裁判事務を取扱う
原告　中　村　モ　リ｜ハワイ準州の第一巡回裁判所受理
　　　　　対　　　　｜1946年6月18日午前9時45分
被告　中　村　小一郎｜書記
　　　　　　　　　　｜署名　ウイリアム・シ・イング
　　　離　婚　判　決
　被告が4年以上にわたり原告より別居していたという理由で，
右原告と被告の間に従来存在した婚姻の解消を求め，その審理
を求める訴がハワイ準州・ホノルル郡ホノルル市の右原告から
1946年6月18日ホノルル市裁判所の右裁判官の公開公判廷に提
出された。而して右原告は右裁判官の前に出廷し，右当事者が
法的に婚姻したものであること及び右訴の中の申立ての真実で
あることが正当に立証された。
　　よって，右原告と被告間に存する婚姻は，ここに解消するも

13

昭和27年

のなることを命じかく判決する。よって右婚姻は解消するものとする。

本判決は本日より効力を発生するものとする。

　　　　　　ハワイ準州第一巡回裁判区巡回裁判所家庭関係部

　　　　　　判　事

　　　　　　　署　名　チャールス・イ・カツシテイ㊞

　右は当所保管原本の全文の真実且つ正確なる謄本であることを証明する。

　　　　　　ハワイ準州第一巡回裁判区

　　　　　　巡回裁判所書記

　　　　　　　　ジエー・イー・トーマス

民事局長回答（昭和27年3月5日民事甲第239号）

　照会にかかるハワイ県第一巡回裁判所の離婚判決は，日本法上離婚の効果を生ずるものでないが，本件の離婚届書は，当事者双方から届け出たものであって，証人の連署を欠く外は協議離婚届の要件を具備しているものと認められるので，ホノルル在外事務所長の受理の日に協議離婚が成立したものとして処理するのが相当と思考される。なお，右の取扱については，ホノルル在外事務所長をしてその旨を届出人に通知せしめられたく，また，本籍地村長に対しては明治37年5月20日付民刑第66号司法次官通牒の趣旨により，届書（20）欄の記載を消除の上受理するよう指示されたい。

【9】

法務省民事局長回答　　昭27・3・18民事甲264号

（要旨－米国軍人と日本人女との夫婦間の婚姻前の出生子につき，婚姻後父から戸籍法第62条の出生届があった場合の取扱）

山口地方法務局長照会（昭和27年３月３日付(戸)発第115号）

甲男（国籍，アメリカ合衆国。本籍，ミゾリー州。職業，軍人）と乙女（日本人女）との間に，両人の婚姻前に出生した子につき婚姻後，甲男より戸籍法第62条による嫡出子出生届（但し本件の場合は父のみより届け出ている。）をしたものを某市において受理し，乙女の本籍地である当庁管内の某市に送付してきたが，この出生届は適法としてこのまま戸籍の処理をしてよいか。

或は，この場合母より非嫡出子の出生届をさせ，その後父よりの認知届をまって父母欄及び父母との続柄を訂正する取扱（現行国籍法によれば認知により国籍の変動はないから）をするのではないか。

若し，後段の取扱をするとすれば，送付に係る右出生届にその旨付せんし，受理地市町村に返戻するか。

民事局長回答（昭和27年３月18日民事甲第264号）

所問の出生届は適法な届出として処理して差しつかえない。また，認知によって国籍の変動を生じないことは貴見の通りであるから，右の届出によって子を母の戸籍に，もし母が戸籍の筆頭に記載した者及びその配偶者以外の者であれば新戸籍を編製して同戸籍に入籍させるのが相当である（参照昭和26・11・12民事甲第2162号民事局長回答民事月報第７第１号46ページ）。なお，戸籍法第62条の規定による出生の届出は，本事案のよう

昭和27年

に子の父が日本国籍を有しないときでも，子の母が知れている場合は，父のみからすることができるものと解して差しつかえないから念のため申し添える。

【10】

法務省法務総裁官房長通知　昭27・4・19民事甲438号

（要旨－平和条約に伴う朝鮮人，台湾人等に関する国籍及び戸籍事務の処理について）

　　　　　　法務総裁官房長通知（昭和27年4月19日民事甲第438号内閣官房長官，各省次官，最高裁判所事務総長，人事院事務総長あて）

　平和条約の発効の日以後における国籍及び戸籍事務の処理に関して，別紙の通り当府民事局長から管下各法務局及び地方法務局の長に対して通達したので，参考までに通知する。

　（別紙）

法務府民事甲第438号

　昭和27年4月19日

　　　　　　　　　法務府民事局長　　村上朝一

法務局長

地方法務局長　　御中

　　　　平和条約に伴う朝鮮人，台湾人等に関する国籍及び戸籍事務の処理について（通達）

　　近く平和条約（以下単に条約という。）の発効に伴い，国籍及び戸籍事務に関しては，左記によって処理されることとなるので，これを御了知の上，その取扱に遺憾のないよう貴

昭和27年

管下各支局及び市区町村に周知方取り計らわれたい。

記

第1　朝鮮及び台湾関係

（1）　朝鮮及び台湾は，条約の発効の日から日本国の領土から分離することとなるので，これに伴い，朝鮮人及び台湾人は，内地に在住している者を含めてすべて日本の国籍を喪失する。

（2）　もと朝鮮人又は台湾人であった者でも，条約の発効前に内地人との婚姻，縁組等の身分行為により内地の戸籍に入籍すべき事由の生じたものは，内地人であって，条約発効後も何らの手続を要することなく，引き続き日本の国籍を保有する。

（3）　もと内地人であった者でも，条約の発効前に朝鮮人又は台湾人との婚姻，養子縁組等の身分行為により内地の戸籍から除籍せらるべき事由の生じたものは，朝鮮人又は台湾人であって，条約発効とともに日本の国籍を喪失する。

　　なお，右の者については，その者が除かれた戸籍又は除籍に国籍喪失の記載をする必要はない。

（4）　条約発効後は，縁組，婚姻，離縁，離婚等の身分行為によって直ちに内地人が内地戸籍から朝鮮若しくは台湾の戸籍に入り，又は朝鮮人及び台湾人が右の届出によって直ちに同地の戸籍から内地戸籍に入ることができた従前の取扱は認められないこととなる。

（5）　条約発効後に朝鮮人及び台湾人が日本の国籍を取得するには，一般の外国人と同様，もっぱら国籍法の規定による

17

昭和27年

帰化の手続によることを要する。

　なお，右帰化の場合，朝鮮人及び台湾人（（3）において述べた元内地人を除く。）は，国籍法第5条第2号の「日本国民であった者」及び第6条第4号の「日本の国籍を失った者」に該当しない。

第2　樺太及び千島関係

　樺太及び千島も，条約発効とともに日本国の領土から分離されることとなるが，これらの地域に本籍を有する者は条約の発効によって日本の国籍を喪失しないことは勿論である。

　ただこれらの者は，条約発効後は同地域が日本国の領土外となる結果本籍を有しない者となるので，戸籍法による就籍の手続をする必要がある。

第3　北緯29度以南の南西諸島，小笠原諸島，硫黄列島及び南鳥島関係

　標記の諸島の地域に本籍を有する者は，条約の発効後も日本国籍を喪失するものでないことはもとより，同地域に引き続き本籍を有することができる。

　右諸島のうち，沖縄その他北緯29度以南の南西諸島に本籍を有する者の戸籍事務は，条約発効後も従前通り福岡法務局の支局である沖縄奄美大島関係戸籍事務所で取り扱われ，また，小笠原諸島，硫黄列島及び南鳥島に本籍を有する者の戸籍事務については，条約発効の日から東京法務局の出張所として小笠原関係戸籍事務所が設置され，同事務所において取り扱われることとなる（4月14日付民事甲第416号本官通達参照）。

【11】

法務省民事局長回答　昭27・6・19民事甲849号

（要旨－外国在留邦人から届け出た戸籍届書に錯誤又は遺漏がある場合の市町村長の処置）

　　　　　　　　岡山市長照会（昭和27年5月23日（戸）協発第56号）

　昭和27年5月12，13，14日玉野市で開催された本協議会総会に於ての協議問題中，左記の2件を要望することに決議されましたので，御認可相成りたく要請いたします。

　　　　　　　　　記

1．外国在留邦人から戸籍に関する届出があった場合，届書の記載に錯誤遺漏のある中でその事項が重要でないものについては，昭和24年9月28日民甲2204号民事局長通達の趣旨により，市町村長は管轄法務局又は地方法務局の長の指示を得た上便宜訂正補充した上受理している現在の取扱いを，重要でない錯誤遺漏等については，市町村長限り届書欄外にその旨付記した上直ちに受理することができるよう，便宜の取扱方の御認容を要望致します。

　　　　　　決　議

要望する。

　　　　　民事局長回答（昭和27年6月19日民事甲第849号）

1．所問の届書の記載の錯誤又は遺漏が，本人の戸籍の記載等と対比して明白なものであれば，要望通りの取扱をしてさしつかえない。

昭和27年

【12】

法務省民事局長回答　昭27・7・8民事甲986号

（要旨－日本の国籍を有しない者に関する戸籍届書類の保存は，戸規第50条によって取り扱う）

　　　　　山形地方法務局長電報照会（昭和27年7月3日）

1　日本の国籍を有しない者に関する届出書類の保存については，施行規則第50条により取り扱って差し支えないかどうか。

　　　　民事局長回答（昭和27年7月8日民事甲第986号）

　所問の規定によって取り扱うべきである。

【13】

法務省民事局長回答　昭27・9・18民事甲274号

（要旨－日本に在留する外国人の出生又は死亡については，その者の所属する国の駐日公館にその国の法律に基き出生又は死亡に関する登録をしても，戸籍法による届出義務が消滅するものでない）

　　　　　外務省条約局長照会（昭和27年9月1日条3第348号）

　昭和26年5月10日付民事甲第891号及び昭和27年7月21日付民事甲第1056号貴信に関連して，本邦に在留するドイツ人の出生，死亡又は婚姻の際における国内法上の取扱いについて在日ドイツ大使館から左記1，及び2の事項について問合せがあった。よって，それぞれ次の趣旨にて回答したいが，これについて貴局の御意見を御回報願いたい。

　　　　　記

1．本邦に在留するドイツ人の出生，死亡の際の取扱いについ

20

て，日本国に在留する外国人の出生又は死亡の際は，戸籍法第51条又は同法第88条に基き，届出義務者は，それぞれ出生地又は死亡地の市町村長へ届出をしなければならない。なお，この日本国内における届出の義務は，出生者又は死亡者の属する国の大使，公使又は領事館に対してその国の国内法に基き出生，死亡を登録することによって免除されるものではない。故にドイツ大使館が在本邦ドイツ人の出生，死亡の際これを相互主義に基き登録又は証明することは差し支えないか，他面，日本国々内法によってもこれを市町村長へ届出しなければならない。

　　　　民事局長回答（昭和27年９月18日民事甲第274号）
第１問　貴見の通り。
（参照）
　（昭和27年７月９日付条３第235号外務事務次官照会，同年
　　７月21日付民事甲第1056号民事局長回答）

　在留外国人の死亡通告等に関する件について，今般在日ドイツ連邦共和国大使館より，日独間において，自国在留対手国民の死亡通告を対手国大公使館へ行い，又対手国在留自国民に対する死亡通告及び身分証明書発給を自国大使館において行う制度を相互主義に基き復活したい旨の申出があった。また，在日印度大使館よりも在留自国民の死亡通告に関し右と同様の申出があった。今後かかる申出が他の国々よりも逐次あるものと予測されるので，右に関する国内法的措置につき貴府の御意見御回示ありたい。

　　　　回　答

昭和27年

　在日ドイツ国人及びインド国人の死亡通告に関しては，さしあたって件数も比較的僅少と思われるので，死亡届によって判明する事項に関する限り，当分の間，市町村長において関係国人の死亡届を受理する都度，貴省に所要事項を報告するよう貴省又は当府より市町村長に対し依頼するのが適当と考える。また，外国の駐日外交機関がその所属国民に対して身分証明書を発給することについては，条約上の取極等を要せずこれを許容して差しつかえなく，またこのために特段の国内法措置を要しないものと考える。

【14】

法務省民事局長回答　昭27・9・2民事甲167号

（要旨－カナダ人男又は豪州人男と日本人女の夫婦間の婚姻前の出生子につき，戸籍法第62条の出生届があった場合は受理する）

　　　　広島法務局長電報照会（昭和27年8月18日）

　米国人男と日本人女の夫婦間の婚姻前の出生子について，戸籍法62条の届出ありたる場合は受理する取扱のところ，英領カナダ及び豪州人男と婚姻せる日本人女の間の婚姻前の出生子について右届出ありたる場合は，同じ取扱を受けますか。

　　　　民事局長電報回答（昭和27年9月2日民事甲第167号）

　照会の出生子についても，戸籍法第62条の規定による届出ができるものと解する。

【15】

法務省民事局長回答　昭28・4・8民事甲561号

（要旨－外国に在る日本人がその国の方式に従って婚姻し戸籍法第41条によって証書の謄本を提出する場合は，必ずしも夫婦双方の署名を要するものでなく，また証人の連署は必要でない）

　　　　　宮城県石巻市長照会（昭和28年2月19日記第207号）

　在サンパウロ日本国総領事受付して外務省経由夫の本籍地町長から別紙写の如き婚姻届送付になりましたが，この取扱について御指示を得たいので左記疑義の点を付してお伺します。

　　　　　　　　　記

⑴　夫の筆頭者と事件本人である夫は異っておるが4欄で夫の氏を称してあるも新本籍が消除されてあるので妻の除籍ができない。

⑵　9欄で昭和18年9月25日婚姻成立したことを明示されてあるが，婚姻成立の効力は民法第739条によって総領事が届出を受付した昭和27年9月17日であると思うが，この点について明示されたい。

⑶　10欄の届出人で妻は死亡したとあるので夫のみから届出になっておるが，妻は戸籍面では死亡しておらない。

⑷　仮りに妻が死亡しておった場合として，その死亡が昭和18年9月25日以後であれば婚姻が有効と見るべきか。

⑸　外国において受理された婚姻届でも証人の必要があると思うがその証人もないので，戸籍法第33条及び同法第40条に反する届出と見るのが至当でないか。

　　以上の点を総合して一応夫の本籍地を経由して返戻する

昭和28年

　のが相当と認められるがこの点御教示されたい。

　　　　婚　姻　届

　ブラジル合衆共和国サンパウロ州ポンペイア司法区ツツパン郡〇〇〇〇〇治安区第　分区　戸籍吏デルフィーノ，バルズッチ

　本役場婚姻登録原簿第2号50葉212番の下に1943年9月25日登録する。

　夫姓名　〇橋盛〇　妻姓名　〇上まち〇

　右両名は始安判事フランシスコ，ストラマンディノリ氏及び証人として〇原保及び〇間恒〇の面前において1943年9月25日婚姻を誓約せり

　夫1912年7月13日山形県において出生

　　　職業　農業

　　　所在　当治安区

　　×右父姓名　〇橋吉〇

　　×右母姓名　〇橋よ〇

　妻1920年×2月22日宮城県において出生

　　　職業　家事

　　　所在　当治安区

　　　右父姓名　〇上索

　　　右母姓名　〇上とよ〇

　妻は婚姻後〇橋まち〇と改姓す

民法第180条第1，第2，第3及び第4項に規定する書類を提出せり

　（備考）

24

この婚姻証明は間違あり（×印）婚姻届が正確なり

（翻訳者）

　右の通り証明する

　　　1943年9月25日

　戸籍吏デルフィノ，バルズツチ

民事局長回答（昭和28年4月8日民事甲第561号）

　第1問　本件の婚姻届は，挙行地ブラジル国の方式によって昭和18年9月25日に成立した婚姻につき戸籍法第41条の規定によってその証書の謄本が提出された場合に準じて処理すべきものである。従って，本件の婚姻については旧民法の規定が適用され，妻が夫の戸籍に入るべきものであって，夫婦の新戸籍は編製されないから，婚姻届書4欄の該当事項は記載する必要がない。

　第2問　本件の婚姻については，民法第739条の規定の適用がない。

　第3問　本件の婚姻届は，戸籍法第41条の規定によるものであるから，必ずしも夫婦双方の署名を要するものではなく，夫のみで提出すればよい。

　第4問　貴見の通り。

　第5問　本件の婚姻については，戸籍法第33条及び第40条の規定の適用がない。

　以上の理由によって本件の婚姻届は適法であるから，これを受理して婚姻による妻の除籍の記載をするのが相当である。

昭和28年

【16】
法務省民事局長通達　昭28・4・18民事甲577号
（要旨－日本に在留する外国人につき日本の裁判所において離婚の調停が成立した場合の離婚届の受否）

　　　　　民事局長通達（昭和28年4月18日民事甲第577号法務
　　　　　　　局長地方法務局長あて）

　　　　日本にある米国人らの離婚について（通達）

　夫が米国その他調停による離婚の制度のない国の国民である夫婦につき日本の裁判所において離婚の調停が成立しても，この調停は一般には法例第16条の規定に反するものと考えられるので，右調停に基く離婚の届出は受理しない取扱であるが（昭和26年7月21日付戸甲第142号東京法務局長照会に対する同年8月3日付民事甲第1596号本官回答参照），夫の本国の法律（国際私法）に従えば，結局日本の法律によることとなる場合（法例第29条に規定する場合）には，届出を受理すべきことはいうまでもない。裁判所は，離婚の調停を成立させるについては，法例第29条に該当する場合であるかどうか，夫の本国の法律をも調査する職責を有するのであるから，今後は，特に法例第29条に該当しないことが明白である場合を除く外，同条により離婚の調停が可能な事案であると認め，調停に基く離婚届を受理して差しつかえない取扱とする。

　ついては，右御了知の上，貴管下各支局及び市区町村に対してこれが徹底方を取り計らわれたい。

【17】

法務省民事局長回答　昭28・8・15民事甲1458号

（要旨－ポルトガル人男と日本人女とが日本においてポルトガル国の方式によって婚姻し，右婚姻に関する同国領事の証明書を添付して市町村長に婚姻の届出があった場合でも，日本法上の婚姻の効力は市町村長の届書受理の時に生ずる。右の婚姻届には夫の婚姻要件具備に関する証明書を提出させる必要がない）

小倉市長照会（昭和28年7月24日日記第369号）

本市在住ポルトガル人男と日本人女との婚姻届が別紙の写の通り神戸ポルトガル領事館副領事の証明書添付の上届出がありました。夫については副領事の証明書により本国法の方式に随って挙行した婚姻につき要件は具備するものと認め受理差支ないものと一応考えられますが，夫については更に本国法に婚姻をなしうべき実質的要件を具備する領事の証明書を必要とするとの意見もあり先例等見当たりませんので，受否につき至急何分の御指示賜りたく御伺い致します。

離　婚　届

ジョン・マリヤ・メンドンサーノ願ヒニヨリ出席シテ神戸ポルトガル副領事，ビクターエドマンド・ダ・シルバ・エ・スウザーハ昭和27年10月23日神戸セント・テレサ・カトリック教会ノ教会法ニ順ジテアンダワルド牧師ノ下ニ施行サレタ次ノ婚姻ノ事項ヲ述ベマス。

昭和27年10月23日，神戸セント・テレサ教会デアンダワルド牧師ノ下デ2人ノ婚姻ノ式ヲ挙行夫ジョン・マリヤ・メンドン

昭和28年・昭和29年

サー独身，神戸在住，ジョア，ジヨセ・メンドンサー及ビマリ
ヤ・イサベル・メンドンサーエグサビア実子（男），大正13年
10月8日神戸生，妻松本静恵独身，神戸在住，松本正善及ビ崎
田アヤ子実子（女）大正15年7月15日佐世保生，佐世保ニテ入
籍，現在ステラーシズエ・メンドンサー氏名ヲ名乗ル。尚コノ
届ハ昭和14年10月13日ノ官報第240号
　法令第299770号36条ノ項及ビ民法ニヨル結婚デアルコトヲ明
示シ此ノ届ニ関係アル証人ノ出席ト申請人ノ要求ニ対シテ行ハ
レルコトヲ述ベマス。
　　昭和27年10月23日
　神戸ポルトガル領事館
　　　　　　副領事Ｖ・Ｓ・スーザー
　民事局長回答（昭和28年8月15日民事甲第1458号）
　婚姻届は，そのまま受理して差しつかえない。なお，当事者
は，教会においてすでに婚姻の式をあげているが，日本法上の
婚姻の効力は，貴職の受理により発生するものであるから誤解
のないよう念のため申し添える。

【18】
法務省民事局長回答　昭29・3・6民事甲509号
　（要旨－日本在住の英国人女の胎児を日本人男が認知する届出
は受理できる。なお，右の胎児認知の届出は，母の住所地です
る）
　　　　　名古屋法務局長照会（昭和29年2月26日日記戸第781
　　　　　号）

1．日本人男の嫡出子でない子（母が外国人の場合）が出生の時から日本国籍を取得するには，父が胎児認知届をした場合及び子の出生と同時に父が認知した場合に限り（平賀健太著国籍法下218頁参照）可能と考えられますが，日本在住の英国人母の出生子に日本国籍を取得させるため，日本人父より別紙の如き胎児認知届を母の住所地市町村に提出した場合，昭和28年6月19日付民事甲第1024号東京法務局長あて貴官御回答の趣旨と同様に解し，日本人相互間の胎児認知届の例に倣い受理して差支ありませんか。

2．胎児認知が英国法上認められないときは，第1項の子が出生（死産の場合を除く）と同時に第1項において引用の回答に基き，父から認知届を提出させ受理すれば，この出生子は国籍法第2条第1項の規定の適用を受け，出生の時から日本国籍を取得することができると解してよろしいか。「出生と同時に認知する」との意味は出生と同時刻と解すべきものか又は同日と解すべきものか聊か疑問がありますので，右の点につき何分の御教示を賜りたく御照会いたします。

　民事局長回答（昭和29年3月6日民事甲第509号）

　照会のあった胎児認知届の受否については，貴見1の取扱いをして差しつかえない。しかしこの場合には，母が日本国籍を有する場合と異なり，子が出生したときにおいて父の身分事項欄になすべき認知事項の記載が遺漏するおそれもあるので，胎児認知届書を2通提出させ，前もってその1通を認知者の本籍地市町村長へ送付しておくのが相当である。

昭和29年

【19】

法務省民事局長回答　昭29・3・18民事甲611号

（要旨－米国（カリフォルニア州）人女の胎児を日本人男が認知する届出は，これを受理して差しつかえない。右認知胎児が出生したときは，その出生届によって子につき新戸籍を編製する）

山口地方法務局長電信照会（昭和29年3月9日）

アメリカ合衆国カリフォルニア州において出生し同国の国籍を有する女子の懐胎せる胎児を，今度日本人が胎児認知をしたいのであるが，同国州法には胎児認知の制度を認めているか。

前項認めているとすれば，胎児認知後出生の届出により子につき新戸籍を編製すべきか。新戸籍を編製するとすれば，その記載の振合についても併て御教示願いたい。

なお，本件はその母であるアメリカ人が，近く日本国に帰化の手続をとるため目下書類の作成中で，同人の子は右胎児認知届が提出されたのち出生し，生存中の趣につき申し添える。

別紙

認　知　届

戸籍の表示　アメリカ合衆国カリフォルニア州ロサンゼルス市
　　　　　　北セントラル街149

所　　　在　山口県熊毛郡城南村大字宿井第598番地

被認知者　胎　　　　　　児

戸籍の表示　右に同じ
　　　　　　右母兼光千恵子

戸籍の表示　山口県玖珂郡新庄村2321番地

西 本 敏 雄

所　　　在　山口県熊毛郡城南村大字宿井第598番地

認知者　西　本　　　栄

大正10年3月25日生

右胎児認知御届けします

昭和29年2月25日

届出人　西　本　　　栄㊞

城南村長　吹田　幌殿

右胎児の認知を承諾します

母　兼　光　千恵子

大正15年1月24日生

民事局長回答（昭和29年3月18日民事第611号）

照会の胎児認知届は，これを受理し，被認知者の出生届によりその子につき新戸籍を編製して差しつかえない。この場合の戸籍の記載は，次の振合によるのが相当である。

子の戸籍中戸籍事項欄

出生の届出により昭和　年　月　日本戸籍編製㊞

子の戸籍中その身分事項欄

昭和　年　月　日郡村番地で出生母国籍アメリカ合衆国何某届出　月　日受付入籍㊞

父玖珂郡新庄村2321番地西本敏雄同籍栄胎児認知届出

昭和　年　月　日受付㊞

父の戸籍中その身分事項欄

郡村番地何某を胎児認知届出昭和　年　月　日受付㊞

昭和29年

【20】
法務省民事局長回答　昭29・9・25民事甲1986号
（要旨－駐留米国軍人と日本人女との婚姻届書に，夫に関する部分はすべて英文字で記載し，届書の欄外に，夫が所属部隊長の面前で自署し宣誓した旨の右部隊長の証明がなされている届書の取扱）

　　　　　　山形地方法務局長照会（昭和29年9月7日日記（戸）第2862号）

　別紙婚姻届写は，元酒田市駐留米国軍人と酒田市在住の田沢ゆり子とのもので，夫が本国に帰還後郵送されたものでありますが，夫の婚姻要件を具備しているかどうかを証する書面の添付がなく，また，米国副領事の回答書写にもこのことについて触れておりません。

　それで，この婚姻届の受否について，次のとおり取扱って差しつかえないか，疑義を生じましたので，何分の御指示を仰ぎたくお伺いいたします。

（別紙略）

　　　　　　　　記

1．本婚姻届書には，夫が所属部隊の責任者の前で自署し，宣誓した旨の，責任者の署名した宣誓書があっても，これをもって，夫の所属であるペンシルバニア州の婚姻要件を具備しているものとは解し得ないので，婚姻要件を具備することを証する書面の送付を受け，それを添付の上届出を要する。

2．戸籍の届書は日本語で記載することを要するので，英文で記載されている部分は日本語で記載させ，宣誓書には訳文を

つけさせ受理する。

3. 右の婚姻要件を具備することを証する書面を添付すること
ができないときは，当事者にその事由を書面によって申述さ
せ，これを添付して受理する。

　　　　民事局長回答（昭和29年9月25日付日民事甲第1986号）
　照会のあった婚姻届は，貴見1（夫について，婚姻要件を具
備することを証する書面の一例としては，ペンシルバニア州公
証人のその旨の証明書等がある。）及び2の取扱によって受理
すべく，当事者が1の書面を提出し得ないときに，貴見3の書
面により受理するのは相当でない。

【21】

法務省民事局長回答　昭30・2・24民事甲394号

**（要旨－外国人男と日本人女との婚姻届に，夫の出生証明書及
び夫の父母の婚姻証明書のみを添付しても，これによって婚姻
要件具備の証明とはならない）**

　　　　山口地方法務局長照会（昭和30年2月18日戸発第56号）
　このたび，別紙のとおり当庁岩国支局管内大島郡白木村長よ
りドイツ人男と日本人女との婚姻届の受否について岩国支局長
に対して照会があり，同市局長より，更にこれについて本職の
指示を求めてきました。ついては，次のように取扱って差しつ
かえないか，こと渉外的な事件でもあり，念のためお伺いいた
します。

　本婚姻届に添付されている証明書は，いずれも婚姻要件具備
の証明書とは認め難いので，このまま受理するのは相当でない。

従って，昭和25年9月5日付民事甲第2434号民事局長回答の趣旨により処理するのがよろしい。

昭和30年2月10日戸発第43号山口地方法務局岩国支局長あて，山口県大島郡白木村長照会

　　　　　　婚姻届書受否についてお伺

　夫となる婚姻の成立に必要な要件を具備する証明書と考えられるものを添付して，別紙のとおり夫ドイツ国ゲード，ハインリッヒ，シュナールスと妻山根登美子の婚姻届出があったが，昭和25年9月5日付民事甲第2434号民事局長回答を類推すれば，別に日本駐在ドイツ国総領事の発行に係る婚姻要件具備に関する証明書を添付させるか，又は本人の宣誓書を添付させるか，又は本人の宣誓書を提出させて受理すべきか，或は，このまま受理して差しつかえありませんか疑義を生じましたので，その取扱について何分の御指示を仰ぎたくお伺いいたします。

　なお，妻となる者の申述では，ある弁護士を通じて神戸のドイツ国総領事館へ照会の結果，日本の法律により日本の方式に従ってなした婚姻は，ドイツに行っても有効と認められるから日本人間の場合のように婚姻届を提出すればよい（但し，その場合は夫の身分証明等添付すること）との回答あり，早速ドイツの母許から夫の出生証明書等取り寄せた。その手続中夫は本国に帰国したが，妻の入国許可もドイツ政府から発行され4月8日空路ドイツへ向かうこととなっている。

　日本の発行する旅券を得るため大分県庁に照会したところ「結婚していれば非常に手続が早いから先に結婚の手続をとるよう」と教示されたので婚姻届用紙を貰いドイツに送付の上，

夫とその母のサインをして返戻して来た，証明書の翻訳は別府在住のドイツ婦人に訳して貰ったものであり，早急に受理の上戸籍謄本をいただきたいと申立しております。

　注（婚姻要件具備の証明書として夫及び夫の母の出生証明書並びに夫の父母の結婚証明書が添付されているが掲載を省略する。）

　　　　民事局長回答（昭和30年 2 月24日民事甲第394号）

　照会の婚姻届は，当事者に，夫の本国の権限ある官憲（在日の大使，領事を含む）発給の「ゲートハインリッヒ，シュナールスが本国法によって婚姻要件を具備していること」の証明書を提出させて，受理するのが相当である。

【22】

法務省民事局長回答　昭30・7・7民事甲1349号

（要旨－外国の国会において，夫が同国に在住する日本人夫妻について離婚の法律を制定した場合の取扱）

　　　　外務省条約局長照会（昭和30年 6 月10日条 3 第793号）

　　　カナダ国会の法律に基づく離婚の届出に関する件

　今般在トロント領事から，カナダ・ケベック州居住の日本人渡辺米行，とし子夫妻の離婚に関して制定されたカナダ国会の法律原本の謄本を添付した離婚届書を送付越したところ，右謄本によれば当事者の離婚は，夫米行から妻とし子の姦通を理由とする離婚の申請に基き，同国会の助言と同意によって制定された婚姻を解消する旨の法律によって成立しているが，ケベック州においては，当事者が離婚をなさんとするときは，カナダ

昭和30年

国会に対して離婚の申請をしなければならない制度の如く思料せられるところ，委細は離婚届書につき御了知の上，本件カナダ国会の法律に基きなされた離婚は，日本法上有効として承認せられ，右により戸籍の記載をなし得るものなりや貴見御回示煩わしたい。

（訳文）

　国会書記官，及び最近の上級下級カナダ諸州立法府の最初の法律，並びにカナダ国，及びカナダ国会の最初の法律の保管受託者として，わたくしは，添付の書面が，女王治政第3，及び第4年開会された国会の会期中に国会を通過し，女王の名において1955年3月24日総督が同意を与え，且つ，わたくしの事務室に記録として保存されているところの最初の法律の真正な写であること，並びに，1955年4月13日カナダ国オツタワ市においてわたくしの記名捺印の下に与えられたものであることを証明する。

国会書記官　レスリ　クレア　モイア

（訳文）

1955年エリザベス二世治政3－4年
渡辺米行の慰藉についての法律

（1955年3月24日，同意を与えられた。）

　カナダ国に住所を有し，且つ，ケベック州モントリオール市に居所を有する圧延工渡辺米行は，請願書をもって，「わたくしは，1928年2月2日，日本国鳥取県（和田）村において，当時同村在住の未婚婦であった河岡登志子と結婚しました。」との申立，並びに，「妻は結婚してから今日まで不貞の行為をし

てきましたから，わたくし共の結婚を解消して下さい。」との嘆願を行った。申立のあった結婚の事実及び不貞の事実は引用の証拠によって立証されたので，請願書にかかる当該嘆願を容認するのが適当である。従って，女王はカナダ国の上院並びに下院の助言と承認によって，次のとおり制定する。

1　渡辺米行と彼の妻たる河岡登志子との間の当該婚姻はここに解消し，且つ，以後凡ての意思ないし目的に対して無効とする。

2　渡辺米行は，今後何時であっても，河岡登志子との間の当該婚姻の挙式がなかったものとして，如何なる婦人とも婚姻することができる。

民事局長回答（昭和30年7月7日民事甲第1349号）

照会のあった標記の離婚届出は，戸籍法第77条の規定による届出と解し，これに基いて戸籍の記載をするのが相当である。けだし，外国に住所を有する日本人について住所地国の裁判所がなした離婚判決は，これが夫の本国法による離婚原因に該当する事由に基いてなされたものであるときは，その効力は日本においても承認されるのであるが，当該外国の法制上，離婚に関する裁判管轄権が裁判所によって行使されず，これに代るものとして立法機関が権限を行使する場合には，かかる期間が右の日本人夫婦についてなした離婚の決定（立法措置）もまた，前記の離婚原因に該当する事由に基いてなされたものである限り，その効力は，前記の外国裁判所の判決と同様に解すべきものと考える。

従って，夫がカナダ国ケベック州に住所を有する日本人夫婦

について，同国の法制により同国の国会が妻の姦通を理由とし
て制定した本件離婚の法律は，夫の本国法である日本民法第
770条第1項第1号に基き外国裁判所が言渡した離婚の確定判
決と同一の効力を有するとして取り扱うべきものである。

【23】
法務省民事局長回答　昭30・9・7民事甲1879号
（要旨ー養父母は米国の国籍を有して同国に居住し，養子は日
本人で日本に居住している養親子について協議離縁の届出があ
っても，市町村長は受理できない）
　　　　　　　　鹿児島地方法務局長照会（昭和30年8月27日戸第2576
　　　　　　　　　号）
　別紙協議離縁届の養父母はアメリカ合衆国の国籍を有し（元
日本人）現在同国に住所を有するものであり，養子は日本国籍
を有し，その実父母とともに日本に在住するものであります。
従って右離縁の許否方法，効果等は，すべて法例第19条第2項
の規定により養親の本国法によるべきところ，養親の本国法に
は協議離縁の制度がないので，本件離縁届はこれを受理し得な
いものと思考するのであります。然るに本件届書には，右養子
縁組を解消する旨のアメリカ合衆国の公証人の証明書が添付さ
れており，この証明書の有する法律効果等につき疑義がありま
すので，何分の御指示を仰ぎたく照会します。なお，養子の実
父母は養子とともに近くアメリカ合衆国へ渡航の予定であるが，
本件養子縁組関係を解消し実子たる身分を回復しなければ，養
子は実父母とともに渡航できないとの外務省の見解により，関

係人は困惑している状態であります。

　　　　養子縁組を解消し再び実父に引

　　　　き取られることに対する承諾書

ワシントン州キング県

野崎清三，野崎ヨ子はこゝに宣誓するに当り次の事項を証言致します。私達はワシントン州キング県シヤトル市南5番街504番地に居住し，野崎サチ夫人の両親であります。そしてこの野崎サチ子とその夫野崎嘉五郎は〇〇県〇〇郡隼人日当山町内176番地に居住しています。

　この野崎嘉五郎と野崎サチ子は，〇〇県〇〇郡隼人日当山町真孝334番地において昭和22年（1947年）9月13日に出生した野崎一郎の実の両親であります。

　昭和28年（1953年）7月8日この野崎一郎は，下記署名の野崎清三，野崎ヨ子の養子となり，正式に〇〇県〇〇郡隼人日当山町真孝334番地の戸籍に入籍しました。

　野崎清三，野崎ヨ子は合衆国市民権を有するアメリカ人として帰化し，日本国籍から離脱した者であります。

　こゝに野崎清三，野崎ヨ子は野崎一郎の養子縁組を解消し，改めて野崎嘉五郎，野崎サチ子の養子となることに同意し，野崎一郎に対する養父母としての総べての権利を野崎嘉五郎，野崎サチ子に譲渡する者であります。

　ここに証言するに当り昭和30年7月22日ワシントン州シヤトル市において署名致しました。

　　　　　　　野　崎　清　三　　署名
　　　　　　　野　崎　ヨ　子　　署名

右は1955年（昭和30年）7月22日私の立会の許に証言された
ことを証明いたします。

　　　　　シヤトル市駐在ワシントン州担当公証人

　　　　　　　　　　　　　サカハラ　トオル

　　民事局長回答（昭和30年9月7日民事甲第1879号）

　照会の離縁届は受理できない。なお，本件の野崎一郎は，米
国官憲の入国の許可があれば，縁組関係の継続は渡航の妨げと
なるものではないと考える。

【24】

法務省民事局長回答　昭31・7・3民事甲1466号

**（要旨－外国在住の日本人と日本在住の日本人との間の養子縁
組についても，民法第801条による取扱が認められる）**

　　　　　外務省移住局長照会（昭和31年6月6日移一第1094号）

　今般在ニューヨーク総領事館から，別添のとおり米国在住の
日本人養親と本邦に在住する日本人養子間の縁組届書を送付越
したところ，本件のように，養親となるべき者は外国に，養子
となるべき者は，日本に在住する場合の養子縁組届出について
も，民法第801条の規定の適用ありや。

　婚姻に関する大正11年12月26日民事甲第4339号当時司法省民
事局長回答（大正10年4月9日通3送第85号当省通商局長照会）
は，「外国に在る日本人男が内地に在る日本人女と婚姻をなさ
んとする場合においても，民法第777条（旧法）の規定により
日本の公使又は領事に届出をなすことを得」としているが，右
は現在においても変更されていないとすれば，本件養子縁組に

ついても右同様に解し，総領事の受理によって縁組は有効に成立するものと認め取り扱って差しつかえないものと思われるところ，右に関する貴見御回示煩わしたい。

（別添届書略）

　　　　　民事局回答（昭和31年7月3日民事甲第1466号）

　昭和31年6月6日移1第1094号をもって照会のあった件については，貴見のとおりである。

【25】

法務省民事局長回答　昭31・7・7民事甲1555号

（要旨－ヴェトナム法おける認知について）

　　　　　津地方法務局長照会（昭和31年3月10日日記戸第101
　　　　　号）

　別紙のとおり，日本人男とヴェトナム人女との婚姻前の出生子について，戸籍法第62条の規定による長男和夫の出生届がなされたが，母の本籍ヴェトナム（越南国）には認知禁止法があるかどうかが不明でありますので，至急何分の御指示賜りたく，なお，同国が認知禁止国とすれば，既に入籍せる長女章子の戸籍訂正の必要があると考えられますので，この点についても御指示下さいますよう，関係書類を添えお伺い致します。

　昭和31年1月12日

　　　　　　　　　京都地方法務局戸籍課長　細見正雄

　　三重県○○郡○○村長殿

　　　　戸籍の記載について

昭和31年

　左記の者の帰化許可申請事件につき，当局において調査した
ところによれば，本籍貴村大字下滝野1914番地森本音次郎は，
戸籍法第62条の規定による長男和夫（外国人）の出生届出をし，
昭和26年７月10日京都市下京区長が受付けているのにかかわら
ず，昭和30年11月24日貴職発行の右音次郎の戸籍謄本には，同
人の身分事項に昭和28年６月12日付民事甲第958号回答の趣旨
による所要事項の記載がないので，貴職の遺漏によるものか否
かについて折返し御回示を煩わしたく，なお右遺漏を補正され
たときは，至急その戸籍謄本二通を送付下さいますようお願い
します。

　　　　　　記
国籍　ヴェトナム（越南国）
住所　京都市南区梅小路大宮東入古御旅町221番地
　　　森本音次郎方

　　　　　　　　　帰化申請人　森　本　和　夫
　　　　　　　　　同（右母）チャン・ティ・
　　　　　　　　　　　　　ティン（森本信子／陳　氏信）
　　民事局長回答（昭和31年７月７日民事甲第1555号）
　ヴェトナムでは，近親婚又はかん通によって出生した子以外
の嫡出でない子について父の認知が可能とされているので，所
問の出生子が右の原因によって出生したものでない限り，当該
出生届に基き父の戸籍のその身分事項欄に，先例（昭和28，６，
12民事甲第958号民事局長回答）の趣旨による戸籍の記載をす
るのが相当である。なお，長女章子の戸籍の訂正の要否につい
ても，右によって了知されたい。

昭和31年

【26】

民事局長事務代理回答　昭31・11・20民事甲2659号

（要旨－日本国民が外国の方式によって婚姻する場合の，婚姻要件具備に関する証明書について）

　　　　　　　外務省条約局長照会（昭和31年10月19日条三第2013号）

　在本邦オーストリア公使館から別添写の口上書をもって，日本国の法律の規定により結婚可能の者である旨の日本国民のための証明書の発給に関して通報方要請越した。

　ついては別添口上書写によって委細御了知の上，右に関し貴見の御回報を願いたい。

　オーストリー公使館　　（写し）

　　東京

　見出番号　2901－A／56

　　　　　　　口　述　書

　オーストリー公使館は外務大臣に対し御挨拶申し上げますと共に後述の回答をお願いすることを名誉に思います。

　日本人に対して「ある者は日本の法律の規定により婚姻できる」という特別の証明書を発給している日本の官庁はどれですか。

　たとえば，オーストリーで出されているこの種の証明書（ドイツ語でいえば婚姻能力証明書）は，申請者が欲している婚姻を無効にするようないかなる法律的障害（未成年，重婚等）もないことを証明するものです。

　オーストリー公使館はこの機会にその最も権威ある見解に対

43

昭和31年・昭和32年

する確信を新にするため外務大臣にお願いします。

東京　　1956年10月24日

民事局長事務代理回答（昭和31年11月20日民事甲第
2659号）

客月19日付条3第2013号で照会のあった件は，次のとおりで
ある。

日本国民が，民法（明治29年法律第89号，第739条，第741条）
及び戸籍法（昭和22年法律第224号，第74条，第40条）の規定
により，市町村長又は大使，公使若しくは領事に婚姻の届出を
する場合には，戸籍の原本又は謄本等によって，その者が当該
婚姻の要件を具備するかどうかを審査してその届出書を受理す
ることとなる。従って，所問の証明書は，一般に日本国民が外
国の方式によって婚姻をする場合にのみ必要となるのであるが，
同証明書発給の権限は，日本の市町村長がこれを有するものと
解する。もっとも，婚姻の当事者が，自己の戸籍謄本を呈示し
て同証明書の発給方を申し出たときは，当省の下部機関である
法務局若しくは地方法務局の長又は大使，公使若しくは領事に
おいても，当該戸籍謄本に基き同証明書を発給することができ
るものと解する。

【27】

法務省民事局長通達　昭32・9・21民事甲1833号
（要旨－在外公館職員の子の出生届について）

民事局長通達（昭和32年9月21日民事甲第1833号法務
局長，地方法務局長あて）

44

昭和32年

　出生地主義を採る国に駐在する日本の大使，公使及びその職員（参事官，書記官等）の子が，当該駐在国において出生した場合には，当該出生子は同国の出生による国籍取得に関する法律の適用を受けないのが通例である。従って，右に該当する出生子は，国籍法第9条の規定による国籍留保の届出をするまでもなく，引き続き日本の国籍を保有するのであり，かかる者の出生届に基く戸籍の記載は，同条による一般の場合と区別する必要がある。よって，今後は，右の戸籍の記載は後記の振合によることとするから，これを御了知の上，貴管下各支局長及び市町村長にも周知方取り計らわれたい。

　なお，かかる者の出生はその国に駐在する日本国大使，公使又は領事に届け出られ，その届書は外務大臣を経由して本籍地市町村長に送付される例であり，大使，公使，領事においては，従前から戸籍法上右に述べた取扱をするについて必要な事項を明らかにして届書を本籍地市町村長に送付しているのであるが，もしその必要な事項が明らかでない届書の送付があった場合，又は届出人が本籍地に直送し，その取扱に疑義を生じた場合には，その都度本省に照会するようにされたい。

　　　　　　　　記

　昭和32年10月1日アメリカ合衆国ワシントン市1番街10番地で出生父甲野義太郎（同国駐在日本国大使館職員）届出同月10日在ニューヨーク日本国総領事受付同月25日送付入籍㊞

　参考記載例(8)

45

【28】

法務省民事局長回答　昭34・8・11民事甲1755号

（要旨－回教国の方式によってなされた離婚に関する取扱）

　　　　　大阪法務局長照会（昭和34年7月24日日記戸第665号）

　昨年2月16日単身アラビヤより帰国した大阪市福島区在住の山村喜多子から，原地において離婚した旨別紙のとおりアラビヤ文字による書面及び神戸回教々会による英訳文を添付して離婚届がありましたところ，当該離婚は協議離婚でないと考えま

本籍	大阪市福島区鷺州上二丁目六	氏名	山村　多喜子
分籍の届出により昭和弐拾九年弐月弐拾七日本戸籍編製㊞		父	亡 山村 長三 二
昭和五年参月弐拾八日大阪市港区新池田町弐丁目七拾弐番地の六で出生父山村長三届出同年四月拾四日送付入籍㊞		母	延子　女
分籍届出昭和弐拾九年弐月弐拾七日受付福島区鷺州上一丁目六番地山村昇戸籍より入籍㊞		出生	昭和五年参月弐拾八日
国籍アラビヤ諸聯邦アブダル・ハミド・マンスール・アルマジジと婚姻届出昭和弐拾九年参月拾壱日受付㊞			多喜子

すが，裁判上の離婚に相当するや否や又は1958年2月3日に離婚が成立したと解しうるかについても，離婚地たるクエイトの民事法規又は慣習が不明であり，この受理につきいささか決しかねておりますので，この点についての御指示と併せて，記載例の御教示をお願いします。

　なお，事件本人は今度ニュージーランド人と再婚手続をする模様で，差しかかった事件でありますので申し添えます。

　おって，アラビヤ文字の書面は離婚届の原本であり，その写し取りが困難ですから，用済の上は御返送をお願いします。

（仮訳）

　神の名において

　余は，本件を聴問し且つ認証した。

　イブラハム・シェーク（長老）・モハメッド・アルマジジ

　署名　捺印

　神の名において

　本官は，宗教裁判所判事の署名は真正であることを証明する

　1958年2月4日

　裁判所副長官（ゴム印による）

　署名

　主の月の14日（1958年2月3日に該る）ハミード・マンスール・アルマジジは，彼女の地位について尋だし，且つ，今回自分が離婚しようとする者は正に彼女であることを立証した上，回教徒の面前においてフアチイマ・ヤマムラを離婚した。

　証人として

　アブダル・アルシェーク（副長老）・イブラハム（署名）

昭和34年

宣誓立会人として

イブラハム・シェーク（長老）・モハメッド・アルマジジハ
ミッド・マンスール・アルマジジ

1958年2月3日

クエート宗教裁判所は上記シェーク・モハメッド・アルマジ
ジの署名捺印は真正であることを証明する。

1377　主の月の15日（1958年2月4日に該る）

第25号　登録簿第1頁

宗教裁判所判事により署名

神戸回教教会名誉首長たる私，エンヴィール・スターユーは，
上記が別添アラビア語による文書の正確な翻訳であることをこ
こに証明します。私が知り且つ信ずる限りにおいては，上記ス
ティトメントは真実且つ正確であります。

1959年7月7日

署名・公印を押捺する

神戸回教教会委員会

名誉首長　エンヴィール・スターユー

民事局長回答（昭和34年8月11日民事甲第1755号）

客月24日付日記戸第665号で照会の件については，妻からの
当該離婚届は受理してさしつかえない。

なお，離婚成立の日は，1958年2月3日と解し，その記載例
は次の振合によられたい。

昭和33年2月3日夫国籍英領クエイト土侯国アブダル・ハミ
ド・マンスール・アルマジジと同国の方式により離婚成立右証
明書提出年月日受付㊞

昭和34年

【29】
法務省民事局長通達　昭34・8・28民事甲1827号
（要旨－父母の婚姻後200日以内の出生子につき嫡出でない子として出生届がなされた後に，父から認知届があった場合の取扱について）

　　　　　　　民事局長通達（昭和34年8月28日民事甲第1827号法務
　　　　　　　　局長，地方法務局長あて）

　標記の取扱に関連して，東京法務局長から別紙甲号の照会があり，別紙乙号のとおり回答したから，通知する。

　追て，別紙の照会及び回答は，標記の子の父が米国人であって，法例第29条の規定により日本法が適用される事例に関するものであるが，今後は，父が日本人である場合の取扱に関する従前の先例（昭和26年6月11日付日記戸第2242号山形地方法務局長照会に対する同年同月27日付民事甲第1332号回答4項等）についても左記のように取扱を改めることとするから，御了知の上管下各支局及び市区町村に周知するよう取り計らわれたい。

　　　　　　　　　記

(1)　標記の子が，嫡出でない子の出生届によって戸籍に記載された後に，母の夫たる父から認知の届出があった場合は，これを認知届として受理することなく，子の戸籍を生来の嫡出子の記載に訂正する旨の申出書として取り扱い，本籍地市町村長が管轄の局の長の許可を得て職権で，左記振合の記載により，その子の戸籍の父欄を記載し，父母との続柄欄を訂正する。

　　父何某の申出により年月日付許可を得て月日父欄記載父母

49

昭和34年

　　との続柄欄訂正㊞

(2)　標記の子につき，従前の取扱により既に母の夫たる父の認
　　知届を受理して，父子の戸籍に認知の記載をし，子の父欄の
　　記載及び父母との続柄欄の訂正がなされている場合は，本籍
　　地市町村長が管轄の局の長の許可を得て職権で，左記振合の
　　記載により，父子双方の戸籍の認知事項の記載だけを消除す
　　る。

　　　過誤につき年月日付許可を得て月日認知の記載消除㊞

別紙甲号

戸甲第459号

　昭和34年6月16日

　　　　　　　　　　　東京法務局長　斎　藤　二　郎

　法務省民事局長　平賀健太殿

　　米国人男と日本人女の婚姻成立後200日以内

　　の出生子につき嫡出でない子として出生届が

　　なされた後，米国人たる母の夫から認知届が

　　なされた場合の取扱について（伺い）

　別紙戸籍中長女○ールは，母○藤○り子が国籍アメリカ合衆
国○ルバート・○イス・○キャナンと婚姻成立後200日以内に
出生し，母から嫡出でない子として出生届がなされ，その後母
の夫である○ルバート・○イス・○キャナンから認知されたも
のであるが，左記の点につき疑義が生じましたので，何分の御
指示を賜りたくお伺いいたします。

　　　　　　　　　記

　右出生子○ールが出生の時から嫡出子であるか否かについて

は，法例第17条の規定によりその準拠法が決定されるところ，出生時の母の夫の本国法であるアメリカ合衆国の国際私法の原則によれば，その準拠法は子の出生地法となっている模様であるから，法例第29条の反致の規定により結局は日本法により判断すべきことになると思考されるが，若し日本法により嫡出子であるか否かを判断するとすれば，○ールは母○り子が婚姻成立後200日以内に出生し，かつ，母の夫○ルバート・○イス・○キャナンから認知されその旨戸籍に記載されているから，右認知届をもって生来の嫡出子（民法第772条の規定に基づく推定はうけない）である旨の追完届があったものと解するにおいては，結果的には当初から嫡出子出生届出がなされた場合と同様に取扱うことになり，従って○ールは国籍法第2条各号に該当しないので，日本国籍を保有する者とは認められず，戸籍法第113条の規定に基く戸籍訂正により（戸籍訂正手続をする者がないときは，同法第24条第2項の規定に基く戸籍訂正手続により）その戸籍を消除しなければならないと思考されるが如何。

別紙乙号

法務省民事甲第1576号

　　　　昭和34年8月28日

　　　　　　　法務省民事局長　平　賀　健　太

　東京法務局長殿

　　　米国人男と日本人女の婚姻成立後200日以内
　　　の出生子につき嫡出でない子として出生届が
　　　なされた後米国人たる母の夫から認知届がな
　　　された場合の取扱について（回答）

６月16日付戸甲第459号をもって照会のあった標記の件については，貴見の戸籍訂正をするのが相当である。

【30】
法務省民事局長通達　昭39・2・12民事甲306号
（要旨－日本に不法入国した外国人から婚姻届の提出があった場合，婚姻要件が具備されていれば受理してさしつかえない（先例変更））

　　　　　　　民事局長通達（昭和39年2月12日民事甲第306号法務
　　　　　　　　局長，地方法務局長あて）

　標記の件について，別紙甲号のとおり東京法務局長から照会があり，別紙乙号のとおり回答したから，右御了知のうえ，貴管下各支局及び市区町村に周知方取り計らわれたい。

　なお，「朝鮮人，台湾人等と内地人間の婚姻届及びこれに基づく戸籍の記載は，夫となるべき前者が不法入国者にあらざる限り，総て従前通り取り扱う」旨の通達（昭和23年1月29日付民事甲第132号民事局通達8）は，終戦後における連合軍の日本占領中の特殊事情によって，日本への不法入国者を取締まるための特別の措置であったので念のため申し添える。

別紙甲号

戸甲第184号

　昭和39年2月5日

　　　　　　　東京法務局長　古　川　静　夫　㊞

　法務省民事局長　平賀　健太殿

　　婚姻届の受理について（伺い）

昭和39年

　今般，管内東京都足立区長から別添の韓国人男（昭和30年本邦に不法に入国してきたため昭和31年11月28日付で強制退去命令を受けるも仮放免されたが，昨年12月仮放免を取消され，現在，東京入国管理事務所に収容されている者）と日本人女との婚姻届の受理につき伺いがあり，当職としては，同届書添付の戸籍謄本及び宣誓書等により右婚姻は要件を備えていると認められるので本届出を受理して差し支えないものと考えますが，いささか疑義がありますので何分の御指示を賜りたくお伺いします。

　なお，法務省入国管理局においては，右の婚姻届が受理されるならば，その者の在留を特別に許可することを考慮する模様でありますから申し添えます。

　参照　昭和23年1月29日民事甲第136号民事局長通達(8)

　　　　宣　　誓　　書

　本　　籍　韓国慶南統営郡欲知面頭尾南区里

　現住所　東京都足立区五兵衛町一一三番地

　氏　　名　　　　　　　文　　賛　　柱

　　　　　　　昭和9年4月7日生

　此の度び金子光子との婚姻届を日本の法律にしたがってすることについては自分は能力者であって自国の法律に違反しないことを宣誓致します。

　　　昭和39年1月16日

　　　　　　　　　　　　文　　賛　　柱

足立区長殿

53

昭和39年

　（戸籍謄本省略）

別紙乙号

法務省民事甲第307号

　　昭和39年2月12日

　　　　　　　法務省民事局長　平　賀　健　太　㊞

　東京法務局長殿

　　　　婚姻届の受理について（回答）

　2月5日付戸甲第184号をもって照会のあった標記の件は，
貴見のとおり取り扱ってさしつかえない。

【31】

法務省民事局長回答　　昭39・8・18民事甲2868号

**（要旨－ポーランド在住の日本人男とポーランド人女の婚姻成
立前の出生子について，婚姻後に父である日本人男から戸籍法
第62条に規定する嫡出子出生届がなされたときは，当該出生
届は認知届として処理する）**

　　　　東京法務局長照会（昭和39年5月28日戸甲第911号）

　　　　出生届書の送付について

　戸籍の表示　東京都杉並区○○○○2丁目30番地　○川○夫

　　　　　　　　　　　　　　　　○川○ヤ・○スミ

　　　　　　　　　　　　　　昭和38年5月18日生

　本月25日付杉戸発第312号をもって，当局管内杉並区長から，
右の者にかかる別紙出生届書の送付がありましたが，同区長か
らの送付書記載のとおりその届書の内容に疑義がありますので，

昭和39年

昭和25年5月23日付民事甲第1357号貴職通達により廻送します。

FOLISH PEOPLE' S REPUBLIC

Voivodship················Powiat·················

Matrimonisl Office in Warszawa-Mokotow

Copy of the abbreviated Birth Certificate

1. Name：○○○○kawa

2. Birth name：○○ja ○○sumi

3. Date of birth：26th January, nineteen sixty two 1962.

4. Place of birth：Warsaw

5. Name of the father：○○○○kawa ○○zuo

6. Name of mother before married：○lanka-○rena ○ opejko

························post·····························

We certify the authenticity of the above copy with the text of the birth certificate Nr. 418-V-62.

Warsaw, 29. 2. 1964.

Chief of the Matrimonial

Office

/Jabloúska Teresa/

（仮訳）

ポーランド人民共和国

Voivodship·················　　　Powiat·················

ワルシャワ・モコトウ　婚姻事務所

出生証明書抄本

昭和39年

1. 氏　　　　　○○カワ
2. 名　　　　　○ヤ・○スミ
3. 生 年 月 日　1962年1月26日
4. 出生の場所　ワルソウ
5. 父 の 氏 名　○○カワ・○○オ
6. 婚姻前の母　○ランカ・○リーナ・○ペイコ
　　の 氏 名

上記の抄本は，出生証明書　Nr.418-V-62
と相違ないことを証明する。

　　　　　　　　　　　　　　　1964年2月29日
　　　　　　　　　　　　　　　ワルソウ
　　　　　　　　　　　　　　　婚姻事務所長
　　　　　　　　　　　　　　　署名
　　　　　　　　　　　　　　　　（主事仮訳）

~~~~~~~~~~~~~~~~~~~~~~~~~~~~~~~~~~~~~

第105号
　　昭和39年4月19日

　　　　　　　　在ポーランド　河　崎　大　使
外務大臣殿
　　　　　○川○夫の令嬢出生届送付の件
　ワルシャワ居住の邦人○川○夫は此度令嬢○ヤ・○スミを昭和37年1月26日出生した旨の届を提出したので出生証明書及び出生届を別添送付する。
　なお，当国では当国で出生した子供について出生後30日以内に外国国籍を与えたい旨の意思表示をすればポーランド国籍を

取得しない旨規定されている。○川氏はこの意思表示をしなかった由あり，従って子供はポーランド国籍をもっている。
杉戸発第312号

東京都杉並区長　菊　池　喜一郎

東京法務局長　古川　静夫殿

出生届書の送付について

戸籍の表示　東京都杉並区○○○○2丁目30番地　○川○夫

事件本人（出生子）○川○ヤ・○スミ

昭和37年1月26日生

父母婚姻年月日　昭和38年5月18日

　上記事件本人の出生届書を外務省より送付されましたが，下記のとおり届書に不備がある為戸籍の記載が出来ないので，昭和25年5月23日民事甲第1357号通達により送付します。

記

1．父母婚姻前の子であるから，出生子は日本国籍を取得しない。従って，父の戸籍には入籍できない。

2．本件出生届は，認知届の意味であるならば出生届書の(11)欄「その他の事項欄」にその旨記載する必要がある。

　なお，添付された出生証明書によると認知の効力が既に発生しているようにも考えられるので，若し，ポーランドの方式によって認知の効力が発生している場合には，その旨の届出を要する。

以　上

民事局長回答（昭和39年8月18日民事甲第2868号）

5月28日付戸甲第911号をもって照会のあった標記の件につ

いては，当該出生届を認知届として処理されたい（参照，昭和34年2月14日付民事甲第276号民事局長回答）。

おって，一件書類は，同封返戻する。

【32】
法務省民事局長回答　昭40・4・12民事甲838号
（要旨－日本人と外国人を当事者とする婚姻については民法750条の適用はない）

　　　　　　外務省欧亜局長照会（昭和40年2月22日欧西第1310号）
　　　　日本国民の妻であるドイツ人女性の称する氏について

　今般，在本邦ドイツ連邦共和国大使館より別添1月20日付同大使館口上書V3SE写のとおり，日本国民と婚姻したドイツ国籍女性は日本の法律に従い，いかなる氏を称するかについて日本側関係当局の法律的見解を照会越しました。

　つきましては，委細同口上書写にて御了知のうえ本件に関する貴見何分の儀御回示願います。
　　　　　　口　　上　　書
　独逸連邦共和国大使館は，外務省に対し下記の件につき御厚情ある援助を要請するの光栄を有する。

　近時頓に件数を増しつつある日本並びに独逸国籍所有者間の婚姻に際し，独逸人女性が日本人男性と婚姻を締結した後，日本の立法に従い，日本人である夫の氏を称するか否かの点が重要な問題となって来た。

　日本国籍法（1950年5月4日法147）に基き，独逸国籍所有者は日本国籍所有者との婚姻のみに依っては日本国籍を取得し

ない事は明かなる事実である。又他方独逸国籍所有者は1913年
6月22日独逸帝国国籍法第17条（後の改正を含む）により明か
である如く，外国人との婚姻のみに依っては独逸国籍を喪失し
ない。

　夫婦の氏に関し独逸国籍所有者には居住地の如何を問わず，
通常独逸法律の規定が適用される事は明かである。但し，ある
場合には独逸の法律牴触の法則により，独逸国籍を所有する女
性が外国人である夫の氏を称するか否かの決定につき外国法の
規定に従う事が指摘せられる（1896年8月18日独逸民法施行法
（EGBGB）自14条至16条）。

　従って，独逸法の規定に従えば，日本国民の妻である独逸人
女性の称する氏に関しては日本法がこれを定める。

　本大使館は日本法の該当条文を調査した結果，1947年12月22
日改正日本民法第750条条文に基き，夫婦は婚姻の際に定める
ところに従い夫又は妻の氏を称する点につき確認した。1898年
6月21日法例第14条に，婚姻の効力は―従って戸籍上の氏に関
しても―夫の本国法に依ると規定せられている為，日本国民の
妻である独逸人女性の称する氏については，婚姻の際，日本の
所轄戸籍官吏の前に於いて夫婦の将来称する氏に関し如何なる
取極を行ったか，又如何なる氏が戸籍官吏により記載せられた
かに依り決定せられる。

　日本側所轄諸官庁は，これに反し，日本の戸籍謄本に婚姻の
事実のみが記載され，独逸人女性の氏が記載せられない為日本
国民の妻である独逸女性は夫婦の氏の選択の権利並びに日本人
である夫の氏を称する権利を有しないという見解をとられるも

昭和40年

のとみられる。

上記の件は，日本国民の妻である独逸女性に旅券を交付する際特に重要である為，本大使館は日本国民の妻である独逸女性が日本の法律に従い如何なる氏を称するかにつき御通報戴ければ誠に感謝に堪えない次第である。

本大使館はこの機会を藉り外務省に対し改めて深甚なる敬意を表する。

東京1965年1月20日

日本国外務省御中

民事局長回答（昭和40年4月12日民事甲第838号）

2月22日付欧西第1310号をもって照会のあった標記の件について左記のとおり回答します。

記

日本民法第750条の規定は，日本人と外国人を当事者とする婚姻については適用されず，戸籍法においてもかかる夫婦の称すべき氏については規定されていない。

従って，所問のドイツ人女は日本人男と婚姻しても夫の氏を称することはない。

但し，同女が帰化によって日本国籍を取得したときは，申し出によって夫の氏を称しその戸籍に入籍することができる。

【33】

法務省民事局長回答　昭40・11・26民事甲3288号

（要旨－アメリカ人男（ワシントン州）が日本人たる妻の子を養子とする米国裁判所の中間判決がされた場合の処理）

福島地方法務局長照会（昭和40年10月4日戸第773号）

　米国在住のアメリカ人男（ワシントン州）が妻の子（日本人）を養子とする米国裁判所の中間判決がなされ，養子の母から判決謄本が本籍地町村に送付されました。

　この処理について，左記疑義が生じましたので，ご指示を賜わりたくお伺いします。

　　　　　　　記

1　別紙養子縁組の中間判決は昭和39年4月17日から，6か月経過後において成立するいわゆる創設的裁判であるから，6か月経過後確定判決謄本を添えて養子から届出させて処理すべきと考えますが該判決は養子縁組の成立要件と解すべきでしょうか。

2　前段卑見のとおりとすれば戸籍の記載例は昭和34年4月14日民事甲第759号貴職回答(3)の(1)に準じて処理してさしつかえないでしょうか。

〰〰〰〰〰〰〰〰〰〰〰〰〰〰〰〰〰〰〰

（仮訳）　スパーケン郡のためのワシントン州高等裁判所において

　　　　未成年者○○クニエの養子縁組について

　　　　第76779号養子縁組判決

　この件は，ジョン・フランク・カーターの申請による○○クニエの養子縁組につき，申請者ならびに弁護士さらに当法廷によって正式に認められた養子の後見人が出頭した。その報告は，ここに提出されている。前提条件に関して十分に相談をうけ証言を聴取し，当法廷は次のごとく判決する。

昭和40年

　　　　　　Ⅰ

　養子となるべき子供，申請者はワシントン州，スパーケン郡の居住者であり，この訴訟手続における当事者ならびに当事件の管轄は当裁判所のものである。

　　　　　　Ⅱ

申請者は養子を迎えるに適当な人物である。

　　　　　　Ⅲ

ここに提出された養子縁組申請の申立事項は真実である。

　　　　　　Ⅳ

　よって，次の事項を判決する。即ち，ジョン・フランク・カーターの○○クニエ養子縁組についての申請は許可され，その子供は法律上正しくジョン・フランク・カーターの子となること。

　更に，その子供の名前は，キャサリーン・クニエ・カーターとなることを。

　　　　　　Ⅴ

　更に，次の事項を判決する。即ち，養子たるべき子供の生年月日が記録されて残っている然るべき日本の官庁は，この子供の生年月日が1946年8月10日であること，ならびにこの子供はジョン・フランク・カーター，ヨシ子・藤田・カーター夫妻の子であり，その姓名はキャサリーン・クニエ・カーターであることを証明する証明書を発行しなければならないことを。

　　　　　　Ⅵ

　更に，ここに述べられている記録は秘密を保つことが要請され，当法廷の命令による以外は公表されてはならないことを判

決する。

　　　　　Ⅶ

　更に，この養子縁組布告は，向う6か月間は中間判決で，その後始めて絶対なものとなることを判決する。

　1964年4月17日

　　　　　　　　ジョン・J・ラリー判事

		本籍
		○○県○○郡○○町大字棚倉字古町五十一番地
		氏名
		○○　ヨシ子

昭和参拾弐年法務省令第二十七号により改製昭和参拾四年九月弐拾六日同所同番地○○知一九戸籍から本戸籍編製㊞

字同古町八五一番地で出生父○○定吉届出昭和弐拾八年九月参拾日受付㊞　国籍アメリカ合衆国ジャンエフカーターと婚姻届出　大正拾五年九月壱日○○町大字棚倉

出生　大正拾五年九月壱
父　亡○○定吉　四
母　亡○○トラ　女
ヨシ子

倉字古町五十一番地昭和弐拾壱年八月拾日○○町大字棚届出昭和弐拾壱年八月拾参日送付入籍㊞　長親権者を母ヨシ子と定める旨届出父母協議離婚昭和同弐拾月弐拾四日入籍㊞父母　母ヨシの氏を称する子と親権を行う母出　日受付平市届字仲間町七十一番地○○卓壱也戸籍より入籍㊞

出生　昭和弐拾壱年八月拾日
父　○○卓也　長
母　○○ヨシ子　女
クニエ

昭和40年

　以上は，真正な謄本である。
　　1964年 4 月17日

　　　　　　　　　　　　　　　　郡書記（署名略）

　　　民事局長回答（同年11月26日民事甲第3288号）
　10月 4 日付戸第773号をもって照会のあった標記の件につい
ては，照会書添付の中間判決が，終局判決となった旨の証明書
を提出させて処理するのが相当である。右証明があった場合の
養子縁組成立の日は，昭和39年 4 月17日となる（別紙，ワシン
トン州養子法概略（仮訳）参照）。
　なお，記載例については，左記の振合によられたい（編注：
記載例略）。

【34】
法務省民事局長回答　昭40・12・20民事甲3474号
（要旨－ギリシャ人男と日本人女の婚姻につき日本の教会にお
いて法的に婚姻したものである旨のギリシャ総領事発行の証明
書を添付して婚姻届があったときは右証明書を要件具備証明書
とみなして受理して差しつかえない）
　　　　　大阪法務局長進達（昭和40年12月 3 日戸第1775号）
　別紙のとおり神戸地方法務局長から伺いがありましたので進
達します。
　なお，当職は神戸地方法務局長の意見のとおり受理してよい
ものと考えます。
日記戸第4207号

昭和40年11月9日

　　　神戸地方法務局長　　光　野　　　勇

法務省民事局長　　新谷　正夫殿

　　ギリシャ人男と日本人女との

　　婚姻届に添付すべき要件具備

　　証明書について（照会）

　ギリシャ人男と日本人女とが，本年10月15日日本の教会にお

いて法的に結婚したものである旨のギリシャ総領事発行の別紙

の結婚証明書を添付してわが国の方式による婚姻届出がありま

したが，本証明書を要件具備証明書とみなして受理してよろし

いか至急に何分の御指示お願いいたします。

ギリシャ総領事館

　日本，神戸

　　　結　婚　証　明　書

　関係当事者殿

　本官はギリシャ正教徒であるジョージオス・パレオロゴス

（パナギオテスとスタブローラの息子・1935年6月16日ギリシ

ャ国アテネ市生れ）とギリシャ正教徒であるクリスティナ西岡

（旧姓西岡正代，実とのぶの娘・1936年1月2日，日本国，神

戸市生れ）とが昭和40年10月15日に神戸市生田区山本通3丁目

19番地，イースタン・オーソドックス教会に於いて，ミカエル

Ｙ・樋口牧師に依って法的に結婚したものである事を証明する。

　ミカエルＹ・樋口牧師に依って発行された1965年10月15日付

婚姻証明書は当総領事館に於いて獲保せられあり

　　日本国　神戸　1965年10月18日

昭和40年・昭和41年

ギリシャ総領事

ロバートC・ワイラー

署名

民事局長回答（昭和40年12月20日民事甲第3474号）

　11月9日付日記戸第4207号をもって照会のあった標記の件は，貴見のとおり受理してさしつかえない。

【35】

法務省民事局長通達　昭41・8・22民事甲2431号

（要旨－在日朝鮮人の戸籍届書の保存期間は戸籍法施行規則第50条に規定にかかわらず当分の間そのまま保管する）

　　　　　民事局長通達（昭和41年8月22日法務局長，地方法務局長あて）

　　　　在日朝鮮人の戸籍届書の保存期間について

　平和条約発効後に受理した朝鮮人に関する戸籍届書類について戸籍法施行規則第50条による保存期間が経過したものについても，当該外国人の日本国における協定永住権などの特別の地位に付随してその資格要件の審査の資料として必要とされる向もあるので，当分の間そのまま保管する措置をとられたい。

　右ご了知の上貴管下各支局長及び市町村長に周知方取り計われたい。

【36】

法務省民事局長通達　昭41・9・30民事甲2594号

（要旨－朝鮮人の国籍の表示に関する戸籍の取扱い方（先例変

昭和41年

更））

　　　　民事局長通達（昭和41年9月30日民事甲第2594号法務
　　　　　局長，地方法務局長あて）
　　　　朝鮮人の国籍の表示に関する戸籍事務取扱いの変更につ
　　　いて（通達）
　朝鮮人に関し戸籍法に基づく届出がなされた場合におけるそ
の国籍の表示に関する戸籍の記載については，在日の朝鮮人が
平和条約の発効と同時に日本国籍を喪失して外国人となった特
殊事情にかんがみ，従来，一律に「朝鮮」という名称を使用し
ていたのであるが（昭和25年8月15日民事甲第2177号通達），
本年1月17日に日韓条約が発効したことに関連して，韓国人に
ついてはその国籍を「韓国」と表示する取扱いとするのが相当
と考えられるので，今後は同国人の国籍の表示に関する取扱い
を左記のとおり変更することとしたから，その旨，貴局管内支
局長及び市区町村長に周知方取り計らわれたい。
　　　　　　　　　記
1．戸籍の届書に国籍を「韓国」又は「大韓民国」と記録して
　届出があった場合において，その届書に韓国官憲発給の旅券
　の写又は国籍証明書が添付されているときには，その者の国
　籍の表示に関する戸籍の記載は，「韓国」としてさしつかえ
　ない。なお，これら証明資料を添付しないときには，戸籍の
　記録は従前どおり「朝鮮」とする。
2．韓国人が日本に帰化してその届出があった場合又は日本と
　同国との二重国籍を有する者が日本国籍を離脱して国籍喪失
　報告があった場合は，帰化者の身分証明書又は国籍喪失報告

67

書における国籍の表示に基づいて戸籍の記載をする。

3．戸籍法第42条の規定によって，韓国に駐在する日本の大使又は領事から送付された書類に基づいて戸籍に記載する場合は，国籍又は国名を「韓国」としてさしつかえない。

4．平和条約発効後従前の取扱いにより国籍を「朝鮮」と記載しているものについて，届出人又は事件本人から韓国官憲発給の証明書を添付して「韓国」と訂正されたい旨の申出があった場合は，第1項の取扱いに準じて市区町村長限りの職権で訂正してさしつかえない。

5．平和条約発効後韓国において出生又は死亡した者について，その出生又は死亡の場所を戸籍に記載する場合は，その場所の表示に使用する国名を「韓国」と記載してさしつかえない。また，出生又は死亡の場所について，従前の取扱いにより「朝鮮」と記載してある場合に，それを「韓国」と訂正されたい旨の申出があったときにも，市区町村長限りの職権で訂正してさしつかえない。

6．昭和35年4月14日付民事甲第882号の当職回答による取扱いは廃止する。

【37】
法務省民事局長回答　昭42・12・22民事甲3695号
（要旨ーパキスタン人男と日本人女の婚姻届を受理してさしつかえないとされた事例）

　　　東京法務局長照会（昭和42年11月25日戸甲第1488号）
　　　パキスタン人男と日本人女間の婚姻届の受否について

　　　　　昭和42年

　　（伺い）
　今般当局管内世田谷区長から，標記について別紙のとおり照
会がありましたが，小職としては本件については一応添付され
た書類により受理の指示をしてさしつかえないものと考えます
が，夫の本国官憲発給の婚姻要件具備の証明書の添付がなく，
また，パキスタン婚姻法及び国際私法等が判然としないので，
これが受否について至急何分のご指示を賜りたく，関係資料を
添えてお伺いします。
世戸発第741号
昭和42年11月11日
　　　　　　　東京都世田谷区長　佐　野　保　房印
　東京法務局長　古川静夫殿
　　　　婚姻届受理認可申請
１．国籍　パキスタン
　　　　　　　　　　　夫　ジヤミール・アー○ツド
　　　　　　　　　　昭和16年８月28日生
　　　戸籍の表示　新潟県中頸城郡○高○○町大字○○33番地
　　　　　　　　　　　　清　水　○次郎
　　　　　　　　　妻　清　水　　○　子
　　　　　　　　　　昭和19年４月12日生
　右の者等につき昭和42年11月９日別紙のとおり婚姻届があり
ましたが，夫の本国官憲による婚姻要件具備の証明書の添付が
ないので，右婚姻届の受否につき何分のご指示を願いたく申請
します。
　（別紙）

　　　　　　　　　　　　　　　　　　　　　　　　　　69

昭和42年

　　　　添付書類
１．婚姻届書
１．東京回教寺院の婚姻証明書
１．申述書
１．外国人登録済証明書
１．戸籍謄本（省略）

～～～～～～～～～～～～～～～～～～～～～～～～～

　　　　　　申述書
１．国籍　パキスタン

　　　　　　　　　氏名　ジヤミール・アー○ツド
　　　　　　　　　　　　1941年８月28日生
２．父の氏名　マホメツド・アリ・ハサン　長男
　　母の氏名　サーレハ・カーツーン
３．職業　無職（日本国文部省国費留学生）
４．東京都世田谷区○○２丁目40番２号

　　　　　　　　　　　　　○○○内
　私は日本国本籍新潟県中頸城郡○高○○町大字○○33番清水
○子との婚姻届に添える婚姻要件具備証明書を駐日パキスタン
大使館へ発給申請をしたところ本国機関の権限であるため即時
発行はできない，本国から右証明書を入手するには最長６ヶ月
要すること，また，清水○子との婚姻関係を不確定のままにし
ておくことは好ましくないとの理由から左記事項を申述して婚
姻届を受理下さるよう願出します。
　　　　　　申述事項
１．私の国の法律では男の婚姻可能年齢は18歳です。

70

2．外国籍の者との婚姻により自国の法律に触れることはありません。

3．現在私は他に婚姻関係はありません。

　　　昭和42年11月9日

　　　　　　　　　　　申述者　JAMIL ○ ○ MED
　　　　　　　　　　　　　　　ジャミール　　　メッド

東京都世田谷区長　佐野保房殿

　　　右申述書はジャミール・○ーメッドの口述を筆記いたしました　佐々木　信

世戸外証第　　　号

　　　　登録済証明書

　下記の者は，外国人登録法第3条第1項の規定により登録済であり，当該原票（登録番号⑧第099166号）には，下記のとおり記載されていることを証明する。

　　　　　　記

1．国　　籍　パキスタン

2．氏　　名　○○MED JAMIL

3．生年月日　1941年8月28日生

4．性　　別　㊚　　女

5．居住地の地　番　東京都世田谷区○○2丁目40番2号　○○○内

　本証明書は，婚姻届のため世田谷区役所に提出する目的の下に発行するものであって，この目的以外には効力を有しない。

　　　昭和42年10月20日

　　　　　　　　　東京都世田谷区長　佐野保房㊞

昭和42年

結　婚　証　明　書

（英文原文に対する翻訳）

下記に署名した東京回教寺院長，アイナン・サファは次に述べる者の結婚式（回教式にはニカという）が1967年9月3日挙式されたことを証明する。

結婚に先だち新婦は，1967年8月4日，人々を前にして彼女の自由意思による回教入信を表明し，ラーベアという回教名を持つに至った。

新郎，新婦に関しての詳細は次に記す。

新　　郎

氏　　　名	ジヤミール・○ーメツド
生年月日	1941年8月28日
出　生　地	カルカツタ
本　　　籍	51/ 1，ビハール　コロニー
	マツサン　ロード　カラチ
	西パキスタン
父の氏名	マホメツド・アリ・バサン
父の宗教	回　教
母の氏名	サレハ・カーツーン
母の宗教	回　教

新　　婦

氏　　　名	ラーベア・清水○子
生年月日	1944年4月12日

出　生　地　　新潟県中頸城郡○高○○町○○大字33番地
本　　　籍　　同　上
父の氏名　　清水○次郎
父の宗教　　仏　教
母の氏名　　清水ツヤ
母の宗教　　仏　教

保証人
(1)　署名　A．K．サイトウ
　　　氏名　アブドル・カリーム斎藤
　　　住所　東京都国立市175番地
(2)　署名　S．a．モイド
　　　氏名　シエーク・アブドル・モイド
　　　住所　東京・パキスタン大使館

署　　名
（アイナン・サファ）
東京回教寺院長
1967年9月3日

民事局長回答（昭和42年12月22日民事甲第3695号）
　11月25日付戸甲第1488号をもって照会のあった標記の件については，受理してさしつかえない。

【38】
法務省民事局長回答　　昭43・9・30民事甲3096号
（要旨－日本人男とベルギー人女の婚姻届に添付すべきベルギ

昭和43年

一人女の婚姻条件具備証明書）

　　　　　名古屋法務局長照会（昭和43年８月31日戸第2517号）

　　　　　婚姻届の受理について（照会）

　当局一宮支局長より別添のとおり日本人男とベルギー人女との婚姻受理に関し，指示を求めてきましたが，ベルギー婚姻法及び国際私法等に関する資料がないため，ベルギー人について，その本国法上婚姻要件を具備しているか否かの調査をすることが困難でありますので，何分の御指示を賜りたくお伺いします。

日記総第1308号

　　昭和43年８月22日

　　　　　　　　　　　　　　名古屋法務局一宮支局長

　名古屋法務局長殿

　　　　　日本在住の日本人男と外国人女の婚姻届の取扱いについて（伺い）

　当支局管内岩倉町長から日本在住の日本人男と外国人女（国籍ベルギー）との別紙婚姻届について受否伺いがありましたが，当該外国人女について，その本国法が不明のため届書の添付書類によって婚姻成立の要件が具備しているかどうか決しかねますので，何分のご指示を得たくお伺いいたします。

　　　　　民事局長回答（昭和43年９月30日民事甲第3096号）

　８月31日付戸第2517号をもって照会のあった標記の件については，左記のとおり回答する。

　　　　　　　　　　記

　ベルギー人女については，添付の同意書のほか，以前の婚姻によって拘束されていないこと（ベルギー民法第147条）なら

びに行なわれようとする婚姻が近親間の婚姻を禁止する制限条項を犯さないものであること（ベルギー民法第161条乃至同法第163条）のベルギー国官憲発給にかかる証明書を添付させて受理するのが相当である。

　なお，添付の出生登録証には，出生の年月日が記載されていないので，記載されたものを添付させるか，または，出生の年月日を証する書面を添付させるべきである。

【39】
法務省民事局長回答　昭44・1・8付外務大臣官房領事移住部長あて
（要旨ー在外公館長は管轄区域外に在留する邦人に関する国籍法上の届出等を取り扱ってさしつかえない）

　　　　外務大臣官房領事移住部長照会（昭和43年10月21日）
　　　　在外公館長の管轄区域外在留邦人の戸籍及び国籍関係届
　　　　出の受理の効力について

　本件について，今般在パラグァイ二股大使から別紙写のとおり照会があり，当省としては昭和40年12月14日付民事甲第3440号および昭和12年9月22日付民事甲第1283号民事局長通牒により，戸籍上の届出は，管轄外の在外公館長の受理によって効力を生ずると考えますが，国籍法上の届出も上記と同じに了解してよいか否か明らかでありませんので，この点について貴見を御回示ありたく，依頼します。

芭第481号
　昭和43年10月9日

昭和44年

在パラグァイ

二 股 大 使

外務大臣殿

　　管轄区域外在留邦人の戸籍国籍の届出について（照会）

　昭和41年3月31日付往信芭第150号及び同年4月21日付貴信移旅第51号に関し，今般在エンカルナシオシ駐在官事務所より，別添写（略）のとおり，アルゼンティン国ミシオネス州（同事務所所在地の対岸）在住邦人の戸籍国籍届出受理についての要望が同州日本人会連合協議会高倉謙会長よりあったので検討願いたい旨依頼越した。

　本件については，戸籍法及び国籍法等にも明らかなとおり，外国に在留する日本人は居住地を管轄する在外公館に届出することができると規定されており，当館としては現在まで管轄区域外に移住する邦人の戸籍及び国籍届出は受理していない次第である。しかしながら右届出受理が出来ることとなれば在ミシオネス州在留邦人の受ける便宜は大きいと思われるので，右可能性につき御検討煩わしたく結果御回示願いたい。

　　　　民事局長回答（昭和44年1月8日）

　昭和43年10月21日付領々第743号をもってご照会のあった標記については，国籍法上の届出等についても戸籍法上の届出等と同様に取り扱ってさしつかえないものと考えます。

【40】

法務省民事局長回答　昭44・11・25民事甲1436号

（要旨－アメリカ人養親（オハイオ州）と日本人未成年養子の

調停離縁が認められた事例)

　　　大阪法務局長照会（昭和44年1月21日戸第46号）

　　　米国人と日本人未成年者間の調停による養子離縁につい
　　て（照会）

　標記について，当管内大阪市港区長から別紙のとおり伺いが
あり，当職は，左記の理由により受理すべきでないと考えます
が，いささか疑義がありますので，何分の御指示を賜わりたく
お伺いいたします。

　　　　　　　　記

　調停離縁は，家事審判法の定めるところに従ってなされるも
のであって，その実質は当事者の自由意思に基づく合意を基本
とするものである。

　一方，渉外的養子離縁については，養親の本国法がその準拠
法とされるが，本件において養親の本国法であるアメリカ合衆
国オハイオ州法によれば，養子縁組の無効，取消が認められる
だけで，協議離縁はもとより離縁そのものが認められていない
ので，離縁は成立していないものと考える。

　（参照）

昭和26年6月21日民事甲第1290号回答

昭和30年9月7日民事甲第1879号回答

　　民事局長回答（昭和44年11月25日民事甲第1436号）

　本年1月21日付戸第46号をもって照会のあった標記について
は，受理してさしつかえない。

昭和46年

【41】

法務省民事局長回答・法務省民事局第二課長通知　昭和46・3・11民事甲1166号・昭46・6・24民事二158号

（要旨ー生地主義国で出生した子の出生届が，14日経過後になされた場合，その受理につき疑義のあるときは，あらかじめ在外公館から外務省経由，法務省の指示を得た上で処理する）

　　　　民事局第二課長通知（昭和46年6月24日民事2発第158号各法務局民事行政部長，地方法務局長あて）

　　　　生地主義国で出生した子につき14日経過後になされた出生届の受理について（通知）

　標記の取扱いについて，別紙甲号のとおり外務大臣官房領事移住部長から照会があり，別紙乙号のとおり民事局長から回答がなされたので，参考までに通知します。

　　　　外務大臣官房領事移住部長照会（昭和46年1月30日領領第45号）

別紙甲号

　本件について，今般在ニュー・ヨーク総領事から別紙写のとおり照会がありましたので，同総領事に対し，下記のとおり回答したく思いますから，同回答案に対する貴見を御回示ありたく依頼します。

　　　　　　　　記

1　在外公館長は，身分関係届書の受理に関しては，戸籍法第40条により，わが市区町村長と同一の職務権限を有する戸籍事務管掌者であるので，同権限に基づいて遅延理由書を添付した出生届の受理，不受理を決定できる。

昭和46年

2 但し，在外公館長は，遅延理由書を付したかかる届を受理すべきか否か疑義のある場合は，外務省を経由し，法務省に照会し，その指示に従い，同届を受理し，或は不受理とすべきである。

3 しかし，現在，在外公館長はこのような出生届が提出されても前記2の手続を行なわず，同届をそのまま受理し，またはその判断により受理の上これを外務省に送付し，同受理の正否を本籍地の市区町村長および法務当局の判断にまかしている。

市区町村長および法務当局が判断の結果，同届が市区町村長に受理される場合は問題はないが，受理されない場合には，在外公館長が受理し，効力の生じた届が市区町村長に受理されないという矛盾が生じる。

4 従って，今後在外公館長にこのような出生届が提出された場合は，前記2の方法をとらしめ，前記矛盾をなくすこととしたい。

5 また遅延理由判断の基準は貴信（ニュー・ヨーク来信）(2)によることとする。

付属添付　別紙写（省略）

別紙乙号

民事局長回答（昭和46年3月11日民事甲1166号）

本年1月30日付領領第45号で照会された標記に関する貴職の回答案については，異存はありません。

79

【42】

法務省民事局長回答　昭47・12・27民事甲5658号

（要旨－朝鮮人夫婦の子として朝鮮戸籍に入籍している子について，日本人女から母子関係存在証明書のみを添付し，嫡出でない子としての出生届が日本国総領事に提出され，これが受理送付された場合であっても，母子関係存在証明書のみでは，当該母子関係が真実であり，したがって事件本人が日本人であるかどうかを認定しえないので，当該出生届に基づく戸籍の記載はすべきでない）

　　　　　名古屋法務局長照会（昭和47年11月2日戸第2626号）

　標記の件について，当局管内半田支局長より別紙のとおり照会があり，当職としては，在釜山日本国総領事の受理したことにより，戸籍の記載をしてさしつかえないものと考えますが，在釜山日本国総領事が本件出生届を受理するにあたり，母子関係存在証明書のみをもって受理されている関係上いささか疑義を生じましたので，これが取り扱いについて，何分のご指示願いたく照会します。

　　参照　　昭和36年6月14日民事甲第1227号民事局長回答
　　　　　　昭和45年11月25，26日香川県連合戸籍事務協議会決議
　　　　　　第1問

　　　　民事局長回答（昭和47年12月27日民事甲第5658号）

　客月2日付戸第2626号をもって照会のあった標記の件については，添付の資料によれば事件本人らは全員いずれも韓国人夫婦の嫡出子として韓国戸籍に記載されており，それが長年にわたっている者もあって，出生届記載の母子関係がはたして真実

であるかどうかについては疑問があり，届書に添付された母子関係存在証明書のみでは，右母子関係が真実であり，したがってまた，事件本人らが日本人であることを認定し難いので，当該出生届に基づく戸籍の記載はしないのが相当である。

【43】

法務省民事局長通達・法務省民事局長回答　昭51・1・14民二280号・昭51・1・14民二279号

（要旨－外国でなされた離婚判決は，民事訴訟法第200条の条件を具備する場合に限り，我が国においてもその効力を有するものと解すべきである（先例変更））

　　　　民事局長通達（昭和51年1月14日民二第280号各法務局長，地方法務局長あて）

　標記の件について，外務大臣官房領事移住部長から別紙甲号のとおり照会があり，別紙乙号のとおり回答し従前の解釈を改めることとした。ついては，右了知の上貴管下各支局及び市区町村に周知方取り計らわれたい。

　別紙甲号

　　　　外務大臣官房領事移住部長照会（昭和49年12月23日領領第393号）

　　　外国裁判所の離婚判決に基づく離婚届の受理について（照会）

　今般，標記の件に関し，在ロス・アンジエルス総領事より別添のごとき照会がありましたが照会の諸点は，在外公館における離婚届の受理にあたり，心得るべき点であると思われますの

昭和51年

で，何分の貴見ご回示お願いします。

　なお，上記照会のうち，渉外的離婚訴訟事件の裁判管轄権の問題については，昭和47年11月28日民事甲第4946号民事局長回答を同館に通報ずみですので，申し添えます。

別　添

ロス領第525号

　　昭和49年6月20日

　　　　在ロス・アンジエルス橘総領事

　　外務大臣殿

　　　外国裁判所の離婚判決に基づく離婚届の受理について

4月15日付貴信領々第121号

1　当館においては従来から「在外邦人の戸籍および国籍に関する事務」（改訂版）58ページにより，在外日本人夫婦の一方が在留国の裁判所に離婚の訴を提起し，その離婚判決が確定した場合は日本法上も離婚が有効に成立したものとして訴を提起した者は戸籍法第41条に従いその判決謄本を添付して在外公館に離婚の報告的届出をすべきとの了解の下にその届出を受理してきている。

2　しかしながら，当館が冒頭貴信により送達の嘱託を受けた訴訟書類をたまたま閲覧したところ，右書面において，原告〇本〇子は，被告〇本〇太〇がカリフォルニア州裁判所の離婚判決の確定証明書を添付し，当館に離婚の届出をなし，当館より右届書の本籍地送付により戸籍上も両人が離婚した旨の登載がなされている事案に関し，右カリフォルニア州裁判

所の離婚判決はわが国の民事訴訟法第200条第2号の条件を
具備していないから無効であると主張している。

3　ついては今後ともかかる外国裁判所の離婚判決に基づく離
婚届の提出がある場合の執務参考までに下記につき何分の儀
御回示願いたい。

㈠　日本の裁判所でなく外国の裁判所の離婚判決によっても
日本人夫婦の離婚が日本法上有効に成立するという法的根
拠（国際裁判管轄）如何。

　なお，法例第16条但書によって日本に居住する外国人の
離婚についても，日本裁判所の管轄権が認められている以
上，外国裁判所も同様当該国に居住する日本人の離婚に関
して管轄権を有するものと一応解されるが（昭和25年12月
22日民事甲第3231号民事局長回答参照），これは夫婦が共
に日本人である場合には必ずしも該当しないと思われる
（外国人間における離婚の裁判管轄権に関する最近の最高
裁判例も，被告の住所地国の管轄を原則とし，原告が遺棄
された場合，被告が行方不明である場合，その他これに準
ずる場合に限って正義公平の見地から原告の住所地国の管
轄を認めるという見解をとっている由である―最判昭和39
年3月25日民集18巻3号486ページ）。

㈡　かかる離婚届の受理に関し，上記の民事局長回答によれ
ば，外国裁判所の離婚判決の効力は準拠法の要件（法例第
16条，民法第770条）を満たすものである場合に限り，日
本においても承認されるものとされているところ（戸籍先
例全集渉外編⑴1652～1653ページ参照），離婚届の受理に

昭和51年

際し，この準拠法の要件を審査する必要はないか。

(ハ)　在外公館は，当該外国判決について，わが国の外国判決承認の要件（民事訴訟法第200条）を具備しているかどうかを審査する必要はないか。

　必要がないとされる場合には，その理由としては，民事訴訟法第200条は給付判決の承認についてだけ適用があり，離婚の如き形成判決の承認については外国で生じた法律状態の変動の問題として裁判管轄権と準拠法の2要件によって決定されるのが妥当であり，同条文の適用はないと解すべきものなりや。

別紙乙号

民事局長回答（昭和51年1月14日民二第279号）

　昭和49年12月23日付け領領第393号をもって照会のあった標記の件については左記のとおりと考えます。

記

(イ)　民事訴訟法第200条である。

(ロ)　必要はない。

(ハ)　必要がある。

　外国でなされた離婚判決は，民事訴訟法第200条の条件を具備する場合に限り，我が国においてもその効力を有するものと解すべきであるから，外国判決に基づく離婚届の受理に際し，当該判決がそのための条件を具備しているか否かを審査する必要があるところ，実際の処理に当たっては，離婚届に添付された判決の謄本等によって審査し，当該判決が民事訴訟法第200

84

条に定める条件を欠いていると明らかに認められる場合を除き，届出を受理して差し支えない。

　なお，届出に際しては，原則として，判決の謄本，判決確定証明書，日本人の被告が呼出しを受け又は応訴したことを証する書面（判決の謄本によって明らかでない場合）並びにそれらの訳文の添付を求めるのが相当である。

　おって，具体的事件の処理に当たって疑義を生じた場合には，資料を付して当職あて照会願いたい。

【44】

法務省民事局第二課長回答　昭51・9・8民二4984号
（要旨－中国（台湾）人－23歳－が，日本人－41歳－の養子となる縁組届について，養子となるべき中国（台湾）人につきその要件に関する準拠法として中華民国民法を適用し，当該縁組届が受理されなかった事例）

　　　　浦和地方法務局長照会（昭和51年5月11日三戸3第
　　　　1112号）

　　　　日本人，中国（台湾）人間の養子縁組要件の準拠法について

（伺い）今般当局管内大宮市長から別添資料（写）のとおり養子縁組届受理伺いがあり，当局において別紙（省略）のとおり事件本人（養女）を調査したところ，同人は，中華人民共和国（本土）と何ら接触がないことが判明しました。よって本件については，同国の法律を適用せず，中華民国民法第1073条を適用し，受理すべきものでないと思料しますが，いささか疑義が

昭和51年・昭和53年

ありますのでお伺いします。

　　　　　申　述　書

　　国籍　台湾

　　住所　埼玉県大宮市○○○○番地　○○プラザー3の20号

　　　　　　　　　　　　　　　　　　　　陳　宋　齢

　　　　　　　　　　　　　　昭和28年2月3日生

　私こと，この度日本人中山嘉子と養子縁組届出するについて，本国官憲発給に係る養子縁組の要件具備証明書を添付しなければならないところでありますが本国（台湾）官憲とは全く連絡がとれず右証明書の添付はできません。したがって，ここに右養子縁組について私は，本国の法律上或はその他いかなる支障もないことを宣誓いたします。

　　昭和51年2月9日

　　　　　　右届出人　陳　宋　齢

　　大宮市長　奏　　明友　殿

　　　　　　民事局第二課長回答（昭和51年9月8日民二第4984号）

　本年5月11日付け3戸3第1112号をもって照会のあった標記の件については，貴見のとおりと考える。

【45】

法務省民事局長通達　昭53・7・22民二4184号

（要旨－裁判又は調停による離婚等の届出人でない者が，当該届出によって復氏する場合に，同届書の「その他」欄に新戸籍を編製する旨記載し，署名押印して届け出た場合，又はその旨の申出書を添付して届出があった場合には，これに基づいて新

昭和53年

戸籍を編製して差し支えない（先例変更））

　　　　民事局長通達（昭和53年7月22日民二第4184号法務局
　　　　　長，地方法務局長あて）
　　　　　裁判又は調停による離婚等の届出人でない者が，当該届
　　　　出により復氏する場合の新戸籍編製の申出について
　（通達）標記について，従来，届出人でない者は，新戸籍編
製の申出をすることはできないものとして取り扱われてきたが，
戸籍法第19条及び同第30条の規定からは必ずしも右申出が否定
されるものと解する必要はないと思料されるほか，昭和51年法
律第66号民法等の一部を改正する法律の施行により，訴えの相
手方についても，限定的にではあるが，届出人となり得る道が
開かれたこと等の趣旨にかんがみ，今後は，裁判又は調停によ
る離婚等の届書の「その他」欄に新戸籍を編製する旨記載し，
署名押印して届け出られた場合，又はその旨の申出書を添付し
て届出があった場合には，これに基づいて新戸籍を編製して差
し支えないこととしたから，この旨貴管下支局長及び市町村長
に周知方取り計らわれたい。

【46】
法務省民事局第二課長回答　昭53・9・13民二4863号
（要旨－日本人女とギリシヤ人男との婚姻前の出生子について，
ギリシヤ人男から駐日ギリシヤ国総領事に対して認知届がなさ
れ，同領事発給の同届出受理証明書を添付して認知届があった
場合は，右証明書を戸籍法第41条に規定する証明書の提出が
あったものとして処理して差し支えない）

昭和53年

　　　　広島法務局長照会（昭和53年 6 月13日戸第426号）
　　　日本人女とギリシヤ人男との婚姻前の子につき，任意認
　　　知届受理証明書を添付して母から認知届があった場合の
　　　受否等について
（照会）標記について，当局管内福山支局長から別添のとおり
照会がありました。
　　当職は，本件認知届に添付されている在神戸ギリシヤ国総領
事の任意認知届受理証明書では，認知者の準拠法たるギリシヤ
民法典第1533条に定める方式に抵触するので，本国法上有効な
認知がなされたものとは解されず，また，本件認知届は母が届
出人となっているから，法例第 8 条第 2 項の規定に準じて日本
の方式により認知届がなされたものとも認められず，結局本件
認知届は，受理することはできないものと考えます。
　　しかし，右前段については，ギリシヤ民法典第1557条を根拠
に本国法上有効に認知が成立しており，本件認知届を受理して
よいとの考え方もあり，認知者の本国法の解釈等が明らかでな
いため決しかねておりますので，何分の御指示をお願いいたし
ます。
　　なお，右認知届を受理してさしつかえない場合には，子は父
母の婚姻により同法第1559条の規定により準正されると解すべ
きでしょうか。
　　併せて御指示をお願いいたします。
別添
日記第640号
　昭和53年 5 月13日

88

昭和53年

広島法務局福山支局長

広島法務局民事行政部戸籍課長殿

認知の要件及び婚姻届による準正について（照会）

当支局管内府中市長から標記のことについて別紙のとおり照会があった。

ついては次のとおり回答してよいか，ギリシヤ国の法令等につき疑義があるので照会します。

1．前段　任意認知受理証明書をもって，認知要件を具備していると解することは相当でない。

理由

1　父の本国法によれば「当人が公証人の前で一方的に宣言するか……」とあり，本件認知は在日神戸ギリシヤ国総領事が受理証明書を作成している（ギリシヤ民法典第1533条，第11条）。

2　父の本国法の国際私法によれば「認知の当時の父の本国法による」とあり，であるとするならば前記(1)の処理について疑問を生ずる（同第22条）。

3　本件認知は，日本駐在神戸総領事に届出がなされ，しかる後，在ギリシヤ日本国大使が受理し送付されたものであるが，跛行婚と同様に解するとしても，認知届は母からなされているから，その効力も生じない（戸籍法各論2　127頁）。

2．後段　準正子となる（ギリシヤ民法典第1556条）

別紙

府中発第22号

昭和53年

昭和53年4月27日

　　　　　　　　　　　　　　　　広島県府中市長

　広島法務局福山支局長

　　　認知要件及び婚姻届による準正について（照会）

　別添のとおり，外務大臣官房領事移住部長から身分関係届書
の送付がありました。

　認知届について渉外的要素をもった場合は本国法の内容が明
らかでない場合，認知の実質的要件として，認知の要件を具備
している旨の証明書の提出，あるいは，その旨の申述書の提出
を求めて受理するとありますが，別添の任意認知受理証明書を
もって認知要件を具備していると解して認知成立として良いで
しょうか。

　又，認知成立とすれば，婚姻外の子小○○子は父母の婚姻に
より準正が成立するが，国籍を異にする場合，婚姻当時の父の
本国法によるのでギリシヤ国の法律によると準正制度があるか
どうかについて合わせて照会します。

　　　　　　任意認知届受理証明書

　在神戸ギリシヤ国

総領事館

　A／A　16／1977

父‥○マ○イ○・○オ○キ○（1948年7月20日生）

　　　本籍地‥ギリシヤ国，クレタ島，イラクリオン

母‥小○江○子（1952年9月28日生）

　　　（ギリシヤ名‥○ミ○ア・○オ○キ○）

　　　本籍地‥広島県府中市○○町1の1

90

昭和53年・昭和54年

　小○江○子の出生子（1977年4月22日生・女）に対する認知届が1977年6月6日，上記両名から届け出られ本職はこれを受理した。

　よってここに法律上，小○江○子の出生子は，上記○マ○イ○・○オ○キ○の子たる身分を取得することとなる。

　　　1977年6月6日

　　　　　　　　　　在神戸ギリシヤ国総領事館総領事

第78／64号

　上記は添付の原文＜ギリシヤ語＞よりの忠実な要訳であることを証明します。

　　　昭和53年3月21日

　　　　　　　　　　在ギリシヤ日本国大使館特命全権大使

民事局第二課長回答（昭和53年9月13日民二第4863号）

（回答）本年6月13日付け戸第426号をもって当局長あて照会のあった標記の件については，次のとおり回答する。

　　　　　　　　記

　国外駐在のギリシヤ国総領事は，同国の公証人の職務を代行できることとされており，したがって，本件認知は，ギリシヤの方式により有効に成立しているものと認められるので，戸籍法第41条の規定により処理して差し支えない。

　なお，準正については，貴見のとおり解して差し支えない。

【47】

法務省民事局長回答　昭54・5・11民二2864号

（要旨－日本人女の非嫡出子をスイス人男（有配偶者）が認知

91

昭和54年

した旨の同国チューリッヒ市民課民事官作成の認知報告書を添
付して，右日本人母から認知届があった場合は，戸籍法第41
条に規定する証書の提出があったものとして受理して差し支え
ない)

　　　　　福岡法務局長進達（昭和53年12月26日戸第1246号）
　　　　　日本人女の非嫡出子につきスイス人男の認知報告書が提
　　　　　出された場合の取扱いについて

（進達）宮崎地方法務局長から貴職あて別添のとおり照会のあ
った標記の件については，チューリッヒ市民課民事官作成の認
知報告書及びジュリスト（1975・12・15№602）の解説内容から，
スイス親族法の関係条項が改正されたことが推測されるものの，
当職としても関係法案が不明のため，認知証明書としての受否
について疑義がありますので，何分の御指示を賜りたく進達い
たします。

　　　　　宮崎地方法務局長照会（昭和53年12月4日戸第840号）
（照会）このたび，日本在住の日本人女の非嫡出子を，妻を有
するスイス在住のスイス人男が認知した旨を記載したチューリ
ッヒ市民課民事官作成の認知証明書（認知報告書）が日本在住
の事件本人の母から当局管内宮崎市長に提出され，その取扱い
について同市長から照会がありましたが，前記チューリッヒ市
民課民事官作成の認知証明書との関係から，1907年12月10日制
定（1972年6月25日一部改正）のスイス親族法第304条（昭和
52年3月法務省民事局発行の「外国身分関係法規集（Ⅱ）」209
頁）が現在もなお効力を有するものか否か疑義があり，スイス
親族法の条項が不明のため，前記認知証書の受否を決しかねま

すので，何分の御指示を賜わりたく，関係書類を添えお伺いいたします。

　　　　民事局長回答（昭和54年5月11日民二第2864号）

（回答）昭和53年12月4日付け戸第840号をもって照会のあった標記の件については，当該認知報告書を戸籍法第41条に規定する証書の提出があったものとして受理して差し支えない。

　なお，スイス親族法の親子関係に関する規定の一部が1976年6月25日に改正（1978年1月1日から施行）されており，改正前の第304条に規定されていた認知に関する制限は廃止されているので，念のため申し添える。

【48】

法務省民事局第二課長回答　昭54・8・1民二4255号

（要旨－米国人夫が日本人妻の非嫡出子を養子とする縁組につき，同国ハワイ州の巡回家庭裁判所において養子決定がなされ，その決定書の謄本を添付して，右の子から縁組届があった場合は，報告的届出として受理する）

　　　　福岡法務局長進達（昭和53年12月26日戸第1245号）

　　　　米国人たる夫が，日本人たる妻の子を養子とする縁組届の受否について

（進達）標記養子縁組届の受否について，長崎地方法務局長から貴職あて照会がなされたが，本事案については，原局意見のとおり養子縁組判決が有効に成立し，報告的届出として受理できるものと考えますところ，ハワイ州法が明らかでないため疑義があるので進達します。

昭和54年

長崎地方法務局長照会（昭和53年10月24日戸第978号）

（照会）別紙，養子縁組届の受否について管内長崎市長から指示を求められましたが，届書に添付の判決は，養親の所属州法により養子縁組に関与する権限を有する機関が所定の方式に従って作成した養子縁組の成立を証する書面で，本件養子縁組は同判決(5)に示された有効日に成立したものと解し，日本人たる当事者（養女）からの報告的届出として受理して差し支えないものでしょうか。

ハワイ州の養子法が明らかでなく，疑義がありますので何分のご指示を賜わりたく関係資料を添えてお伺いいたします。

（訳文）

ハワイ州家庭裁判所

第一巡回裁判所

子供の親権者であるヨシコ・○○○・リンゼイの正式の配偶者ジェリー・○○○・リンゼイによって申立てられた1958年6月15日生れの女児の養子縁組の件	FC-A NO. 19294 継親によって申立てられた養子決定

継親の申立による縁組決定

標記の訴訟は，1973年5月23日に家庭裁判所の審判官の下で審理を開始した。

審理の後，あらゆる証拠を考慮した結果，審判官は，縁組申立の実質的な主張が真実であり，当該縁組が最も子供の利益となり，当裁判所が本件縁組の管轄権を有していることを認定した。そして，審判官は養子決定が登録されることを勧告した。

審判官の審理結果及び勧告は，ここに当裁判所の決定として

取り入れられ，それに従い，以下のことを命じ，宣告し，決定する。

　　　これは当裁判所の原本と相違ないことを証明する。

　　　　　　　　　Y．Baba

　　　　　　　ハワイ州第一巡回裁判所書記官

⑴　この決定の効力が発生した日をもって，子供は申立人の養子となることが決定される。

⑵　効力発生の日以後は，あらゆる意味において，養子と養親は，たとえ養子が養親の実子である場合といえども，相互に法定親子関係を維持し，及びその関係におけるすべての権利を有し，義務を負い，かつ，養子と縁組申立人の正式配偶者以外の第三者との間の権利及び義務は終了したものとみなされる。

⑶　養子と現在は申立人と結婚している上記の親権者との間に現在まで存在する相互のあらゆる法律上の権利と義務は，相続権を含めてこの決定の条件の下に申立人の得た権利及び同人に課せられた義務に従い，存続する。

⑷　この決定によって，養子の名前はミ○リ・リンゼイと決定される。

⑸　この養子決定の効力が発生する日は，1973年3月12日とする。

　　　　　日付：ホノルル，ハワイ，1973年6月25日

　　　　　標記裁判所裁判官　ベティ.M.ヴィドセック

　　　　　民事局第二課長回答（昭和54年8月1日民二第4255号）

　（回答）昭和53年10月24日付け戸第978号をもって民事局長あ

昭和54年・昭和55年

て照会のあった標記の件については，当該養子縁組は昭和48年
３月12日アメリカ合衆国ハワイ州法の方式により有効に成立し
ているものと認められるので，報告的届出として受理して差し
支えないと考える。

【49】
法務省民事局長回答　昭55・8・27民二5217号
（要旨－日本人男とドイツ連邦共和国人女との間に出生した嫡
出子の母欄に漢字によって氏を表記する取扱い等について）

日本人男と婚姻した西ドイツ人女の夫の氏への変更申出
の可否について

東京法務局長照会（昭和53年８月９日二戸１第520号）

（照会）標記について，当局管内○○区長から別添のとおり，
父日本人，母西ドイツ人夫婦間の嫡出出生子の父母欄中，母の
氏名を「○田・ザ○ーネ・マ○ア」と記載するよう申出を受け
たので，その旨戸籍に記載して差し支えないかについて，当職
あて伺いがありましたが，当職としては，本件事案の如く，妻
が本国法により夫の氏を選択し，その旨公簿に登載されている
場合は，本件申出を認めても差し支えないと考えます（その場
合は，子の母欄には「○田　ザ○ーネ　マ○ア」と記載する。）
ところ，昭和42年３月27日付け民事甲第365号貴職回答の次第
もあり，いささか決しかねますので，何分の御指示を仰ぎたく
照会します。

民事局長回答（昭和55年８月27日民二第5217号）

（回答）昭和53年８月９日付け二戸１第520号をもって照会の

昭和55年

あった標記の件については，左記のとおりと考える。

記

本件については，外国人たる妻につき，その本国法に基づき氏名の変更が行われたことが，添付の婚姻登録簿謄本により認められるので，日本人たる夫の戸籍の身分事項欄に右妻の変更後の氏名として次の振合いによる記載をするとともに，同夫婦間の嫡出子の母欄に変更後の氏名である「○田・ザ○ーネ・マ○ア」と記載して差し支えない。

妻の氏名を「○田・ザ○ーネ・マ○ア」と変更昭和年月日記載㊞

なお，本件において，子の母欄に右のように記載するのは，日本人男と外国人女との婚姻後の「氏」につき，これを婚姻の効力に関する問題であるとして，夫婦は法例第14条の指定する夫の本国法である日本民法第750条に基づいて日本人男の「氏」を選択することができるとの解釈によるものではなく，妻の本国法であるドイツ連邦共和国民法第1355条に基づき，夫婦の合意により「婚姻姓」として定めた夫の出生上の姓である「○田」のドイツ連邦共和国における表記方法である「○a ○○ ta」を日本の戸籍に記載するに当たり，右「○a ○○ ta」と定めたのは夫の出生上の姓（○田」）を選択したものにほかならないこと，及び本人の希望を考慮して「○田」と表記するものである。

【50】
法務省民事局長通達　昭55・8・27民二5218号
（要旨ー日本人と外国人との間に出生した日本人たる嫡出子の

97

昭和55年

外国人たる父又は母欄の戸籍記載に漢字によって氏を表記する取扱い等について）

民事局長通達（昭和55年8月27日民二第5218号法務局長，地方法務局長あて）

（通達）日本人と外国人との間に出生した日本人たる嫡出子（準正嫡出子を含む。）について，出生の届出人から，子の父母欄に記載される外国人たる母（又は父）の氏名は，日本人たる配偶者の氏（漢字）を用いて表記されたい旨の申出があった場合，又は外国人と婚姻した日本人から，その戸籍の身分事項欄に外国人たる配偶者の氏名変更の旨の記載方及び変更後の氏名は日本人たる配偶者の氏（漢字）を用いて表記されたい旨の申出があった場合において，当該外国人がその本国法に基づく効果として日本人たる配偶者の氏をその姓として称していることを認めるに足りる権限ある本国官憲の作成した証明書等が提出されたときは，左記により取り扱って差し支えないこととしたので，これを了知の上，貴管下支局長及び市区町村長に周知方取り計らわれたい。

記

1　日本人たる嫡出子の出生の届出に際し，外国人たる母（又は父）の氏名は，日本人たる配偶者の氏（漢字）を用いて表記されたい旨の申出があったときは，当該嫡出子の母（又は父）欄に「甲野・マリア」若しくは「マリア・甲野」（又は「甲野・ウイリアム」若しくは「ウイリアム・甲野」）の振合いにより記載するとともに，日本人たる父（又は母）の身分事項欄に外国人たる配偶者の変更後の氏名を右の記載に対応す

る次のいずれかの振合いにより記載する。

1　妻（又は夫）の氏名を「甲野・マリア」（又は「甲野・ウイリアム」）と変更昭和年月日記載印

2　妻（又は夫）の氏名を「マリア・甲野」（又は「ウイリアム・甲野」）と変更昭和年月日記載印

2　既に戸籍に記載されている嫡出子の父母欄に記載された外国人たる母（又は父）の氏名について，当該嫡出子本人若しくはその法定代理人又は出生の届出人から，日本人たる配偶者の氏（漢字）を用いて表記されたい旨の申出があったときは，当該嫡出子の身分事項欄に次の振合いによる記載をした上，父母欄の記載を「甲野・マリア」若しくは「マリア・甲野」（又は「甲野・ウイリアム」若しくは「ウイリアム・甲野」）の振合いにより更正する。

母（又は父）の氏名変更につき昭和年月日母（又は父）欄更正印

なお，この場合，日本人たる父（又は母）の身分事項欄については，前記1の振合いにより外国人たる配偶者の変更後の氏名を記載する。

3　外国人と婚姻した日本人から，その戸籍の身分事項欄に外国人たる配偶者の氏名変更の旨の記載方及び変更後の氏名は日本人たる配偶者の氏（漢字）を用いて表記されたい旨の申出があったときは，前記1の振合いにより変更後の氏名を記載する。

なお，この場合において，既に戸籍に記載されている日本人たる嫡出子があるときは，その父母欄についても前記二本

文と同様の処理をする。

4　前記2及び3の申出は，書面又は口頭のいずれによっても差し支えないが，口頭により申出があった場合は，「戸籍訂正書」を作成の上，所要の処理をする。

　　なお，前記1の申出については，出生届書の「その他」欄を用いて差し支えない。

【51】
法務省民事局長通達　昭56・9・14民二5537号
（要旨－氏又は名に用いる文字の取扱いに関する通達等の整理について）

改正－平成2年10月20日民二第5200号通達
平成13年6月15日民一第1544号通達
平成24年6月25日民一第1550号通達

　戸籍法施行規則の一部を改正する省令の施行に伴う戸籍事務の取扱いについて，本日付け法務省民二第5536号をもって通達したところであるが，右省令施行の日以後における氏又は名に用いる文字の取扱いに関する戸籍事務の取扱いは，右通達によるほか，左記によることとするので，貴管下各支局長及び管内市区町村長に周知方取り計らわれたい。

　なお，右に反する当職通達又は回答は，本通達によって変更又は廃止するので，念のため申し添える。

記

一　名に制限外の文字を用いて差し支えない届出
　　次の届出は，改正後の戸籍法施行規則（以下「規則」とい

う。）第60条等に定める文字以外の文字を用いて名を記載した場合でも，受理して差し支えない。

1　親子関係存否確認等の裁判に基づく戸籍訂正によって戸籍を消除された子について，従前の名と同一の名を記載してする出生の届出（従前の名の文字が誤字であるときは，それを正字に訂正したものに限る。）

2　出生後長年月経過し，相当の年齢に達した者について，卒業証書，免許証，保険証書等により社会に広く通用していることを証明できる名を記載してする出生の届出（従前の名の文字が誤字であるときは，それを正字に訂正したものに限る。）

3　就籍の届出

4　名の変更の届出

二　出生届書における外国人である子の氏名の表記

子が外国人である場合には，出生届書に記載する子の氏名は片仮名で表記し，その下にローマ字を付記させなければならない。ただし，届出人がローマ字を付記しないときでも，便宜その届出を受理して差し支えない。

子が中国人，朝鮮人等本国法上氏名を漢字で表記する外国人である場合には，出生届書に記載する子の氏名は，正しい日本文字としての漢字を用いるときに限り，片仮名による表記をさせる必要はない。

三　国籍喪失届書における国籍を喪失した者の表記

国籍喪失届書に記載する国籍を喪失した者の氏名は，戸籍に記載されている氏名で表記し，その下に外国人としての氏

名をローマ字で付記させなければならない。ただし，届出人が外国人としての氏名をローマ字で付記しないときでも，便宜その届出を受理して差し支えない。

四　国籍喪失の報告における国籍を喪失した者の表記

官庁又は公署から国籍喪失の報告がされたときは，報告者に対し，国籍を喪失した者の外国人としての氏名をローマ字で表記した資料を添付するよう協力を求めるものとする。ただし，報告者が外国人としての氏名をローマ字で表記した資料を添付しないときでも，便宜その報告を受理して差し支えない。

【52】

法務省民事局長通達　昭57・3・30民二2495号
（要旨－難民の地位に関する条約等の発効に伴う難民に関する戸籍事務の取扱いについて）

民事局長通達（昭和57年3月30日民二第2495号各法務
局長，地方法務局長あて）

（通達）難民の地位に関する条約（昭和56年条約第21号）（以下「難民条約」という。）及び難民の地位に関する議定書（昭和57年条約第1号）（以下「議定書」という。）（以下，合わせて「難民条約等」という。）が本年1月1日から我が国について効力を生ずるに至った（難民条約等の戸籍事務に関係を有する部分は別紙（省略）のとおり。）

ついては，右難民条約等中，戸籍事務に関係を有する部分は，左記第一　難民条約等によって定められる難民の定義及び難民

昭和57年

の属人法について，のとおりであり，また，同条約等の発効に
伴う難民に関する戸籍事務の取扱いは，左記第二　難民に関す
る戸籍事務の取扱い，のとおりとするので，貴管下各支局長及
び市区町村長に周知方取り計らわれたい。

　　　　　　　記

第一　難民条約等によって定められる難民の定義及び難民の属
　　人法について

一　難民の定義

　1　難民条約等によれば難民とは次の者をいうものとされる。

　　(1)　1926年5月12日の取極，1928年6月30日の取極，1933
　　　年10月28日の条約，1938年2月10日の条約，1939年9月
　　　14日の議定書又は国際避難民機関憲章により難民と認め
　　　られている者（難民条約第1条A(1)）

　　(2)　人種，宗教，国籍若しくは特定の社会的集団の構成員
　　　であること又は政治的意見を理由に迫害を受けるおそれ
　　　があるという十分に理由のある恐怖を有するために，国
　　　籍国の外にいる者であって，その国籍国の保護を受ける
　　　ことができないもの又はそのような恐怖を有するために
　　　その国籍国の保護を受けることを望まないもの（難民条
　　　約第1条A(2)及び議定書第1条2）

　　(3)　常居所を有していた国の外にいる無国籍者であって，
　　　当該常居所を有していた国に帰ることができないもの又
　　　は(2)に掲げたような恐怖を有するために当該常居所を有
　　　していた国に帰ることを望まないもの（難民条約第1条
　　　A(2)及び議定書第1条2）

103

昭和57年

2　ただし，右に掲げる「難民」の要件を備える者であっても，任意に国籍国の保護を再び受けている場合や新たな国籍を取得し，かつ，新たな国籍国の保護を受けている等の場合には，難民条約の適用が終止又は除外されるので（難民条約第１条ＣないしＦ）留意しなければならない。

二　難民の属人法

難民条約第12条第１項の規定によれば，難民の属人法は難民が住所を有する国の法律であり，住所を有しないときは，居所を有する国の法律であるとされるので，同条約が我が国について発効することにより，法例第27条第２項中「国籍ヲ有セサル者」の次に「及ヒ難民」を加える改正がなされたのと同様の効果を生ずることになる。

なお，難民条約第12条第１項が適用されるのは，難民条約等が我が国について発効した時又はその者が難民となった時のいずれか遅い時を基準として，その基準時以降の法律関係に対してのみであり，それより前のものに対しては法例が適用されるので，具体的事件の処理に当っては右の基準時と法律関係の生じた時の先後関係に留意しなければならない。

第二　難民に関する戸籍事務の取扱い

我が国に住所（住所を有しないときは居所）を有する難民が事件本人又は届出人となる戸籍の提出につき，その属人法が準拠法とされる場合には難民条約第12条第１項の規定により日本法を適用することとなるが，その場合の戸籍事務の取扱い上の留意事項は次のとおりである。

一　難民を当事者とする戸籍の届出の取扱い

昭和57年

戸籍届出事件の事件本人又は届出人が，その届書に，出入
国管理及び難民認定法第61条の2に規定する難民認定証明書
の写し（届書を受領した市区町村長が原本と照合したものに
限る。）又はこれに準ずるものを添付したときに限り，その
者を難民として取り扱うものとする。

二　難民の氏名及び国籍等の表示について

1　戸籍届書及び戸籍の記載における難民の氏名及び国籍の
表示については，他の外国人と同様とする。

なお，難民であることを明らかにするために，届書の「そ
の他」欄にその旨及び難民認定証明書の番号を記載させる。

2　難民と婚姻等の身分行為をした日本人事件本人の戸籍に
当該身分事項を記載するに当たっては，当該難民について
難民条約等の条約年及び番号を左の振り合いにより記載し，
当該身分事項を他の戸籍に移記する場合は，右条約年及び
番号は，記載を省略するものとする。

「平成拾弐年壱月拾弐日国籍ヴィエトナム国キエム，カ
オテー（西暦千九百五拾五年壱月壱日生）と婚姻届出（昭
和五十六年条約第二十一号・同五十七年条約第一号）㊞」

（別紙）（省略）

【53】

法務省民事局長通達　昭57・7・6民二4265号

（要旨－無国籍者を父とする嫡出子等の出生届出を受理するに
当たっては，事前に管轄局の指示を求めること）

　　　民事局長通達（昭和57年7月6日民二第4265号各法務

105

昭和57年

　　　局長，地方法務局長あて）
　　無国籍者を父とする嫡出子等の出生届出を受理する場合
　　の取扱いについて
（通達）無国籍者を父とし日本国民を母として出生した子，無
国籍者を父母として日本で出生した子及び父が知れない場合で
無国籍者を母として日本で出生した子は，出生によって日本の
国籍を取得するので（国籍法第２条第３号，同条第４号），日
本国民母の戸籍に入籍させ，又は本人について新戸籍を編製す
ることとなる。
　しかしながら，「無国籍者」と称する者の中には，本来ある
国の国籍を有しながら，外国人登録上，その国籍を有すること
を証明できないために「無国籍者」として登録されているに過
ぎないものがある。このような場合に，父又は母の国籍を外国
人登録上の「無国籍」の表示に従って無国籍と認定して，子の
出生の届出を処理するときには，出生によっては，日本の国籍
を取得し得ない者について，誤って，日本国民として処理する
こととなるのであり，既にそのような事例が散見される。
　よって，今後は，事務処理の正確を期するため，事件本人が，
無国籍者を父として日本国民母との間に出生した子，無国籍者
を父母として日本で出生した子又は無国籍者を母として日本で
出生した非嫡出子であるとして出生の届出がされた場合は，市
区町村長は，その受否につき管轄法務局，地方法務局又はその
支局の長の指示を求めることとし，右管轄局の長は，関係者（無
国籍者たる父又は母等）につき，その国籍に関する十分な調査
を行った上，当該出生届の受否について指示する取扱いとする。

106

なお，右の取扱いは，事件本人が，本籍不明者を母として出生した非嫡出子であるとして出生の届出がされた場合にも準用する。

　ついては，これを了知の上，貴管下各支局長及び市区町村長に周知方取り計らわれたい。

【54】
法務省民事局第二課長回答　昭57・8・4民二4844号
（要旨－1．ブラジル国で生まれた外務省派遣技術協力専門家の子は，出生によって同国の国籍を取得しないので日本国籍を留保する必要はない。
2．この場合は，出生事項中父の資格は「外務省派遣専門家」とする）

　　　　出生地主義を採る国で出生した子の出生届の取扱いについて

　　　　札幌法務局民事行政部長電信照会（昭和57年6月7日）
（伺い）標記の件については，昭和32年9月21日付け民事甲第1833号をもって法務省民事局長から通達されているところ，このたび管内札幌市中央区から別添出生届の処理につき指示を求められましたが，当職は，日本国外務省派遣技術協力専門家の子が出生地主義を採るブラジル国で出生した場合には同国の出生による国籍取得に関する法律は適用されず，国籍留保の届出をするまでもなく，日本国籍を保有するものとしてその出生届を受理して差し支えないと思料しますが，右外務省派遣技術協力専門家の身分についていささか疑義がありますので至急何分

昭和57年

の御指示を賜わりたくお伺いします。

　なお，右外務省派遣技術協力専門家の身分等が在外公館職員と同一であると解して出生届を受理して差し支えない場合は，参考記載例7中，括弧書き部分の表示方法についても合わせて御指示をお願い致します。　　　　　　　（注−出生届書省略）

　　　　　　民事局第二課長回答（昭和57年8月4日法務省民二第
　　　　　　4844号）

　（回答）本年6月7日付け電信をもって照会のあった標記の出生届については，受理して差し支えないものと考えます。

　なお，戸籍の記載は出生事項中父の資格を「父（外務省派遣専門家）」とするのが相当と考えます。

【55】

法務省民事局長回答　昭57・12・18民二7608号

　（要旨−1．韓国人と離婚した同国人女の胎児を，離婚後3カ月目に日本人男が認知し，その胎児が父母離婚後300日以内に出生したときにおいて，出生後，母の前夫との間に親子関係不存在確認の裁判が確定したときは，さきになされた胎児認知届の効力は認められる。

2．右胎児認知届の効力が認められる結果，出生子は国籍法第2条第1号に該当し日本国籍を取得する）

　　　　　出生届の受否について

　　　　　広島法務局長照会（昭和57年10月8日戸第1070号）

　（照会）韓国籍女が出生した左記身分関係の子につき，胎児認知者から別添出生届がなされ，広島市中区長からその受否伺い

がありますところ，当職としては，胎児認知の効力を認め受理して差し支えないものと考えますが，同種事例にかかる明確な先例が見当らず，離婚後300日以内に子が出生した場合には胎児認知は効力を生じないとする反対意見があり，また本件事案は結論のいかんにより子の日本国籍の有無をも左右する結果となりますので，何分の御指示をお願いしたく照会します。

　　　　　　　　記

身分関係等の概要

　　1　昭和39年4月　　　韓国籍男沈〇貞，韓国籍女姜〇子婚姻

　　2　昭和55年5月26日　右離婚届

　　3　昭和55年8月27日　松〇郷〇から胎児認知届

　　4　昭和55年10月3日　姜〇子，事件本人を出生

　　5　昭和56年3月24日　松〇郷〇と姜〇子婚姻届

　　6　昭和57年4月18日　沈〇貞，事件本人間に父子関係不存在の裁判確定

　　7　昭和57年4月21日　事件本人の出生届（届出人松〇郷〇）

昭和56年(タ)第56号親子関係不存在確認請求事件

　　　　　判　　決

住　所　広島市〇区〇入〇町18番7-205号

　　　　　原　告　　　　　　　　松〇　〇保

　　　　　　　　　　　　　　昭和55年10月3日生

　　　　右法定代理人親権者母　松〇〇子こと

　　　　　　　　　　　　　　　　　姜　　〇子

　　　　右訴訟代理人弁護士　　　　〇　秀〇郎

昭和57年

同　　　　　　　　　本○　○司

本　籍　韓国慶尚○道青松郡巴川面○○洞

住　所　広島市○区○4丁目1番23号

（送達場所　広島県○○郡○○町下平良○○新開13338－6

　　　第1○○株式会社内）

被　告　松○○貞こと

沈　　○貞

1941年9月30日生

　　　主　　文

1．被告と原告との間に父子関係が存在しないことを確認する。

2．訴訟費用は被告の負担とする。

　　　事　　実

　原告訴訟代理人は，主文同旨の判決を求め，その請求原因と
して，「原告の母姜○子は，昭和39年4月，被告と婚姻したが，
昭和53年8月以来被告と別居し，昭和55年1月ころから訴外松
○郷○と同棲するようになり，右同棲中懐妊して，同年10月3
日原告を分娩したものであるが，同年5月26日被告との離婚の
届出をなし，その後昭和56年3月24日，右松○との婚姻の届出
をした。原告は，右の経緯から，姜○子と松○郷○との間の子
であるが，姜○子と被告との婚姻関係終了の日から300日内に
出生したため，大韓民国民法上は姜○子と被告との間の嫡出子
としてしか入籍が認められないため，未だ全く入籍手続がなさ
れていない。よって，原告は，被告に対し，被告と原告との間
に父子関係が存在しないことの確認を求める。」と述べ，立証
として甲第1ないし第7号証を提出し，原告法定代理人姜○子

の尋問を求めた。

被告は，「原告の請求を棄却する。」との判決を求め，請求原因に対する答弁として，「姜○子が被告と，原告主張のとおり，婚姻の届出をしたが別居し，離婚の届出をしたことは認めるが，その余の事実は不知。」と述べ，「甲号各証の成立はいずれも認める。」と述べた。

当裁判所は，職権により被告本人を尋問した。

　　　理　　由

成立に争いのない甲第1ないし第7号証並びに原告法定代理人姜○子及び被告本人の各尋問結果を総合すれば，請求原因事実をすべて認めることができ，右認定に反する証拠はない。

右認定の事実によれば，被告と原告との間には父子関係が存在しないことは明らかであって，原告の本訴請求は理由があるからこれを認容し，訴訟費用の負担につき民事訴訟法89条を適用して，主文のとおり判決する。

　　　　　　　　　広島地方裁判所民事第一部

　　　　　　　　　　裁判官　　　　山崎　宏征

右は謄本である。

　昭和57年4月2日

　　　　　　　　　広島地方裁判所

　　　　　　　　　　裁判所書記官　　山口　義三㊞

　　　　　　　　判決確定証明申請

　　　　　　　　　　原　告　松○　○保

　　　　　　　　　　被　告　沈　　○貞

右当事者間の御庁昭和56年(タ)第56号親子関係不存在確認事件

につき，原告全部勝訴の判決は昭和57年4月18日確定した事を
御証明下さい。

　　　　昭和57年4月19日

　　　　　　　　　　　右原告代理人　　○　秀○郎

　　　広島地方裁判所　御中
　　　　　　民事第一部
　右証明する。
　　　　昭和57年4月20日

　　　　　　　　　　広島地方裁判所
　　　　　　　　　　裁判所書記官　　山口　義三㊞
　　　民事局長回答（昭和57年12月18日民二第7608号）
　本年10月8日付け戸第1070号をもって照会のあった標記の件
については，貴見のとおりと考える。

【56】

法務省民事局第二課長依命回答　　昭58・2・25民二1285号
　**（要旨－シンガポール人男と日本人女との婚姻届に，東京回教
寺院発行の婚姻証明書のほかシンガポール国の婚姻登録所が発
行した右婚姻は有効である旨の証明書の添付があっても，当該
証明書類を要件具備証明書として取扱い受理するのが相当とさ
れた事例）**

　　　　東京法務局長進達（昭和57年11月18日二戸1第758号）
　　　　シンガポール人男と日本人女の婚姻届の受否について
　（進達）本月2日付け弐戸戸九第2963号をもって千葉地方法務
局長から別添のとおり照会がありましたので，当職の意見を付

し進達いたします。

当職意見

原局意見のとおり当該証明書を要件具備証明書として婚姻届を受理して差し支えないものと考える。

　　　　千葉地方法務局長照会（昭和57年11月２日二戸戸９第2963号）

（照会）シンガポール人男と日本人女から，日本所在の回教寺院発行の婚姻証明書及び本国の婚姻登録所（訳文による）発行の「モスリムの法律により婚姻は有効である」旨の証明書を添付して日本の市町村長に婚姻届がなされ，その受否について伺いがありました。

　当職としては当該証明書を要件具備証明書として婚姻届を受理すべきものと考えますが，シンガポール本国の婚姻登録所に登録されることによって日本法上も婚姻が成立したものと解し戸籍法第41条により処理すべきか，シンガポールの法律が不明のため疑義がありますので御指示願います。

　なお，婚姻が成立しているものと認める場合，婚姻成立の年月日は昭和54年６月８日と解して差し支えないか併せて御指示願います。

**　　　民事局第二課長依命回答**（昭和58年２月25日民二第1285号）

（依命回答）客年11月２日付け弐戸戸９第2963号をもって当局長あて照会のあった標記の件については，貴見のとおり取り扱って差し支えないものと考えます。

昭和58年

【57】

法務省民事局長通達　昭58・10・24民二6115号

（要旨ーアメリカ合衆国及びソ連の国民並びに無国籍者を除く在留外国人の死亡届を受理した市区町村長は管轄法務局の長にその旨を通知し，法務局の長はこれを取りまとめて外務大臣官房領事移住部長あてに通知する）

　　　　　　民事局長通達（昭和58年10月24日民二第6115号各法務
　　　　　　　局長，地方法務局長あて）

　　　在留外国人の死亡通知について

（通達）本年10月3日我が国が加入書を寄託した「領事関係に関するウィーン条約」（以下「本条約」という。）は，来る11月2日から我が国についてもその効力を生ずることとなった。

　本条約第37条(a)の規定によれば，我が国の領域内で本条約の締約国の国民が死亡した場合は我が国の権限ある当局はその旨を遅滞なく当該国の領事機関へ通報しなければならないこととなるが，当省，外務省及び自治省間の協議の結果，関係法令が整備されるまでの間外国領事機関への通報は外務省が行い，そのための外国人の死亡に関する情報は戸籍事務を管掌する市区町村長から通知を受けた法務局又は地方法務局の長が外務省に通知して提供することとされ，これに関し，今般，外務大臣官房領事移住部長から別紙のとおり申入れがあった。

　ついては，昭和58年11月2日以降市区町村長が外国人の死亡届を受理したときは，左記により外務大臣官房領事移住部長あてに外国人の死亡通知を実施することとしたので，これを了知の上，貴管下支局長及び市区町村長に周知方取り計らわれたい。

昭和58年

　なお，我が国は現在，２国間の個別国際取極に基づき，ドイツ連邦共和国，インド，アメリカ合衆国及びソヴィエト連邦との間において相互に死亡通知を実施しているところ，前記外務大臣官房領事移住部長からの申入れの趣旨により，アメリカ合衆国及びロシア連邦の国民については従来どおりの取扱い（昭和39年７月27日付け民事甲第2683号当職通達及び同42年８月21日付け民事甲第2414号当職通達）によって死亡通知を継続することとするが，ドイツ連邦共和国及びインドの国民については今後本通達に定める取扱いによって死亡通知を行うことに改めるので，右両国国民の死亡通知の取扱いを定めた従前の当職通達（昭和27年９月８日付け民事甲第170号及び同35年６月３日付け民事甲第1356号）は本年11月１日限りこれを廃止するから申し添える。

記

一　外務省大臣官房領事移住部長あてにする死亡通知の対象となる外国人（以下「対象外国人」という。）の範囲

　　外務省大臣官房領事移住部長への通知は本条約の締約国の国民であるか否かにかかわりなく，アメリカ合衆国及びロシア連邦の国民並びに無国籍者を除くすべての外国人を対象とする。

二　対象外国人の死亡届書中の氏名の記載方法

　1　市区町村長は，対象外国人の死亡の届出があった場合，届出人に対しては，届書中の死亡者の氏名は片仮名で表記させ，かつ，その横にアルファベット文字による死亡者の氏名をも付記させるものとする。

115

昭和58年

　　ただし，死亡者が中国人，朝鮮人等本国においてその氏
　名を漢字で表記するものであるときは，漢字による氏名を
　記載するのみで足り片仮名による標記及びアルファベット
　文字による付記をさせる必要はない。
　２　市区町村長は，対象外国人の死亡届の届出人が外国人で
　あるときは，届出人に対しては，その者の本国における氏
　名の表記方法により届書の署名欄の記載をさせ，かつ，読
　み方が明らかでない文字によるものについては片仮名を付
　記させるものとする。
三　対象外国人の死亡届書の写しの作成
　　市区町村長は，対象外国人の死亡届を受理したときは，そ
　の届書（死亡診断書部分を含む。）の写し一部を作成し，そ
　の表面に「死亡通報用」と朱書するものとする。
　　写しの作成は，手書き又は複写機の使用等適宜の方法によ
　って差し支えない。
四　死亡通知の方法
　１　市区町村長は，毎月１日から末日までの間に受理した死
　亡届について三により作成した届書の写しを，その翌月，
　戸籍法施行規則第48条第２項所定の書類を送付する際にあ
　わせて管轄法務局若しくは地方法務局又はその支局に送付
　し，これによって管轄法務局又は地方法務局の長に対し対
　象外国人の死亡を通知するものとする。
　２　法務局及び地方法務局の長は，毎月，右により受けた通
　知を取りまとめ，死亡届書の写しを死亡者の国籍別に整理
　した上，速やかにこれを外務省大臣官房領事移住部長あて

昭和58年

に送付して管轄区域内における対象外国人の死亡を通知す
るものとする。
別　紙
領一第328号
昭和58年10月12日

外務大臣官房領事移住部長

法務省民事局長殿

　　　領事関係ウィーン条約について

　　（在留外国人の死亡通報について）

　領事関係に関するウィーン条約については，我が国は去る10
月３日国連事務総長に加入書の寄託を行ったことにより，来る
11月２日より我が国に対し効力を発することとなりました。従
って，同日以降我が国は，本条約第37号(a)に規定する在留外国
人の死亡通報を行う必要がありますところ，本件死亡通報に関
しては，当省，貴省及び自治省との協議の結果，関係法令が整
備されるまでの間，外国領事機関への通報は外務省が行うこと，
及びそのための関係情報は戸籍事務を管掌する市町村長から通
知をうけた法務省が外務省へ通知することとなっております。
つきましては，貴省におかれては，法務局又は地方法務局にお
いて外国人の死亡情報をとりまとめのうえ，当省に対し通知頂
くよう御配慮願います。

　なお，現在日本国とソヴィエト社会主義連邦共和国との間の
領事条約に基づき実施している死亡通報については，ソ連邦が
本件条約の締約国ではないことから，また日本国とアメリカ合
衆国との間の領事条約に基づき実施している死亡通報について

117

昭和58年・昭和59年

は，領事関係に関するウィーン条約は締約国間で現に効力を有する国際取極の効力に影響を及ぼすものではないと解されるので，（同条約第73条1参照）各々現行通りの取扱いを継続願います。

【58】
法務省民事局長通達　昭59・11・1民二5500号
（要旨－国籍法第2条第1号の改正により，外国人父と日本人母との間の嫡出子の出生届を受理したときは，その子を戸籍に記載する）（編注・通達文第1・1）

　　　　戸籍法及び戸籍法施行規則の一部改正に伴う戸籍事務の
　　　　取扱いについて

　このたび国籍法及び戸籍法の一部を改正する法律（昭和59年法律第45号）（以下「改正法」という。）が公布され，また，戸籍法施行規則の一部を改正する省令が本日公布された。

　改正後の戸籍法（以下「法」という。）及び戸籍法施行規則（以下「規則」という。）は，昭和60年1月1日から施行されるが，この改正に伴う戸籍事務については，次のとおり取り扱うこととするから，これを了知の上，貴管下支局長及び市区町村長に周知方取り計らわれたい。

　なお，これに反する当職通達又は回答は，本通達によって変更又は廃止するので，念のため申し添える。

第1　出生届に関する取扱い
　1　昭和60年1月1日以降に出生した外国人父と日本人母との間の嫡出子は，改正後の国籍法（以下「新国籍法」とい

う。）第2条第1号により日本の国籍を取得するので，その出生の届出を受理したときは，その子を戸籍に記載する。この場合において，その子は，母の氏を称して母の戸籍に入る。

2　嫡出子出生の届出について父又は母が届出をすることができないときは，父又は母以外の法定代理人からも届出をすることができることとされた（法第52条第4項）。

　　非嫡出子出生の届出又は父未定の子の出生の届出について母が届出をすることができないときは，母以外の法定代理人からも届出をすることができることとされた（法第52条第4項，第54条）。

3　国外で出生した子の出生の届出の期間は，3箇月に伸長された（法第49条第1項）。

4　子が改正法施行前に出生した場合であっても，その出生の日が昭和59年12月19日以降であるときは，改正法施行の後に出生の届出をする場合の届出人及びその期間は，2及び3と同様である（改正法附則第8条）。

第2　渉外婚姻に関する取扱い

1　婚姻による新戸籍の編製

(1)　戸籍の筆頭者でない者が外国人と婚姻した場合，従来その者について新戸籍は編製されなかったが，改正法施行の後に婚姻の届出（法第41条の証書の謄本の提出を含む。）があったときは，外国人と婚姻した者（以下「日本人配偶者」という。）について従来の氏により新戸籍を編製することとされた（法第16条第3項，第6条，改

正法附則第7条）。この場合の戸籍の記載は，規則附録第7号戸籍記載例（以下「記載例」という。）73から75までの例による。

(2)　改正法施行前に外国の方式により婚姻をした場合において，その証書の謄本が改正法施行の後に提出されたときも，(1)と同様である。

改正法施行前に，日本の大使，公使又は領事が受理した日本人と外国人との婚姻証書の謄本が改正法施行の後に本籍地市区町村長に送付されたときは，新戸籍を編製しない（改正法附則第7条）。

2　配偶欄の新設

(1)　1(1)により新戸籍を編製するときは，日本人配偶者につき配偶欄を設ける。

(2)　日本人配偶者につき，改正法施行の後に婚姻以外の事由によりその者を筆頭者とする新戸籍を編製するときも，(1)と同様とする。

(3)　日本人配偶者を筆頭者とする戸籍で従前の取扱いによって配偶欄が設けられていないものについては，日本人配偶者から申出があったときは，その者につき配偶欄を設ける。この場合においては，その者の身分事項欄に次の振合いによる記載をする。

「申出により平成六拾年参月五日配偶欄記載㊞」

3　離婚又は婚姻の取消しによる戸籍の変動

外国人との婚姻によって新戸籍を編製された者については，離婚又は婚姻の取消しがあった場合においても，戸籍

の変動は生じない（法第19条第1項参照）。

4　氏の変更

⑴　外国人と婚姻した者の氏の変更

ア　日本人配偶者は，婚姻成立後6箇月以内に限り，家庭裁判所の許可を得ないで，その氏を外国人配偶者の称している氏に変更する旨の届出をすることができることとされたが（法第107条第2項），この場合の戸籍の記載は，戸籍事項欄及び身分事項欄に記載例176から180までの例により，これをする（規則第34条第2号，第35条第13号）。

なお，戸籍事項欄の記載は，管外転籍の場合に移記を要するが，身分事項欄の記載は，新戸籍を編製され，又は他の戸籍に入る場合に移記を要しない（規則第37条，第39条）。

イ　アの届出は，届出人の身分事項欄に記載された外国人配偶者の氏と異なる氏を変更後の氏とする場合には，受理することができない。ただし，外国人配偶者の氏のうち，その本国法によって子に承継される可能性のない部分は，法第107条第2項に規定する外国人配偶者の称している氏には含まれないので，その部分を除いたものを変更後の氏とする届出は受理することができる。

届出人の身分事項欄に記載された外国人配偶者の氏と同一のものを変更後の氏とする場合は，その氏の中に明らかに上記部分を含むものと認められる場合を除

昭和59年

　き，届出を受理して差し支えない。

ウ　変更後の日本人配偶者の氏は，片仮名によって記載
　するが，配偶者が本国において氏を漢字で表記する外
　国人である場合において，正しい日本文字としての漢
　字により日本人配偶者の身分事項欄にその氏が記載さ
　れているときは，その漢字で記載して差し支えない。

エ　外国人配偶者が死亡した後は，アの届出をすること
　ができない。

オ　戸籍の筆頭者でない者から外国人との婚姻の届出及
　びアの届出が同時にあったときは，婚姻の届出による
　新戸籍を編製した後に，アの届出による戸籍の記載を
　する。

カ　アの届出があった場合において，その届出人の戸籍
　に同籍者があるときは，届出人につき新戸籍を編製し，
　氏変更の効果は同籍者には及ばない（法第20条の2第
　1項）。

　　この場合において，氏変更前の戸籍に在籍している
　子は，同籍する旨の入籍届により，氏を変更した父又
　は母の新戸籍に入籍することができる。

　　アの変更届と同時に同籍する子全員から入籍届があ
　った場合においても，氏を変更した者につき新戸籍を
　編製する。

キ　アにより氏を変更した者と外国人配偶者を父母とす
　る嫡出子を戸籍に記載する場合には，その父母が離婚
　し，又はその婚姻が取り消されているときを除き，母

122

欄の氏の記載を省略して差し支えない。

　ク　改正法施行前に外国人と婚姻した者であっても，昭和59年7月2日以降に婚姻をした者は，改正法施行の日から昭和60年6月末日までその氏を外国人配偶者の称している氏に変更する旨の届出をすることができる（改正法附則第11条）。

　　　この場合において，届出人が戸籍の筆頭者でないときは，届出人につき新戸籍を編製し（法第20条の2参照），戸籍の記載は，記載例178から180までの例に準じて行う。

(2)　離婚による氏の変更

　ア　法第107条第2項により外国人配偶者の称している氏に変更した者は，離婚，婚姻の取消し又は配偶者の死亡の日から3箇月以内に限り，家庭裁判所の許可を得ないで，その氏を変更の際に称していた氏に変更する旨の届出をすることができることとされたが（法第107条第3項），この場合の戸籍の記載は，記載例181から183までの例による。記載すべき欄及び移記については，(1)アと同様である。

　イ　アの届出があった場合の戸籍の処理及び届出人の戸籍に在籍する子の入籍については，(1)カに準じて行う。

(3)　父又は母が外国人である者の氏の変更

　ア　戸籍の筆頭者及びその配偶者でない者は，従来氏の変更の届出をすることはできなかったが，改正法施行の後は，氏を変更しようとする者の父又は母が外国人

昭和59年

であるときは，家庭裁判所の許可を得て，その氏を外
国人である父又は母の称している氏に変更する旨の届
出をすることができることとされた（法第107条第4
項）。この場合の戸籍の記載は，記載例184から186ま
での例による。記載すべき欄及び移記については，(1)
アと同様である。

イ　養子は，その氏を養父母の称している氏に変更する
ことができるが，実父母の称している氏に変更するこ
とはできない。養子が転縁組をしているときは，直近
の縁組による養父母の称している氏のみに変更するこ
とができる。

ウ　氏を変更しようとする者が15歳未満であるときは，
アの届出は，法定代理人がしなければならない。

エ　アの届出があった場合の届出の受理及び氏の記載に
ついては，(1)イ及びウに準じて行う。

オ　アの届出を受理したときは，氏を変更した者につき
新戸籍を編製する（法第20条の2第2項）。

第3　国籍の得喪に関する取扱い

1　国籍取得の届出

(1)　新国籍法により，法務大臣に対する届出による国籍取
得の制度が設けられたが（新国籍法第3条，第17条第1
項，第2項，改正法附則第4条，第5条，第6条），こ
れにより国籍を取得した者は，一定期間内に市区町村長
に届け出なければならないこととされた（法第102条，
改正法附則第13条）。この場合の戸籍の記載は，記載例

124

165及び参考記載例172から178まで及び181から186まで
の例による。

(2) 法務大臣に対する届出により国籍を取得した者の称す
べき氏及び入籍する戸籍は，次の原則によるものとする。

ア　国籍取得者の氏は，新国籍法第三条による国籍の取
得にあっては準正時（準正前に父母が離婚していると
きは離婚時）の父の氏，新国籍法第17条第1項による
国籍の取得にあっては出生時の日本人たる父又は母の
氏，同条第2項による国籍の取得にあっては国籍喪失
時の氏，改正法附則第5条による国籍の取得にあって
は出生時の母の氏，改正法附則第6条による国籍の取
得にあっては父又は母の改正法附則第5条による国籍
取得時の氏である。

イ　国籍取得者（新国籍法第17条第2項により国籍を取
得した者を除く。）は，国籍取得時において氏を同じ
くする父又は母の戸籍があるときは，その戸籍に入る
（法第18条。なお法第17条参照）。

　上記により入るべき戸籍がないときは，国籍取得者
につき新戸籍を編製する。この場合においては，親子
関係を戸籍上明らかにするため，いったん，父母が国
籍取得者と同一の氏を称して最後に在籍していた戸
（除）籍に入籍させた上，直ちに除籍して新戸籍を編
製する。

ウ　新国籍法第17条第2項により国籍を取得した者は，
国籍喪失時に在籍していた戸籍に入る。ただし，その

125

昭和59年

戸籍が除かれているとき又はその者が日本国籍を引き
続き保持していたとすればその戸籍から除籍する理由
があるときは，新戸籍を編製する。

エ　国籍取得者が国籍取得時に日本人の養子であるとき
は，アによる氏から直ちに養子縁組当時の養親の氏に
変更したものとして取り扱う。

また，国籍取得者が国籍取得時に日本人の配偶者で
あるときは，アによる氏を称した上，国籍取得届にお
いて日本人配偶者とともに届け出る氏を称するものと
して取り扱う。

(3)　国籍取得者の名については，次の原則による。

ア　国籍取得者の名に使用する文字は，次のイの場合を
除き，常用平易な文字でなければならない（法第50条，
規則第60条）。

イ　国籍取得者が国籍取得前に本国においてその氏名を
漢字で表記する者であった場合において，相当の年齢
に達しており，卒業証書，免許証，保険証書等により
日本の社会に広く通用していることを証明することが
できる名を用いるときは，正しい日本文字として漢字
を用いるときに限り，制限外の文字を用いて差し支え
ない。

(4)　国籍取得者は，国籍取得の届書に国籍取得前の身分事
項を記載し，その身分事項を証すべき書面を添付しなけ
ればならないものとされたが（規則第58条の２，改正省
令附則第２項），当職又は法務局若しくは地方法務局の

126

長が発行する国籍取得証明書（法第102条第2項参照）に身分事項に関する記載があるときは，その事項については更に資料を添付することを要しない。

2　帰化の届出

(1)　帰化者は，帰化の届書に帰化前の身分事項を記載し，その身分事項を証すべき書面を添付しなければならないこととされたが（法第102条の2，規則第58条の2），従来どおり，その身分事項は，法務局又は地方法務局の長が発行する帰化者の身分証明書に基づき記載する。

(2)　帰化の届出の期間は，1箇月に伸長された（法第102条の2）。

　改正法施行前に帰化した場合であっても，その告示の日が昭和59年12月23日以降であるときは，改正法施行の後に届出をする場合の届出の期間は，1箇月である（改正法附則第8条）。

3　国籍喪失の届出

(1)　国籍法の改正により新たな国籍喪失事由が設けられるとともに（新国籍法第11条第2項，第15条第3項，第16条第2項，第5項），国籍喪失の届出義務者に国籍喪失者本人も加えられ，届出義務者が国外に在る場合の届出の期間は，3箇月に伸長された（法第103条）。

(2)　新国籍法第13条，第15条第3項又は第16条第2項及び第5項による国籍の喪失についての法第105条の報告は，当職又は法務局若しくは地方法務局の長がする。

(3)　改正法施行前に国籍を喪失した者は，届出の義務を負

昭和59年

わないが，改正法施行の後にその者から届出があったと
きは，これを受理する（改正法附則第9条）。

4　国籍留保の届出

(1)　新国籍法第12条により，生地主義国で出生した子に限
らず，事由のいかんを問わず，出生により外国の国籍を
も取得した子で国外で生まれたものは，出生の届出とと
もに日本の国籍を留保する意思を表示しなければ，その
出生の時にさかのぼって日本の国籍を失うこととされた
（法第104条第2項）。

(2)　国籍留保の届出は，届出をすることができる者が外国
に在る外国人であっても，その国に駐在する日本の大使，
公使又は領事に，出生の届出とともにこれをすることが
できる。

(3)　国籍留保の届出人及び届出の期間は，第1の2，3及
び4と同様である（法第104条第1項,改正法附則第8条）。

5　国籍選択の届出

(1)　新国籍法第14条により,外国の国籍を有する日本人（以
下「重国籍者」という。）は，一定期間内に国籍の選択
をすべきこととされた。日本の国籍の選択の宣言をしよ
うとする者は，市区町村長に対してその旨を届け出なけ
ればならないが（法第104条の2），その届出があった場
合には，明らかに外国の国籍を有しないものと認められ
るときを除き，届出を受理して差し支えない。この場合
の戸籍の記載は，身分事項欄に記載例169の例により，
これをする（規則第35条第12号）。

昭和59年

　　なお，その記載は，管外転籍の場合又は新戸籍を編製
　され，若しくは他の戸籍に入る場合に移記を要する（規
　則第37条，第39条第1項第7号）。
⑵　日本の国籍の選択の宣言をしようとする者が15歳未満
　であるときは，法定代理人が代わって届出をしなければ
　ならない（新国籍法第18条）。この場合において，法定
　代理人が外国に在る外国人であっても，その国に駐在す
　る日本の大使，公使又は領事に届出をすることができる。
⑶　国籍選択の届出は，新国籍法第14条第1項に規定する
　期限を経過した後であっても，国籍の選択をすべき者が
　日本又は外国の国籍を喪失するまでは，これを受理する
　ことができる。
⑷　改正法附則第3条の適用により日本の国籍の選択の宣
　言をしたものとみなされた場合には，その者の戸籍にそ
　の旨を記載をすることを要しない。
6　外国の国籍の喪失の届出
⑴　重国籍者は，外国の国籍を喪失した場合には，一定期
　間内に外国官公署の発行する国籍離脱証明書，国籍を喪
　失した旨の記載のある外国の戸籍謄本その他の外国の国
　籍を喪失したことを証すべき書面を添付して，その旨の
　届出をしなければならないこととされたが（法第106条），
　この場合の戸籍の記載は，記載例168の例による。記載
　すべき欄及び移記については，5⑴と同様である。
⑵　改正法施行前に外国の国籍を喪失した者は届出の義務
　を負わないが，その者から届出があったときは，これを

129

昭和59年

受理する（改正法附則第10条）。

7　重国籍者についての市区町村長の通知

(1)　法務大臣は，新国籍法第15条により，重国籍者で所定の期限内に国籍の選択をしないものに対し，国籍の選択をすべきことを催告するものとされ，市区町村長は，戸籍事務の処理に際し，所定の期限内に国籍の選択をしていない重国籍者があると思料するときは，所要の事項を管轄法務局又は地方法務局の長に通知しなければならないこととされた（法第104条の3，規則第65条の2）。この場合において，法務局又は地方法務局の支局の管轄内にある市区町村の長は，当該支局の長あてに通知するものとする。

(2)　(1)の通知は，昭和59年12月31日以前に出生した者については，改正法施行の後に外国人との婚姻若しくは養子縁組又は外国人からの認知により重国籍者となったと思料されるものに限り，行うものとする（改正法附則第3条参照）。

(3)　法務局若しくは地方法務局又はその支局の長は，(1)の通知に係る者が国籍の選択をすべき者に該当しないときは，(1)の通知をした市区町村長にその旨を通知する。

8　国籍の選択の催告に伴う戸籍の処理

(1)　法務大臣が国籍の選択をすべきことを催告したときは，法務局又は地方法務局の長はその催告を受けた者の氏名及び戸籍の表示並びに催告が到達した日を，その者の本籍地市区町村長に通知するので（国籍法施行規則（昭和

130

59年法務省令第39号）第6条），この通知を受けた本籍
地市区町村長は，催告を受けた者の戸籍の直前に着色用
紙をとじ込む等の方法により，催告があった旨を明らか
にするものとする。

(2)　新国籍法第15条第1項及び同条第2項に規定する催告
を受けた者は，催告の書面が到達した日（官報に掲載し
てする催告にあっては到達したものとみなされた日）か
ら1月を経過した時に同条第3項により日本の国籍を喪
失するので，その時の後はその者について国籍の選択の
届出を受理することができない。ただし，新国籍法第15
条第3項ただし書に規定する事由があるものとして届出
があったときは，その処理につき管轄法務局若しくは地
方法務局又はその支局の長の指示を求めるものとする。

第4　その他

1　届出期間等

(1)　外国の方式に従って届出事件に関する証書を作らせた
場合の証書の謄本を提出又は発送すべき期間は，3箇月
に伸長された（法第41条）。

(2)　国外で死亡した者についての死亡の届出の期間は，3
箇月に伸長された（法第86条第1項）。

改正法施行前に国外で死亡した場合であっても，届出
人がその死亡の事実を知った日が昭和59年12月26日以降
であるときは，改正法施行の後に死亡の届出をする場合
の届出の期間は，3箇月である（改正法附則第8条）。

2　外国における改正法の適用時点

昭和59年

改正法が適用されるのは，外国においても日本時間の昭
和60年１月１日午前０時からである（改正法附則第１条）。
3　外国人の氏名の表記方法
(1)　戸籍の身分事項欄及び父母欄に外国人の氏名を記載す
るには，氏，名の順序により片仮名で記載するものとす
るが，その外国人が本国において氏名を漢字で表記する
ものである場合には，正しい日本文字としての漢字を用
いるときに限り，氏，名の順序により漢字で記載して差
し支えない。片仮名で記載する場合には，氏と名とはそ
の間に読点を付して区別するものとする。
(2)　従前の例により記載されている外国人の氏名の更正は，
次の取扱いによる。
ア　身分事項欄又は父母欄に従前の例により名，氏の順
序で外国人の氏名が記載されている者で，同一の戸籍
に記載されているもの全員から，本籍地の市区町村長
に対し，その記載を氏，名の順序に更正する申出があ
ったときは，市区町村長限りでその記載を更正して差
し支えない。この場合において，更正は申出があった
戸籍についてのみ行うものとする。
イ　父又は母から更正の申出があった場合には，同籍す
る子から申出がないときでも，その子の身分事項欄又
は父母欄に記載された当該外国人の氏名の記載を更正
するものとする。
　　申出をすべき者のうち一部の者が，所在不明その他
の事由により申出をすることができない場合において

132

は，その他の者全員から申出があるときは，申出がない者の身分事項欄又は父母欄に記載された当該外国人の氏名を更正するものとする。

ウ　更正の申出をしようとする者が15歳未満であるときは，申出は法定代理人がしなければならない。

エ　身分事項欄又は父母欄を更正したときは，その者の身分事項欄に次の振合いによる更正事由を記載する。ただし，父又は母の身分事項欄を更正する場合において，同籍する子の父母欄のみを更正するときは，その子の身分事項欄には更正事由の記載を要しない。

身分事項欄を更正する場合

「申出により平成六拾年参月五日夫（妻）の氏名の記載更正㊞」

父母欄のみを更正する場合

「申出により平成六拾年参月五日父（母）欄の記載更正㊞」

4　渉外関係届書の送付方法

(1)　本籍地市区町村長は，規則第48条第2項により管轄法務局若しくは地方法務局又はその支局に届書等の書類を送付する場合において，その書類中に次の届書（法第41条の証書の謄本を含む。）があるときは，送付目録中の当該届書の記載の頭部に㊗の印を付するものとする。

父又は母が外国人である子の出生届

国籍留保の届出とともにする出生届

国籍取得届

昭和59年

　　　当事者の一方を外国人とする認知届，養子縁組届，
　　養子離縁届，婚姻届及び離婚届
　　　法第107条第2項から第4項までによる氏の変更届
　(2)　(1)の届書については，他の書類と別につづり，又は写
　　しを作成する等の方法により，他の書類と容易に分別す
　　ることができる措置を講じた上，送付するものとする。
5　受附帳の保存期間の伸長
　　受附帳の保存期間は，50年に伸長された（規則第21条第
　3項）。
　　既に保存期間を経過している受附帳で廃棄決定をしてい
　ないものについても，同様とする。
6　外国語によって作成された文書の訳文の添付
　　届書に添付する書類その他市区町村長に提出する書類で
　外国語によって作成されたものについては，翻訳者を明ら
　かにした訳文を添付しなければならないこととされたが
　（規則第63条の2），その訳文を添付すべき書類には，法第
　41条の証書の謄本及び規則第63条によって提出を求められ
　た書類も含まれる。
7　戸（除）籍謄抄本の請求
　　たばこ事業法（昭和59年法律第68号）及び日本たばこ産
　業株式会社法（昭和59年法律第69号）の施行に伴い，日本
　専売公社は明年4月1日に解散するので，同日から規則別
　表第一中「日本専売公社」が削除される（改正省令附則第
　1項ただし書）。

【59】

法務省民事局長通達　昭62・10・1民二5000号
（要旨－民法等の一部を改正する法律の施行に伴う戸籍事務の取扱いについて）

改正－平成13年6月15日民一第1544号通達

　このたび民法等の一部を改正する法律（昭和62年法律第101号）（以下「改正法」という。）が公布され，また，戸籍法施行規則の一部を改正する省令が本日公布された。

　改正後の民法（以下「改正民法」という。），戸籍法（以下「法」という。）及び戸籍法施行規則（以下「規則」という。）は，昭和63年1月1日から施行されるが，この改正に伴う戸籍事務については，次のとおり取り扱うこととするから，これを了知の上，貴管下支局長及び管内市区町村長に周知方取り計らわれたい。

　なお，これに反する当職通達又は回答は，本通達によって変更又は廃止するので，念のため申し添える。

第1　養子縁組に関する取扱い

　1　配偶者のある者の縁組

　　　従来，配偶者のある者は，その配偶者の子を養子とする場合を除き，養親となる場合又は養子となる場合のいずれであっても，配偶者とともにしなければ，縁組をすることができないこととされていた（改正前の民法第795条）。

　　　今回の改正により，配偶者のある者が，成年者を養子とする場合又は養子となる場合のいずれであっても，原則として配偶者の同意を得ることを要するものの，配偶者とと

もに縁組をすることを要しないこととされ，また，未成年者を養子とする場合には，原則として従前のとおり配偶者とともにしなければならないこととされた（改正民法第795条，第796条）。

その戸籍事務の取扱いは，次のとおりである。

(1) 成年者を養子とする縁組

　ア　配偶者のある者が成年者を養子とする場合には，イ及びエの場合を除き，その配偶者の同意を得なければならないこととされたので（改正民法第796条），この場合には，届書に配偶者の同意を証する書面を添付させるのが原則であるが，この書面に代えて，配偶者に届書の「その他」欄に同意する旨を付記させて，署名させ，印を押させることでも差し支えない（法第38条第１項）。

　イ　配偶者のある者が成年者を養子とする場合において，その配偶者が心神喪失，行方不明等の事由によってその意思を表示することができないときは，その者の同意を得ることを要しないこととされた（改正民法第796条ただし書）。この場合は，届書の「その他」欄に配偶者がその意思を表示することができない旨及びその事由を記載させるものとする。

　ウ　ア及びイの場合の戸籍の記載は，規則附録第７号戸籍記載例（以下「法定記載例」という。）25から27までの例による。

　エ　配偶者のある者が配偶者とともに養子をする場合は，

互いに配偶者の同意を得ることを要しないこととされたが（改正民法第796条ただし書），これは，１通の届書により届出がされた場合のみでなく，各別の届書を同時に提出して届出がされた場合も同様とする。

この場合の届出の件数は，届書の通数の数の届出があったものとして取り扱う。

オ　養子となる者に配偶者がある場合についても，アと同様に原則として配偶者の同意を得ることを要するが，配偶者がその意思を表示することができない場合，及び配偶者とともに養子となる場合は，イ及びエと同様に配偶者の同意を得ることを要しないこととされた（改正民法第796条）。

(2)　未成年者を養子とする縁組

ア　配偶者のある者が未成年者を養子とするには，イ及びウの場合を除き，従前のとおり配偶者とともにしなければならないこととされた（改正民法第795条）。

この場合の届出は，従前のとおり１件の届出として取り扱い，戸籍の記載は，法定記載例19から24までの例による。

イ　配偶者のある者が，配偶者の未成年である嫡出子を養子とするには，従前のとおり配偶者とともにすることを要しないこととされた（改正民法第795条ただし書。配偶者のある者が配偶者の未成年である嫡出でない子を養子とする場合は，配偶者とともにしなければならない。）。

この場合は，届書の「その他」欄に配偶者の嫡出子を養子とする旨を記載させるものとする。なお，この場合においても，配偶者が15歳未満の嫡出子に代わって縁組を承諾するときを除き，配偶者の同意を得ることを要するので（改正民法第796条本文），届書に配偶者の同意を証する書面を添付させるのが原則であるが，この書面に代えて，配偶者に届書の「その他」欄に同意する旨を付記させて，署名させ，印を押させることでも差し支えない（法第38条第1項）。

ウ　配偶者のある者が未成年者を養子とする場合においても，配偶者が心神喪失，行方不明等の事由によってその意思を表示することができないときは，配偶者の同意を得ることなく，単独で縁組をすることができることとされた（改正民法第795条ただし書，第796条ただし書）。この場合は，届書の「その他」欄に配偶者がその意思を表示することができない旨及びその事由を記載させるものとする。

この場合の戸籍の記載は，平成2年3月1日付け民二第600号民事局長通達をもって変更後の戸籍記載例38から40までの例による。

(3)　夫婦の一方が夫婦双方の名義でする縁組

民法第796条の改正により，夫婦の一方がその意思を表示することができない場合に，他の一方が夫婦双方の名義で縁組をする制度は廃止されたので，その届出に関する戸籍法第67条は削除された。

昭和62年

2　15歳未満の子に監護者がいる場合の縁組の代諾

　　養子となる者が15歳未満である場合において，法定代理人のほかに養子となる者の監護をすべき者（以下「監護者」という。）があり，その者が父又は母（養父母を含む。）であるときは，その法定代理人が養子に代わって縁組の承諾をするには，その監護者の同意を得なければならないこととされた（改正民法第797条第2項）。このため，養子縁組の届書の様式を本日付け法務省民二第5002号当職通達をもって示した標準様式（以下「標準様式」という。）別紙5（平成12年3月15日付け民二第602号民事局長通達別紙2で変更後のもの）のとおり改め，法定代理人が養子となる者に代わって縁組の届出をする場合は，届書の所定欄に同意を要する監護者の有無を記載させ，その記載によって監護者の有無を審査するものとする。同意を要する監護者がある場合には，届書にその同意を証する書面を添付させるのが原則であるが，この書面に代えて，監護者に届書の「その他」欄に同意する旨を付記させて，署名させ，印を押させることでも差し支えない（法第38条第1項）。

　　この場合の戸籍の記載は，参考記載例33から35までの例による。

3　養子の氏

　　婚姻によって氏を改めた者が養子となった場合は，その者は婚姻の際に定めた氏を称すべき間は，養親の氏を称しないこととされた（改正民法第810条ただし書）。

　　したがって，養子が婚姻によって氏を改めた者であると

139

きは，その者は婚姻の継続中はもとより配偶者の死亡により婚姻が解消しても，養親の氏を称することなく，引き続き配偶者又は配偶者であった者の氏を称する。また，配偶者の死亡により縁組時に婚姻が既に解消している場合も同様である。

この場合において，養子が離婚をし，婚姻を取り消され，又は生存配偶者の復氏をしたときは，婚姻前の氏を称することなく，養親の氏を称することになる。

第2　養子離縁に関する取扱い

1　配偶者のある者の離縁

従来，配偶者とともに養子をした者が離縁をするには，養子が成年者であるか未成年者であるかにかかわらず，養父母が婚姻中である場合は，配偶者とともにしなければならないこととされていた。

今回の改正により，養父母が婚姻中に未成年者と離縁をする場合にのみ，配偶者とともに養子をしたときに限らず，個別に養子をしたときも，原則として配偶者とともに離縁をしなければならないこととされた（改正民法第811条の2）。したがって，成年である養子と離縁をするには，配偶者とともに養子をした場合であっても，配偶者とともにすることを要しないこととなる。

その戸籍事務の取扱いは，次のとおりである。

(1)　成年者との離縁

ア　養親が夫婦である場合において成年者と離縁をするには，養親夫婦の一方のみですることができる。

　　　　この場合の戸籍の記載は，参考記載例92及び93の例
　　　による。
　　イ　養子が夫婦である場合は，従前のとおり養子夫婦の
　　　一方のみで離縁をすることができる。
(2)　未成年者との離縁
　　ア　養親が夫婦である場合において未成年者と離縁をす
　　　るには，イの場合を除き，養親が配偶者とともに養子
　　　をした場合のみでなく，個別に養子をした場合にも，
　　　夫婦がともにしなければならないこととされた（改正
　　　民法第811条の２本文）。
　　　　この場合の戸籍の記載は，法定記載例41から43まで
　　　の例による。
　　イ　養親が夫婦であって未成年者と離縁をする場合にお
　　　いても，夫婦の一方が心神喪失，行方不明等の事由に
　　　よってその意思を表示することができないときは，他
　　　の一方が単独で離縁をすることができることとされた
　　　（改正民法第811条の２ただし書）。この場合は，届書
　　　の「その他」欄に配偶者がその意思を表示することが
　　　できない旨及びその事由を記載させるものとする。
　　　　この場合の戸籍の記載は，参考記載例96及び97の例
　　　による。
(3)　夫婦の一方が夫婦双方の名義でする離縁
　　　民法第796条の改正により，夫婦の一方がその意思を
　　表示することができない場合に，他の一方が夫婦双方の
　　名義で縁組をする制度が廃止されたことに伴い，同様の

141

場合に，他の一方が夫婦双方の名義で離縁をすることは
できないものとする。

2　養子死亡後の離縁

従来，縁組の当事者の一方が死亡した後に生存当事者が
離縁をすることができたのは，養親が死亡した場合のみで
あった。

今回の改正により，養親も養子の死亡した後に家庭裁判
所の許可を得て離縁をすることができ（改正民法第811条
第6項），その届出は，養親のみですることができること
とされた（法第72条）。

この場合の戸籍の取扱いは，養子が養親の死亡後にする
離縁の場合と同様であり，戸籍の記載は，法定記載例46の
例による。

3　離縁による復氏

(1)　従来，養子が配偶者とともに養子をした養親の一方の
みと離縁をした場合に，縁組前の氏に復するか否かにつ
いては，いずれの養親と離縁をしたかによって異なって
いた。

今回の改正により，配偶者とともに養子をした養親の
一方のみと離縁をしただけでは，縁組前の氏に復しない
こととされた（改正民法第816条第1項）。したがって，
配偶者とともに養子をした養親の一方のみと離縁をして
も，養子は他の一方との縁組が継続している限り，実方
の氏に復することはない。

よって，次のいずれの場合も，養子は実方の氏に復し

ないこととなる。

　ア　養親夫婦の婚姻中にその一方のみと離縁をした場合

　イ　養親夫婦の離婚又は婚姻の取消し後，婚姻の際に氏
　　を改めなかった養親のみと離縁をした場合

　ウ　養親夫婦の離婚又は婚姻の取消し後，婚姻の際に氏
　　を改めた養親のみと離縁をした場合

　エ　養親夫婦の一方の死亡後，生存養親又は死亡養親の
　　みと離縁をした場合

　オ　養親夫婦の双方の死亡後，その一方のみと離縁をし
　　た場合

　　この場合の戸籍の記載は，参考記載例92から95まで
　の例による。

(2)　配偶者とともに養子をした養親が離婚によって婚姻前
　の氏に復したため，養子が入籍の届出により復氏した養
　親の氏を称している場合において，その養親のみと離縁
　をしたときは，養子は，入籍の届出前の氏に復するもの
　とする。

(3)　夫婦と順次個別に縁組をした養子が養親の一方のみと
　離縁をした場合の養子の氏の取扱いについては，従前の
　とおり，縁組の前後に従い，転縁組をした養子が離縁を
　した場合の例による。

第3　離縁の際に称していた氏の続称に関する取扱い

　1　縁組の日から7年を経過した後に離縁によって縁組前の
　　氏に復した者は，離縁の日から3箇月以内に法第73条の2
　　の規定による届出をすることによって，離縁の際に称して

いた氏を称することができることとされた（改正民法第816条第2項）。なお，この届出は，法定代理人が15歳未満の者に代わってすることはできない。

　離縁の際に称していた氏を称する旨の届書の様式は，標準様式別紙10（平成2年3月1日付け民二第601号民事局長通達及び平成6年10月21日付け民二第6517号民事局長通達で変更後のもの）のとおりとする。

2　離縁によって復氏すべき者が，協議離縁の届出と同時に1の届出をした場合は，その者について直ちに離縁の際に称していた氏で新戸籍を編製することとし（法第19条第3項），裁判離縁，特別養子離縁又は外国の方式による離縁の報告的届出と同時に1の届出があった場合も同様とする。

　この場合の戸籍の記載は，法定記載例50から52までの例による。

3　離縁によって復籍した者が，1の届出をした場合において，その者が戸籍の筆頭に記載されていないときは，その者について新戸籍を編製する（法第19条第3項）。

　この場合の戸籍の記載は，法定記載例53から55までの例による。

4(1)　離縁によって復氏した者が，1の届出をした場合において，その者が戸籍の筆頭に記載されていて，かつ，その戸籍に同籍者があるときは，その届出をした者について新戸籍を編製する（法第19条第3項）。

(2)　(1)の場合において，氏の変更の効果は同籍者に当然には及ばないが，その者が1の届出をした父又は母の新戸

籍に入るには，同籍する旨の入籍の届出によってすることができる。

なお，上記の場合において1の届出と同時に同籍する子全員から同籍する旨の入籍の届出があったときも，1の届出をした者について新戸籍を編製することは同様である。

5　離縁によって復氏した者が，1の届出をした場合において，その者が戸籍の筆頭に記載されているが，その戸籍に同籍者がないときは，法第107条第1項の規定による氏の変更の場合の記載に準じて，戸籍の記載をする。

この場合の記載は，法定記載例56及び57の例による。

6　法定記載例50，53及び56による戸籍事項欄の記載事項は，いずれも規則第34条第2号の氏の変更に関する事項であるから，管外転籍の場合には，規則第37条の規定により移記することを要する。この場合，法定記載例56の例については，「平成拾参年八月拾参日戸籍法第七十三条の二の届出」の振り合いにより引き直して移記するものとする。

7　1の届出をした者の子で離縁前の戸籍に在籍するものが1の届出をした父又は母の戸籍に入るには，改正民法第791条第1項から第3項までの規定及び法第98条の規定による（後記第5参照）。

8　今回の改正に伴う経過措置として，改正法の施行前3箇月以内（昭和62年10月1日以降）に離縁をした者については，改正法施行の日から3箇月以内（昭和63年3月31日まで）に1の届出をすることができることとされた（改正法

昭和62年

附則第4条)。

9 　縁組が取り消された場合も，改正民法第808条第2項が
離縁の際に称していた氏の続称を定める同法第816条第2
項を準用することとされたので，離縁の場合の取扱いに準
じて処理することとする（法第69条の2，第73条の2，第
19条第3項)。

10 　1の届出又は法第69条の2の規定による届出があつたと
きは，戸籍受附帳の件名は，「法73条の2」又は「法69条
の2」と記載する。

第4 　離婚の際に称していた氏の続称に関する取扱い

　従来，戸籍の筆頭に記載されていた者が，相手方の氏を称
する婚姻をした後離婚し，離婚の届出と同時に離婚の際に称
していた氏を称する旨の届出（以下「法第77条の2の届出」
という。）をした場合において，婚姻前の戸籍にその者の子
が在籍し，かつ，その子と同籍することを希望するときは，
復籍の手続をした上，法第107条第1項の規定による氏の変
更の場合の記載に準じ，戸籍の記載をすることとされていた
（昭和51年5月31日付け法務省民二第3233号当職通達一の2
ただし書，一の6(一))。また，離婚によって復氏した者が戸
籍の筆頭に記載されている場合において，その者が法第77条
の2の届出をしたときは，その戸籍に同籍する子の有無にか
かわらず，上記氏の変更の場合の記載に準じ，戸籍の記載を
することとされていた（前記通達一の4)。

　今回の改正により，法第77条の2の届出をした者を筆頭に
記載した戸籍に他の者が在籍しているときは，その届出をし

146

た者について常に新戸籍を編製することとされた（法第19条
第３項）。したがって，この届出を，離婚によって復氏すべ
き者が離婚の届出と同時にした場合，並びに離婚によって復
氏して戸籍の筆頭に記載されている者がした場合の取扱いは，
次のとおり改めるものとする。

1　離婚によって復氏すべき者が，協議離婚の届出と同時に法
第77条の２の届出をした場合は，その者について直ちに離婚
の際に称していた氏で新戸籍を編製することとし，裁判離婚
又は外国の方式による離婚の報告的届出と同時に法第77条の
２の届出があった場合も同様とする。

2(1)　離婚によって復氏した者が法第77条の２の届出をした場
合において，その者が戸籍の筆頭に記載されていて，かつ，
その戸籍に同籍者があるときは，その届出をした者につい
て新戸籍を編製する。

(2)　(1)の場合において，氏の変更の効果は同籍者に当然には
及ばないが，その者が法第77条の２の届出をした父又は母
の新戸籍に入るには，同籍する旨の入籍の届出によってす
ることができる。

　なお，上記の場合において法第77条の２の届出と同時に
同籍する子全員から同籍する旨の入籍の届出があった場合
においても，法第77条の２の届出をした者について新戸籍
を編製することは同様である。

3　離婚によって復氏した者が法第77条の２の届出をした場合
において，その者が戸籍の筆頭に記載されているが，その戸
籍に同籍者がないときは，法第107条第１項の規定による氏

147

昭和62年

の変更の場合の記載に準じて，戸籍の記載をする。

4　婚姻が取り消された場合も法第19条第3項が適用されるので，離婚の場合の取扱いに準じて処理することとする。

5　離婚の際に称していた氏を称する旨の届書の様式を標準様式別紙9（平成2年3月1日付け民二第601号民事局長通達及び平成6年10月21日付け民二第6517号民事局長通達で変更後のもの）のとおり改める。

第5　子の氏の変更に関する取扱い

1(1)　従来，父又は母と氏を異にする子がその父又は母の氏を称するには，すべて家庭裁判所の許可を得なければならなかった。

今回の改正により，父又は母が氏を改めたことにより父母と氏が異なることになった子は，父母の婚姻中に限り，家庭裁判所の許可を得ないで，法第98条の定めるところにより届け出ることによって，その父母の氏を称することができることとされた（改正民法第791条第2項）。したがって，次の事由により，子が父母と氏を異にするに至った場合において，父母が婚姻中であるときは，子が当該父母の氏を称する入籍の届出をするには，家庭裁判所の許可を得ることを要しないこととなる。

ア　父又は母の縁組

イ　父若しくは母の離縁又は縁組の取消し

ウ　父母の婚姻

エ　父又は母の民法第791条の規定による氏の変更

オ　父母の婚姻又は父の認知による準正嫡出子の身分の

取得（後記3参照）

　　カ　父又は母の帰化

　　　この場合の戸籍の記載は，法定記載例145及び146の
　　例による。

⑵　⑴により家庭裁判所の許可を得ないで父母の氏を称し
　ようとする者に配偶者がある場合は，配偶者とともに届
　け出なければならないこととされた（法第98条第2項）。

　　　この場合の戸籍の記載は，法定記載例147から151まで
　の例による。

2　改正民法第791条第1項から第3項までの規定によって
　氏を改めた未成年の子が，成年に達した時から1年以内に
　同条第4項の規定によって従前の氏に復しようとする場合
　において，その者に配偶者があるときは，配偶者とともに
　届け出なければならないこととされた（法第99条第2項）。
　1の⑵及び本項から，入籍の届書の様式を標準様式別紙11
　（平成12年3月15日付け民二第602号民事局長通達別紙5で
　変更後のもの）のとおり改める。

3　従来，民法第789条第1項又は第2項の規定によって嫡
　出子の身分を取得した子は，その身分を取得すると同時に
　父母の氏を称するものとして，認知の届出又は婚姻の届出
　によって直ちに父母の戸籍に子を入籍させる取扱いをして
　いた（昭和35年12月16日付け法務省民事甲第3091号当職通
　達）。

　　　今回の改正により，1の⑴のとおり，父又は母が氏を改
　めたことにより父母と氏が異なることになった子は，父母

149

昭和62年

　が婚姻中であるときは，家庭裁判所の許可を得ないで父母
の氏を称することができることとされたので，従前の取扱
いを改め，準正嫡出子は，当然には父母の氏を称しないも
のとする。

　この場合，準正嫡出子が父母の氏を称するには，法第98
条に規定する入籍の届出によらなければならないこととな
る。

第6　特別養子縁組に関する取扱い

1　特別養子縁組

　家庭裁判所は，所定の要件があるときは，養親となる者
の請求により，養子が養親の嫡出子の身分を取得するとと
もに，養子と実方の父母（養父母を含む。）及びその血族
との親族関係が終了する特別養子縁組を，審判によって成
立させることができることとされた（改正民法第817条の
2，改正後の家事審判法第9条第1項甲類第8号の2）。

　この特別養子縁組が成立した場合の戸籍事務の取扱いは，
次のとおりである。

(1)　特別養子縁組の審判が確定した場合は，審判を請求し
た養父又は養母は，審判が確定した日から10以内に，審
判の謄本を添付して，その旨を届け出なければならない
こととされた（法第68条の2，第63条第1項）。この場
合は，審判の確定証明書を添付することを要する。

　この届書の様式は，標準様式別紙7（平成2年3月1
日付け民二第601号民事局長通達及び平成6年10月21日
付け民二第6517号民事局長通達で変更後のもの）のとお

昭和62年

りとする。

(2) 特別養子縁組の届出があった場合の戸籍の編製及び記載は，次のとおりである。

ア　養子が養親と戸籍を異にしている場合

(ア)　特別養子縁組の届出によって，まず養子について養親の氏で従前の本籍地に新戸籍を編製した上，直ちにその新戸籍から養親の戸籍に養子を入籍させる（法第20条の3第1項，第18条第3項，第30条第3項）。養子を筆頭に記載した戸籍が既に編製されている場合も，同様である。

この場合の戸籍の記載は，法定記載例31から34までの例による。

(イ)　養父母の一方が外国人である場合も，(ア)と同様，養子について新戸籍を編製した上，日本人である養父又は養母の戸籍に養子を入籍させる。

(ウ)　養父母の双方が外国人である場合は，養子の氏に変更はなく，かつ，養子について新戸籍を編製するにとどまる。

イ　養子が既に養親の戸籍に在籍している場合

(ア)　特別養子縁組の届出によって，その戸籍の末尾に養子を記載した上，従前養子が記載されていた戸籍の一部を消除する（法第20条の3第2項，第14条第3項，規則第40条第3項，第1項）。

この場合の戸籍の記載は，参考記載例75及び76の例による。

151

なお，従前養子が記載されていた戸籍の一部を消除するには，名欄に朱線を交差する方法による（規則第42条）。

(イ)　養父母の一方が外国人である場合も，(ア)と同様である。

ウ　戸籍の記載

(ア)　縁組事項は，養子の身分事項欄にのみ記載し，養父母の身分事項欄には記載することを要しないが，養子が外国人である場合は，養父母の身分事項欄に，参考記載例77及び78の例により記載する（規則第35条第3号の2）。

(イ)　特別養子縁組後の養子の出生事項は，従前の記載のとおり移記する。

(ウ)　特別養子縁組後の養子の父母欄には，養父母の氏名のみを記載し，父母との続柄欄には，養父母との続柄を，子の出生の前後に従い，「長男（女）」，「二男（女）」等嫡出子の例により記載する。この場合，養親に他の子があり，その子の続柄が特別養子縁組によって変更することになるときは，届書の「その他」欄にその旨を記載させ，参考記載例79の例により，その子の続柄を更正する。

(3)　配偶者のある者のみが養親となることができ，しかも配偶者とともにならなければならないこととされたが（改正民法第817条の3第1項，第2項本文），夫婦の一方が他の一方の嫡出子（特別養子以外の養子を除く。）

を養子とする場合は，夫婦の一方のみで養親となることができることとされた（同条第2項ただし書）。夫婦の一方のみで養親となることができる場合の特別養子縁組の届出並びにその届出があったときの戸籍の編製及び記載も(1)及び(2)の例による。

(4)　特別養子を当事者とする婚姻の届出を受理するに際し必要があるときは，規則第63条の規定により縁組前の養子の戸籍の謄本を提出させ，又は縁組前の戸籍を調査することによって，近親婚による婚姻障害の要件を審査するものとする。

2　離縁

特別養子縁組の離縁は，原則として認められないが，家庭裁判所は，養親による虐待，悪意の遺棄その他養子の利益を害する事由があり，かつ，実父母が相当の監護をすることができる場合であって，養子の利益のため特に必要があると認めるときに限り，養子，実父母又は検察官の請求により，離縁の審判をすることができることとされた（改正民法第817条の10，改正後の家事審判法第9条第1項甲類第8号の2）。この離縁が成立した場合は，養子と実父母及びその血族との間において，離縁の日から，特別養子縁組によって終了した親族関係と同一の親族関係が生ずることとされた（改正民法第817条の11）。

なお，特別養子縁組前に成立した縁組は，特別養子縁組によって終了しているが，この特別養子縁組の離縁が成立した場合においても，従前の縁組による養親及びその血族

昭和62年

との親族関係が生ずることはない。

　この離縁があった場合の戸籍事務の取扱いは，次のとおりである。

(1)　離縁の審判が確定した場合は，審判を請求した養子又は実父若しくは実母は，審判が確定した日から10日以内に，審判の謄本を添付して，その旨を届け出なければならないこととされ，審判を請求した者が届出期間内に届出をしないときは，養親も届出をすることができることとされた（法第73条第１項，第63条）。この場合は，審判の確定証明書を添付することを要する。

　　この届書の様式は，標準様式別紙８（平成２年３月１日付け民二第601号民事局長通達及び平成６年10月21日付け民二第6517号民事局長通達で変更後のもの）のとおりとする。

　　また，離縁の審判を請求した検察官は，審判が確定した後に，遅滞なく戸籍記載の請求をしなければならないこととされた（法第73条第２項，第75条第２項）。

(2)　離縁の届出があった場合の戸籍の記載等は，次のとおりである。

ア　離縁によって，養子が実親の氏に復する場合は，養子は同氏の実親の戸籍に入る。ただし，その戸籍が既に除かれている場合又は養子が新戸籍編製の申出をした場合は，新戸籍を編製する（法第19条第１項）。

　　この場合の戸籍の記載は，参考記載例113から118までの例による。

154

昭和62年・平成元年

イ　離縁をしても養子が復氏しない場合は，養子の身分
　事項欄に離縁事項を記載するのみで，養子の戸籍に変
　動はない。
　　この場合の戸籍の記載は，参考記載例119の例による。
ウ　アの場合において，養子の復籍する戸籍が特別養子
　縁組によって除籍された戸籍でないとき，又は養子に
　ついて新戸籍を編製するときは，養子が特別養子縁組
　によって除籍された戸籍の養子の身分事項欄にも離縁
　事項を記載する。
　　この場合の戸籍の記載は，参考記載例118の例による。
エ　特別養子縁組の成立時に養子が既に養親の戸籍に入
　籍していた場合において，離縁時に養子が上記の養親
　の戸籍から除籍されているときは，特別養子縁組によ
　って消除された養子の戸籍の一部の身分事項欄にもウ
　の例により離縁事項を記載する。
　　特別養子縁組の成立時の戸籍が転籍により除かれて
　いる場合も，同様である。
オ　離縁事項は，養子の身分事項欄にのみ記載し，養父
　母の身分事項欄に記載することを要しないが，養子が
　外国人である場合は，養父母の身分事項欄に参考記載
　例120及び121の例により記載する（規則第35条第3号
　の2）。

【60】
法務省民事局第二課長回答　平元・3・10民二662号

平成元年

（要旨－離婚の裁判確定後，原告である夫から離婚届があった
が，帰化により日本人夫の戸籍に入籍した者が，離婚後称する
氏について申出をする意思がない場合の処理）

　　　　　仙台法務局民事行政部長照会（平成元年２月18日戸第
　　　　　104号）

　　　　離婚届の処理について

（照会）標記について，仙台市長から別添のとおり照会があり
ましたが，下記事情によりその処理指示を決しかねますので，
何分の御指導を賜りたく照会いたします。

　　　　　　記

1　事件当事者

　　　　夫　○林○郎　昭和○○年８月14日生

　　　　妻　○林○佳　昭和20年○○月23日生

　　本籍　宮城県仙台市小松島○丁目○番地の７

　　住所　宮城県仙台市小松島○丁目○○番○１号

2　本照会をするまでの経緯

　(1)　本件は，昭和51年３月10日日本人男（○林○郎）と婚姻
　　　した中国人女（中国名羅○○）が昭和54年５月14日帰化（帰
　　　化後の氏名○林○佳，以下「事件本人」という）して夫の
　　　戸籍に入籍した後，昭和63年12月９日離婚の裁判が確定し，
　　　原告たる夫から別紙のとおり戸籍法第77条の規定による届
　　　出がなされた。

　　　　しかしながら，当該離婚届により妻につき新戸籍を編製
　　　し，称すべき氏は事件本人が自由に定められる取扱い（昭
　　　和23年10月16日民事甲第2648号民事局長回答）となってい

156

平成元年

るので，仙台市役所市民課の担当官が事件本人に対し前記
民事局長回答の趣旨を説明したが裁判までも否定しており，
申出をする意思がないことが確認され，処理できないとし
て当局に照会がなされたものである。

(2)　当部戸籍課戸籍係長及び同課事務官の両名が本月8日事
件本人宅を訪ね重ねて前記民事局長回答の趣旨等について
説明し，申出書用紙を示し，新本籍の場所及び離婚後に称
すべき氏等必要事項を記載するよう説得したが，裁判を否
定する等の一方的な言動を繰り返すばかりで，全く応じよ
うとしなかった。

3　照会する事項

前記2のとおり事件本人には当該離婚届に全く協力する意
向が認められないので，新本籍の場所については戸籍法第30
条第3項の規定により婚姻当時の本籍と同一場所に新本籍を
定めたものとみなして処理可能であるが，離婚後に称すべき
氏については，本人が自由に定めることになっているため，
同人の協力が得られなければ同届書の処理は不可能であるの
で本照会に及んだ次第です。

何分の御指導をお願いいたします。

別添

市市市戸発第40号

平成元年1月31日

仙台市長㊞

仙台法務局長　殿

離婚届の処理について（照会）

157

平成元年

　このことについて，次の者にかかる離婚届の処理について関
係書類を添えて照会いたしますので，よろしくお取り計らい願
います。

　　　　　記
1　　事件本人
　　　　夫　　○林○郎　　昭和○○年 8 月14日
　　　　妻　　○林○佳　　昭和20年○○月23日
　　　本籍　　宮城県仙台市小松島○丁目○番地の 7
　　　住所　　宮城県仙台市小松島○丁目○○番○ 1 号
2　　照会する事由
　(1)　事件本人らの離婚の裁判が昭和63年12月 9 日確定し，原
　　　告である夫から戸籍法第77条の規定による届出があった。
　(2)　妻は帰化により当該戸籍に入籍しており，昭和23年10月
　　　16日民事甲第2648号回答により，妻につき新戸籍を編製し，
　　　この場合の称すべき氏は，妻の意思によって自由に定めら
　　　れることになる。
　(3)　届出には妻の意思表示がないため，前記引用の民事局回
　　　答の趣旨を説明し，これを求めたところ判決までも否定し
　　　ており，申し出をする意思のないことを確認した。
　(4)　離婚の裁判はすでに確定しており，届出を受理しこれを
　　　処理すべきところ，妻の意思表示がないため，称する氏を
　　　帰化前の氏（羅）帰化後の氏（○林）のいずれの氏によっ
　　　て新戸籍を編製すべきか伺います。
3　　添付書類

(1) 離婚届書の写し

(2) 判決書の謄本及び確定証明書の写し

(3) 戸籍謄本

(4) 住民票の写し

　　　　民事局第二課長回答（平成元年３月10日民二第662号）

　客月18日付け戸第104号をもって照会のあった標記の件については，左記のとおりと考えます。

　　　　　　　　記

　本件届書に事件本人である妻が申出をする意思がない旨を付記し，離婚の際に称していた氏と同一呼称の氏により新戸籍を編製する（昭和31年３月６日民事甲461号回答参照）。

【61】

法務省民事局長通達　平元・10・２民二3900号

（要旨－法例の一部を改正する法律の施行に伴う戸籍事務の取扱いについて）

　　　　　　　改正－平成２年５月１日民二第1835号通達

　　　　　　　　　　平成４年１月６日民二第　155号通達

　　　　　　　　　　平成13年６月15日民一第1544号通達

　　　　　　　　　　平成24年６月25日民一第1550号通達

　このたび法例の一部を改正する法律（平成元年法律第27号）が公布された。同法は，本日公布された法例の一部を改正する法律の施行期日を定める政令（平成元年政令第292号）に基づき平成２年１月１日から施行されるが，この改正に伴う戸籍事務については，次のとおり取り扱うこととするから，これを了

平成元年

知の上，貴管下支局長及び管内市区町村長に周知方取り計らわ
れたい。本文中「改正法例」とは，上記改正法による改正後の
法例をいうものとする。

　なお，これに反する当職通達又は回答は，本通達によって変
更し，又は廃止するので，念のため申し添える。

第1　婚姻

　1　創設的届出

　　(1)　実質的成立要件

　　　ア　婚姻の実質的成立要件は，従前のとおりであり，各
　　　　当事者の本国法による。

　　　イ　当事者の本国法の決定は，次のとおり行うものとす
　　　　る。

　　　　(ア)　日本人の場合

　　　　　重国籍である日本人の本国法が日本の法律である
　　　　ことは，従前のとおりである（改正法例第28条第1
　　　　項ただし書）。

　　　　(イ)　外国人の場合

　　　　　①　外国人である婚姻当事者が届書の本籍欄に1箇
　　　　　国の国籍のみを記載した場合は，当該記載された
　　　　　国の官憲が発行した国籍を証する書面（旅券等を
　　　　　含む。以下「国籍証明書」という。）等の添付書
　　　　　類から単一国籍であることについて疑義が生じな
　　　　　い限り，その国の法律を当該外国人の本国法とし
　　　　　て取り扱う。

　　　　　②　重国籍である外国人については，その国籍を有

160

する国のうち当事者が常居所を有する国の法律を，その国がないときは当事者に最も密接な関係がある国の法律を当事者の本国法とすることとされた（改正法例第28条第1項本文）。

この改正に伴い，2以上の異なる国の国籍証明書が提出された場合又は届書その他の書類等から重国籍であることが明らかな場合は，次のとおり取り扱う。

ⅰ　国籍国のうち居住している国の居住証明書の提出を求めた上で，当該証明書を発行した国に常居所があるものと認定し（後記第8の2(2)参照），当該外国人の本国法を決定する。

ⅱ　いずれの国籍国からも居住証明書の発行が得られない場合は，その旨の申述書の提出を求めた上で，婚姻要件具備証明書を発行した国を当該外国人に最も密接な関係がある国と認定し，その本国法を決定する。

ⅲ　ⅰ及びⅱにより当該外国人の本国法を決定することができない場合は，婚姻届の処理につき管轄法務局若しくは地方法務局又はその支局（以下「管轄局」という。）の長の指示を求めるものとする。

(2)　形式的成立要件（方式）

婚姻の方式は，これまでの婚姻挙行地法によるほか，当事者の一方の本国法によることができることとされた

平成元年

（改正法例第13条第3項本文）。したがって，外国に在る
日本人が民法第741条の規定に基づき日本の大使等にす
る婚姻の届出及び当事者の双方又は一方が日本人である
場合における外国から郵送によりする創設的な婚姻の届
出は，当事者の一方の本国法による方式によるものとし
て受理することができる。

2　報告的届出

(1)　日本人同士が外国においてした婚姻の報告的届出につ
いては，従前のとおりである。

(2)　日本人と外国人が外国においてする婚姻は，婚姻挙行
地法による方式によるほか，当該外国人の本国法による
方式によることができることとされたことに伴い，外国
に在る日本人は，外国人配偶者の本国法による方式によ
り婚姻し，婚姻に関する証書を作らせたときは，その本
国が婚姻挙行地国以外の国であっても，3箇月以内にそ
の所在する国に駐在する日本の大使等にその証書の謄本
を提出しなければならないこととなる（戸籍法第41条の
類推適用）。

(3)　日本において婚姻を挙行した場合において，当事者の
一方が日本人であるときは，他の一方の当事者の本国法
による方式によることはできないこととされた（改正法
例第13条第3項ただし書）ので，日本人と外国人が日本
において婚姻をした（日本人と外国人が当該外国人の本
国の大使館等において婚姻をした場合を含む。）旨の報
告的届出は，受理することができない。

平成元年

第2　離婚

1　創設的届出

(1)　離婚については，第一に，夫婦の本国法が同一である
ときはその法律により，第二に，その法律がない場合に
おいて夫婦の常居所地法が同一であるときはその法律に
より，第三に，そのいずれの法律もないときは夫婦に最
も密接な関係がある地の法律によることとされた（改正
法例第16条本文）が，夫婦の一方が日本に常居所を有す
る日本人であるときは，日本の法律によることとされた
（同条ただし書）。

　この改正に伴い，協議離婚の届出については，次の取
扱いとする。なお，当事者の本国法の決定は，第1の1
(1)イの例による。

ア　夫婦の双方が日本人である場合
　従前のとおり，協議離婚の届出を受理することがで
きる。

イ　夫婦の一方が日本人である場合

(ｱ)　日本人配偶者が日本に常居所を有するものと認め
られる場合（後記第8の1(1)参照）又はこれには該
当しないが外国人配偶者が日本に常居所を有するも
のと認められる場合（後記第8の1(2)参照）は，協
議離婚の届出を受理することができる。

(ｲ)　(ｱ)のいずれの場合にも該当しないが，当事者の提
出した資料等から夫婦が外国に共通常居所を有して
おらず，かつ，その夫婦に最も密接な関係がある地

平成元年

　　　が日本であることが認められる場合は，管轄局の長
　　　の指示を求めた上で，協議離婚の届出を受理するこ
　　　とができる。
　ウ　夫婦の双方が外国人でその本国法が同一である場合
　　　夫婦の本国法により協議離婚を日本の方式に従って
　　　することができる旨の証明書の提出がある場合（昭和
　　　26年6月14日付け民甲第1230号当職通達参照）は，協
　　　議離婚の届出を受理することができる。
　エ　夫婦の双方が外国人でその本国法が同一でない場合
　　(ｱ)　夫婦の双方が日本に常居所を有するものと認めら
　　　れる場合（後記第8の1(2)参照）は，協議離婚の届
　　　出を受理することができる。
　　(ｲ)　夫婦の一方が日本に常居所を有し，かつ，他方が
　　　日本との往来があるものと認められる場合その他当
　　　事者の提出した資料等から夫婦が外国に共通常居所
　　　を有しておらず，かつ，その夫婦に最も密接な関係
　　　がある地が日本であることが認められる場合は，イ
　　　(ｲ)の例による。
　(2)　離婚の際の子の親権者の指定については，改正法例
　　　第21条による（後記第7参照）。
2　報告的届出
　　離婚の裁判（外国における裁判を含む。）が確定した場
　合における報告的届出の取扱いは，従前のとおりであり，
　外国において協議離婚をした旨の証書の提出があった場合
　の取扱いは，離婚の準拠法が改正された点を除き，従前の

とおりである。

第3　出生等

　夫婦の一方の本国法であって子の出生の当時におけるものにより子が嫡出であるときは，その子は嫡出子とすることとされた（改正法例第17条）。また，嫡出でない子の父子関係の成立につき認知主義及び事実主義（生理上の父子関係がある場合には，認知を要件とすることなく，法律上の父子関係を認める法制のことをいう。以下同じ。）の双方に適用する規定が設けられ，その結果，父との間の親子関係については，子の出生の当時の父の本国法によることとされた（改正法例第18条第1項）。

　この改正に伴い，出生等の届出については，次の取扱いとする。なお，関係者の本国法の決定は，第1の1(1)イの例による。

1　嫡出子

　(1)　父母の双方が日本人である場合
　　　従前のとおりである。

　(2)　父母の一方が日本人である場合
　　ア　日本民法により事件本人が嫡出であるときは，事件本人を嫡出子とする。
　　イ　日本民法によれば事件本人が嫡出でない場合において事件本人を嫡出子とする出生の届出があったときは，子の出生の当時における外国人親の国籍証明書及び外国人親の本国法上の嫡出子の要件に関する証明書の提出を求め，その結果，外国人親の本国法によって事件

165

本人が嫡出子となるときは，届出を受理する。

ウ　添付書類等から事件本人が母の再婚後に出生した子であることが判明したときは，次のとおりとする。

　(ア)　母又は前夫のいずれかの本国法により前夫の子と推定され，かつ，母又は後夫のいずれかの本国法により後夫の子と推定されるときは，父未定の子として取り扱う。

　(イ)　(ア)の法律による前夫又は後夫のいずれか一方のみの子としての推定があるときは，推定される方の夫の子として取り扱う。

エ　戸籍法第62条による嫡出子の出生の届出の取扱いは，従前のとおりである。

　なお，外国人母から生まれた子について，日本人父から戸籍法第62条による嫡出子出生の届出があった場合の戸籍の記載は，参考記載例19の例による。

(3)　父母の双方が外国人である場合

　子の出生の当時における父又は母の本国法のいずれかにより事件本人が嫡出であるときは，事件本人を嫡出子とする。

2　嫡出でない子

(1)　父母の一方が日本人である場合において，母の婚姻成立の日から200日以内に出生した子を嫡出でない子とする出生の届出があったときは，外国人親の本国法上夫の子と推定されていない場合に限り，届出を受理する。婚姻の解消又は取消しの日から301日以後に出生した子を

平成元年

嫡出でない子とする出生の届出があったときは，特段の
疑義が生じない限り，届出を受理して差し支えない。
(2)　外国人父の本国法が事実主義を採用している場合にお
ける日本人母からの嫡出でない子の出生の届出について
は，次のとおり取り扱う。
　ア　届書の父欄に氏名の記載があり，「その他」欄に父
の本国法が事実主義を採用している旨の記載があり，
かつ，父の国籍証明書，父の本国法上事実主義が採用
されている旨の証明書及びその者が事件本人の父であ
ることを認めていることの証明書（父の申述書，父の
署名ある出生証明書等）の提出があるときは，事件本
人の戸籍に父の氏名を記載する。
　　　この場合の戸籍の記載は，参考記載例13の例による。
　イ　母からの出生の届出に基づき子が入籍している場合
において，母からアに掲げる証明書を添付して父の氏
名を記載する旨の出生届の追完の届出があるときは，
これを受理し，事件本人の戸籍に父の氏名を記載する。
　　　この場合の戸籍の記載は，参考記載例14の例による。
3　嫡出となる子
　子は，準正の要件たる事実の完成の当時の父若しくは母
又は子の本国法により準正が成立するときは，嫡出子たる
身分を取得することとされた（改正法例第19条第1項）が，
婚姻準正又は認知準正があった場合における続柄欄の訂正
手続等は，従前のとおりである。なお，外国人父の本国法
が事実主義を採用している場合において，子が父母の婚姻

167

により嫡出子たる身分を取得するときは，次のとおり取り扱う。

(1) 婚姻前に出生の届出がされ，それに基づき父の氏名が記載されている場合は，婚姻の届書の「その他」欄の記載により続柄欄を訂正する。

(2) 婚姻の届出後，2(2)アに掲げる証明書を添付して父の氏名を記載する旨の出生届の追完の届出及び嫡出子たる身分を取得する旨の婚姻届の追完の届出があった場合は，父の氏名を記載し，続柄欄を訂正する。

(3) 婚姻の届出後，婚姻前に出生した子について，母から，届書の「その他」欄に父母が婚姻した旨が記載され，かつ，2(2)アに掲げる証明書の添付された嫡出子出生の届出があった場合は，嫡出子として戸籍に記載する。なお，父も，これらの証明書及びその者が父である旨の母の申述書を添付して，当該出生の届出をすることができる。

第4　認知

　認知は，子の出生の当時若しくは認知の当時の認知する者の本国法又は認知の当時の子の本国法のいずれの法律によってもすることができ，認知する者の本国法による場合において，認知の当時の子の本国法がその子又は第三者の承諾又は同意のあることを認知の要件とするときは，その要件をも備えなければならないこととされた（改正法例第18条第1項，第2項）。

　この改正に伴い，認知の届出については，次の取扱いとする。なお，関係者の本国法の決定は，第1の1(1)イの例によ

平成元年

る。
1　創設的届出
　(1)　子が日本人である場合
　　　日本民法上の認知の要件が当事者双方に備わっている
　　場合は，認知の届出を受理する。認知する者の本国法が
　　事実主義を採用している場合であっても，認知の届出を
　　受理する。第3の2(2)により父の氏名が戸籍に記載され
　　ている場合も，同様とする。ただし，後記2(2)により戸
　　籍法第63条の類推適用による届出があり，かつ，父の氏
　　名が戸籍に記載されている場合は，認知の届出を受理す
　　ることができない。
　　　日本民法上の認知の要件が当事者双方に備わっていな
　　い場合において，認知する者の本国法により認知するこ
　　とができる旨の証明書を添付した認知の届出があったと
　　きは，改正法例第33条（公序）の規定の適用が問題とな
　　るので，管轄局の長の指示を求めるものとする。
　(2)　子が外国人である場合
　　　子の本国法により認知することができる旨の証明書の
　　提出があった場合は，認知の届出を受理することができ
　　る。認知する者の本国法により認知することができる旨
　　の証明書及び子の本国法上の保護要件を満たしている旨
　　の証明書の提出があった場合も，同様とする。
　(3)　胎児認知の場合
　　　胎児認知の届出があったときは，改正法例第18条第1
　　項後段及び第2項の適用上，「子の本国法」を「母の本

平成元年

国法」と読み替えて受否を決するものとする。

2　報告的届出

(1)　認知の裁判（外国における裁判を含む。）が確定した場合における報告的届出の取扱いは，従前のとおりであり，外国において任意認知をした旨の証書の提出があった場合の取扱いは，認知の準拠法が改正された点を除き，従前のとおりである。

(2)　子の出生の当時における父の本国法が事実主義を採用している場合において，父子関係存在確認の裁判が確定したときの報告的届出は，子又は父からの戸籍法第63条の類推適用による届出として受理する。

第5　養子縁組

1　創設的届出

　養子縁組については，縁組の当時の養親の本国法によることとされ，養子の本国法が養子縁組の成立につき養子若しくは第三者の承諾若しくは同意又は公の機関の許可その他の処分のあることを要件とするときは，その要件をも備えなければならないこととされた（改正法例第20条）。

　この改正に伴い，養子縁組の届出については，次の取扱いとする。なお，当事者の本国法の決定は，第1の1(1)イの例による。

(1)　養親が日本人である場合

　日本民法上の養子縁組の要件が当事者双方に備わっているかどうかを審査し，これが備わっている場合は，養子の本国法上の保護要件を審査する。この場合において，

養子の本国の官憲の発行した要件具備証明書の提出があるときは，養子の本国法上の保護要件が備わっているものとして取り扱って差し支えない。

(2) 養親が外国人である場合

養親の本国法上の養子縁組の要件が当事者双方に備わっているかどうかを審査し，これが備わっている場合は，養子の本国法上の保護要件を審査する。この場合において，養子の本国の官憲の発行した要件具備証明書の提出があるときは，(1)後段と同様である。

(3) 養親に配偶者がある場合

夫婦共同縁組をする場合における養親の本国法は，それぞれの養親についてそれぞれの本国法であり，一方の本国法を適用するに当たり，他方の本国法を考慮する必要はない。

配偶者のある者が単独縁組をすることができるかどうかは，当該者の本国法による。配偶者又は養子の本国法が夫婦共同縁組を強制していても，これを考慮する必要はない。

2 報告的届出

(1) 我が国における養子縁組の成立

ア 養親の本国法が普通養子縁組について裁判所の決定等により縁組を成立させる法制を採用している場合において，家庭裁判所の養子縁組を成立させる旨の審判書謄本を添付して養子縁組の届出があったときは，その届出は，戸籍法第68条の2により受理する。ただし，

171

平成元年

　　　　この場合においては，同法第20条の３の規定を適用し
　　　ない。
　　　　　この場合の戸籍の記載は，参考記載例61の例による。
　　イ　　家庭裁判所が渉外的な特別養子縁組を成立させる審
　　　　判を行った場合において，戸籍法第68条の２による届
　　　　出があったときは，同法第20条の３の規定を適用する。
　(2)　外国における養子縁組の成立
　　　　外国において養子縁組をした旨の報告的届出があった
　　　場合は，養子縁組の準拠法上その養子縁組が無効でない
　　　限り，これを受理する。外国において日本人を特別養子
　　　とする縁組が成立した旨の報告的届出があったときは，
　　　その養子について新戸籍を編製する。

第６　離縁
　１　創設的届出
　　　離縁については，養子縁組の当時の養親の本国法による
　　こととされた（改正法例第20条第２項）ので，渉外的な協
　　議離縁の届出についての取扱いは，養親の本国法が縁組時
　　と離縁時とで異なる場合を除き，従前のとおりである。
　　　なお，縁組事項を記載した戸籍に養親の国籍として単一
　　の国が記載されているときは，その国の法律を養親の縁組
　　当時の本国法として取り扱って差し支えない。
　２　報告的届出
　　　離縁の裁判（外国における裁判を含む。）が確定した場
　　合における報告的届出の取扱いは，従前のとおりであり，
　　外国において協議離縁をした旨の証書の提出があった場合

平成元年

の取扱いは，離縁の準拠法が改正された点を除き，従前の
とおりである。

第7　親権

　親権については，原則として，子の本国法によることとさ
れ，例外として，子の本国法が父の本国法及び母の本国法の
いずれとも異なる場合又は父母の一方が死亡し，若しくは知
れない場合において他方の親の本国法と子の本国法とが異な
るときは，子の常居所地法によることとされた（改正法例第
21条）。したがって，日本人である子の親権については，上
記例外の場合を除き，子の本国法としての日本の法律を適用
することとなる。上記例外の場合については，後記第8の1
(1)により，子の常居所が日本にあるものと認定することがで
きるときは，子の常居所地法としての日本の法律を適用する
こととなる。

　なお，関係者の本国法の決定については，第1の1(1)イの
例による。

第8　常居所の認定

　事件本人の常居所の認定については，次のとおり取り扱っ
て差し支えない。次の基準によっていずれの国にも常居所が
あるものと認定することができない場合は，原則として居所
地法による（改正法例第30条）が，疑義がある場合は，管轄
局の指示を求めるものとする。

　1　我が国における常居所の認定

　(1)　事件本人が日本人である場合

　　　事件本人の住民票の写し（発行後1年内のものに限

173

る。）の提出があれば，我が国に常居所があるものとして取り扱う。ただし，後記２(1)の事情が判明した場合を除く。

　事件本人が国外に転出し，住民票が消除された場合でも，出国後１年内であれば，我が国に常居所があるものとして取り扱う。出国後１年以上５年内であれば，事件本人が後記２(1)ただし書に記載した国に滞在する場合を除き，同様とする。

(2)　事件本人が外国人である場合

　出入国管理及び難民認定法による在留資格（同法第２条の２並びに別表第１及び別表第２）等及び在留期間により，次のとおり取り扱う。在留資格及び在留期間の認定は，これらを記載した在留カード，特別永住者証明書又は住民票の写し及び旅券（日本で出生した者等で本国から旅券の発行を受けていないものについては，その旨の申述書）による。

ア　引き続き５年以上在留している場合に，我が国に常居所があるものとして取り扱う者

　別表第１の各表の在留資格をもって在留する者（別表第１の１の表中の「外交」及び「公用」の在留資格をもって在留する者並びに別表第１の３の表中の「短期滞在」の在留資格をもって在留する者を除く。）

イ　引き続き１年以上在留している場合に，我が国に常居所があるものとして取り扱う者

　別表第２の「永住者」，「日本人の配偶者等」（日本

人の配偶者に限る。），「永住者の配偶者等」（永住者等
の子として本邦で出生しその後引き続き本邦に在留し
ている者を除く。）又は「定住者」の在留資格をもっ
て在留する者

　ウ　我が国に常居所があるものとして取り扱う者

　　(ア)　我が国で出生した外国人で出国していないもの
（ア又はイに該当する者を含む。）

(イ)　別表第2の「日本人の配偶者等」（日本人の配偶者を
除く。）又は「永住者の配偶者等」（永住者等の子として
本邦で出生しその後引き続き本邦で在留している者に限
る。）の在留資格をもって在留する者

(ウ)　日本国との平和条約に基づき日本の国籍を離脱した者
等の出入国管理に関する特例法（平成3年法律第71号）
に定める「特別永住者」の在留資格をもって在留する者

　エ　我が国に常居所がないものとして取り扱う者

　　(ア)　別表第1の1の表中の「外交」若しくは「公用」
の在留資格をもって在留する者又は別表第1の3の
表中の「短期滞在」の在留資格をもって在留する者

(イ)　日本国とアメリカ合衆国との間の相互協力及び安
全保障条約第6条に基づく施設及び区域並びに日本
国における合衆国軍隊の地位に関する協定第9条第
1項に該当する者

(ウ)　不法入国者及び不法残留者

2　外国における常居所の認定

(1)　事件本人が日本人である場合

平成元年

　　旅券その他の資料で当該国に引き続き5年以上滞在し
　ていることが判明した場合は，当該国に常居所があるも
　のとして取り扱う。ただし，重国籍の場合の日本以外の
　国籍国，永住資格を有する国又は配偶者若しくは未成年
　養子としての資格で滞在する場合における外国人配偶者
　若しくは養親の国籍国においては，1年以上の滞在で足
　りる。
(2)　事件本人が外国人である場合
　　外国人の国籍国における常居所の認定については，1
　(1)に準じて取り扱い，国籍国以外の国における常居所の
　認定については，1(2)に準じて取り扱う。

第9　経過規定
　改正法の施行前に生じた事項については，なお従前の例に
よるが，改正法の施行の際現に継続する法律関係については，
改正法の施行後の法律関係に限り，改正法例の規定を適用す
ることとされた（改正法附則第2項）。したがって，婚姻，
離婚，嫡出親子関係，非嫡出親子関係，養子縁組又は離縁の
成立については，それぞれの成立の時における法例の規定に
よる準拠法を適用するが，親権については，継続的関係であ
るので，改正法の施行とともに準拠法が変更することとなる。
　その結果，創設的届出の場合は，届出の時における法例の
規定により，報告的届出の場合は，成立の時における法例の
規定によることとなる。
(参考)

改正法例に関する質疑応答集

176

平成元年

法務省民事局

はじめに

　婚姻関係及び親子関係における準拠法の指定をより適切なものとするため法例の改正が行われ，これに伴い関係通達が発せられたところであるが，その後各種の事例について照会がされている。

　そこで，具体的事例をあげて改正法例に関する戸籍事務の処理についての質疑応答集を作成した。本書が戸籍事務担当者の執務の参考になれば幸いである。

　平成２年２月

法務省民事局第二課

目　　次

第１　婚姻に関する取扱い

　１　創設的届出

　２　報告的届出

第２　離婚に関する取扱い

　１　創設的届出

　２　報告的届出

第３　出生に関する取扱い

　１　嫡出子

　２　嫡出でない子

　３　嫡出となる子

第４　認知に関する取扱い

　１　創設的届出

　（1）　子が日本人である場合

177

平成元年

　　⑵　子が外国人である場合
　　⑶　胎児認知の場合
　　2　報告的届出
　第5　養子縁組に関する取扱い
　　1　創設的届出
　　2　報告的届出
　第6　離縁に関する取扱い
　第7　親権に関する取扱い
　第8　常居所の認定に関する取扱い

第1　婚姻に関する取扱い

**　1　創設的届出**

問1　外国人については，その者が積極的に複数の異なる国の
　国籍証明書を提出しない限り，提出された国籍証明書をもっ
　て当該国の法律を同人の本国法と認定してよいか。

答　婚姻届書の本籍欄に1箇国の国籍のみが記載されており，
　国籍証明書等の添付書類相互間でそごがなく，単一国籍であ
　ることについて疑義が生じなければ，その国の法律をその者
　の本国法とすることとなる。

問2　国籍を証する書面は，本国官憲発行の国籍証明書，旅券
　のほかにどのようなものがあるか。

答　本国官憲発行の被証明者の国籍の記載ある要件具備証明書
　及び出生証明書等がある。

平成元年

問3 国籍証明書には，発給後有効期間が設けられている国（例えば，中国）があるが，その場合，期間経過後のものであっても差し支えないか。

答 国籍証明書は，本国官憲の発行する有効な証明書でなければならないので，期間内のものに限る。

問4 外国人登録証明書を国籍を証明する書面として取り扱うことはできないか。

答 国籍証明書は，本国官憲発行のものに限られるので，本国官憲が直接証明していない外国人登録証明書は，これに該当しない。

問5 生来の在日朝鮮人・台湾人で，本国官憲の発行する国籍証明書その他の身分関係証明書が得られない場合，外国人登録証明書をこれらの証明書に代えるとする取扱いはできないか。

答 本国官憲が身分関係を把握していないため，公証が不可能な場合に限り，例外として外国人登録証明書により国籍その他身分関係事実の認定をすることができる。なお，近時渡来者については，原則どおり本国官憲の発行する国籍証明書等の添付を要する。

問6 旅券は，写しでも差し支えないか。

答 旅券の原本を呈示させて確認する必要があり，その上で当該写しに「原本確認済」，「原本還付」等と記載して届書等に

179

平成元年

つづっておく。

問7　通達で示されている「届書その他の書類等から重国籍であることが明らかな場合」のその他の書類には，届書提出市区町村に保管中の外国人登録原簿も含まれるのか。

答　意見のとおり。なお，通常は，提出された書面及びその添付書類により審査することで差し支えない。

問8　いずれの国籍国からも居住証明書の発行が得られない場合に提出する申述書には，どのような内容を記載すればよいか。

答　事案に応じ，「国籍国のいずれにも常居所がない」，あるいは，「国籍国以外の第三国に常居所がある」旨記載すればよい。

問9　2以上の異なる国の国籍証明書が添付された外国人との婚姻の届出を受理した場合，戸籍には届書に記載されている国籍国名の全部を記載しなければならないのか。

答　重国籍者については，当該国籍国名の全部を記載しなければならない。

問10　重国籍である外国人について密接関連国を認定する場合，婚姻要件具備証明書に代わるものとして従来から認められている領事の署名ある宣誓書も，本国法を認定する証明書として取り扱って差し支えないか。

答　意見のとおり。

平成元年

問11 重国籍である外国人について密接関連国を認定する場合,
在日中国人・朝鮮人については婚姻要件具備証明書に代え,
同証明書が得られない旨の申述書をもって,その認定資料と
してよいか。

答 公的な証明書により当該本国を認定する趣旨から,本人の
申述書はこれに該当しない。したがって,本事案の場合は,
受理伺いにより密接関連国を認定する。

問12 重国籍である外国人について,管轄法務局において密接
関連国の認定をする場合,どのような点がポイントとなるか。

答 ①国籍取得の経緯,⑨国籍国での居住状況,③国籍国での
親族の居住の有無,④国籍国への往来の状況,⑤現在におけ
る国籍国とのかかわり合いの程度を調査した上,認定するこ
ととなる。

　なお,当分の間,管轄法務局は法務省民事局へ照会するこ
ととされている。

問13 外国にある日本人と外国人との創設的な婚姻の届出は,
当該国にある在外公館では受理できないと考えるがどうか。

答 意見のとおり。婚姻の方式については,当事者の一方の本
国法である日本法によることもできるが,日本民法第741条
により,在外公館で受理できるのは,外国に在る日本人間の
ものに限る。

問14 外国にある日本人が婚姻の一方の当事者となってその国

181

平成元年

に駐在する日本の大使等に創設的な婚姻の届出をし，誤って受理され，本籍地の市区町村に送付された場合，本籍地の市区町村長が受理することによって日本人の本国法の方式による婚姻の届出として有効に成立すると解してよいか。

また，その成立時期は，本籍地の市区町村に到着した日と解してよいか。

答　前段，後段とも意見のとおり。

2　報告的届出

問15　通達では「外国に在る日本人は，外国人配偶者の本国法による方式により婚姻し，婚姻に関する証書を作らせたとき……」とあるが，教会，寺院等の証明書も含まれると解して差し支えないか。

答　本国法上，方式として認められている場合は，意見のとおり。

問16　外国人同士が，日本において外国の方式による婚姻をした旨の報告的届出があった場合，受理できるか。

答　受理できない。

問17　通達では，「日本人と外国人が外国において当該外国人の本国法による方式により婚姻し，婚姻に関する証書を作らせたときは，戸籍法第41条を類推適用する。」とあるが，その提出期間を徒過した場合，戸籍法施行規則第65条の失期通知は要しないと解してよいか。

平成元年

答 意見のとおり。

問18 通達では，「外国に在る日本人は，外国人配偶者の本国法により婚姻し，婚姻に関する証書を作らせたときは，その本国法が婚姻挙行地以外の国であっても，３箇月以内にその所在する国に駐在する日本の大使等にその証書の謄本を提出しなければならないこととなる。」とあるが，「その所在する国」とは，当該日本人の所在する国と解してよいか。

答 意見のとおり。

問19 日本人・韓国人間の婚姻届が在日韓国総領事館で受理され，本国の面長に送付された後，当該婚姻事項が記載された戸籍謄本を添付して我が国の市区町村長へ報告的届出をした場合，これは受理できないが，当該戸籍謄本を婚姻要件具備証明書に代わるもの（婚姻証明書）として取り扱い，当該届出を創設的届出として受理することはできるか。

答 意見のとおり。

第２ 離婚に関する取扱い

1 創設的届出

問20 我が国に常居所を有するアメリカ合衆国テキサス州出身の夫と同コロラド州出身の妻が離婚する場合の適用される法律は何か。

答 夫婦の国籍が同一であっても，アメリカ合衆国のように地域（州）によって法律が異なる場合，夫婦の出身の州が異な

183

平成元年

れば本国法も同一ではない（法例第28条第3項）ので，夫婦の共通の常居所地法があればこれによる。本件の場合は，共通常居所地法である日本民法が適用される。

問21 前問の場合，夫が東京で，妻が大阪に別れて居住していても，共通常居所地が日本であると解してよいのか。

答 意見のとおり。

問22 日本人と外国人の夫婦が協議離婚制度がある国に共通常居所を有している場合，我が国の市区町村長に協議離婚の届出をすることができるか。

また，外国から郵送によりすることもできるか。

答 前段についてはできるが，後段については，我が国の法律が行為地法でもなければ離婚の成立の準拠法でもないため，できない。

問23 韓国人と台湾系中国人夫婦が我が国に居住していたが，別居して一方が本国に帰国した場合，関係する国のすべてに協議離婚の制度があるので，協議離婚の届出を受理して差し支えないか。

答 この場合，夫婦に最も密接な関係がある国の法律が適用され，その国に協議離婚の制度がある場合，協議離婚ができる。我が国の市区町村長が届出を受理し得るかについては前問参照。また，密接関連国の認定については，管轄局の長の指示を求める必要がある。

184

平成元年

問24　外国人夫婦の国外からの郵送による協議離婚届出は，受理すべきではなく，標準準則第34条に基づく処理をすべきものと考えるがいかがか。

　　外国で成立した報告的離婚届出の場合も同様に考えてよいか。

答　前段　外国に在る外国人には戸籍法に特段の規定がない限りその適用がないので，郵送による届出は受理すべきでなく，標準準則第34条に基づき届書を届出人に返戻することとなる。

　　後段　外国人については，我が国の市区町村長に対する報告的届出（国内における出生・死亡等を除く）の規定がないので，意見のとおり。

問25　「その夫婦に最も密接な関係がある地が日本であることが認められる場合」とは，いかなる場合か。

答　日本人配偶者は外国に常居所を有するが，外国人配偶者が日本に常居所を有する場合がある（この場合は，管轄局の長の指示を求める必要はない。）。

　　これ以外の場合については，個々に判断することとなり，管轄局の長の指示を求める必要がある。なお，当分の間，法務省民事局へ照会されることとされている。

問26　台湾系中国人と本土系中国人の本国法は同一でないと解してよいか。

答　意見のとおり。

185

平成元年

問27　韓国とフランスの重国籍者と韓国とフィリピンの重国籍者の夫婦の本国法が同一でない場合もあり得るか。

答　意見のとおり。

問28　外国人同士の夫婦でその本国法が同一の場合,「夫婦の本国法により協議離婚を日本の方式に従ってすることができる旨の証明書」にはどのようなものがあるか。

答　本国官憲のその旨の証明書のほか,出典を明らかにした本国法の法文の抜粋でも足りる。

問29　(前問に関連)韓国や台湾等,本国法の内容が明らかな場合,前問の証明書の提出は省略して差し支えないか。

答　意見のとおり。

問30　夫婦の本国法により協議離婚を「日本の方式」に従ってすることができる旨の証明書とあるが,特に「日本の方式」と限定された証明内容が必要か。

答　夫婦の本国法が協議離婚の制度を有することが証明されるものであれば,方式については,行為地法たる日本法を適用すればよいので,特に「日本の方式」と限定された証明内容は必要でない。

問31　日本での居住歴のない外国人夫婦が協議離婚届を提出するため来日した場合,密接関連法は日本でないことは明らかであるので,管轄局の長の指示を求めることなく,不受理と

186

してよいか。

答 意見のとおり。なお，密接関連法等の認定に疑義を生じた場合は管轄局の長の指示を求める（29問参照）。

問32 「日本の方式に従ってできる旨の証明書」の提出がない場合は，管轄局の長の指示を求めることなく不受理としてよいか。

答 外国法の規定内容については，法律事項であり，これは職権調査事項であるので，この証明書の提出がないことによって不受理とすることはできない。管轄局の長に指示を求めて処理する必要がある。

問33 父母が協議上の離婚をするときは，その協議で，その一方を親権者に定めなければならないとされているが，外国人である子の親権者の指定に関する事項についても離婚の届書に記載する必要があるか。

答 親権の準拠法として，日本民法が指定される場合は，意見のとおりであり，この場合においては，離婚の届書の未成年の子の氏名欄に子の氏名を記載させるほか，「その他」欄に子の国籍，生年月日を記載させる必要がある。

2 報告的届出

問34 外国人夫と日本人妻との間の外国裁判所による離婚判決が確定し，報告的離婚届出がされた場合，離婚の準拠法の要件について審査する必要があるのか。

平成元年

答　外国離婚判決については，当該判決が我が国で承認される
ものか否かを民事訴訟法第200条によって判断し，離婚の準
拠法の要件について審査する必要はない（昭和51年1月14日
民二第280号通達）。

問35　外国官憲及びこれに準ずるものが作成した離婚の証明書
を添付して協議離婚の報告的届出があった場合，離婚の準拠
法の要件について審査する必要があるのか。

答　意見のとおり。ただし，準拠法上成立要件の欠缺及び無効
事由がない限り，原則としてそのまま受理する。

第3　出生に関する取扱い

1　嫡出子

問36　父の本国法によれば，嫡出子となり，母の本国法では嫡
出子とならない場合，嫡出の否認は，どの法律による必要が
あるか。

答　嫡出子となることを認める父の本国法による。

問37　嫡出子の要件に関する証明書とは，どういうものをいう
のか。

答　当該外国人親の本国官憲が発給した子の嫡出性に関する証
明書，出典を明示した本国の法律内容が明らかとなる法文の
写し等を指す。

問38　出生証明書に外国人父又は母の国籍が明記されている場

合であっても，国籍証明書の添付は必要か。

答　出生証明書が外国人父又は母の本国官憲によって発給され
たものであれば，国籍証明書の添付を省略して差し支えない。

問39　外国人父又は母の本国法のみによって嫡出子となる場合
には，日本法を適用するすべての場面において，嫡出子とし
て取り扱うという趣旨と解してよいか。

答　意見のとおり。

したがって，外国人父又は母の本国法のみによって嫡出子
となる場合であっても，国籍法第2条の適用によって，当該
出生子は日本国籍を取得し，また，国籍留保届（同法第12条・
戸籍法第104条）も必要となることがある。

問40　父母双方が外国人である子の嫡出子出生の届出について
は，出生事実を登録・公証するという制度目的に照らし，嫡
出子であるかどうかの審査は戸籍に記載を要する場合と異な
ると解してよいか。

答　意見のとおり。出生届書あるいは添付書類から明らかとな
る場合，例えば，出生登録証明書に記載された父の氏名と異
なる氏名を出生届書に記載している場合，あるいは出生届書
に父の氏名を記載しないまま嫡出子としての届出があった場
合など明らかに疑義がある場合を除き，この点に関する審査
について，特にその証明書の提出（例えば，母の前婚関係に
関する証明書）を求めて受否の判断をするまでのことはない。

189

平成元年

2 嫡出でない子

問41 「外国人親の本国法上夫の子と推定されていない場合」
の確認は，何によってするのか。

答 外国人親の本国法の嫡出推定に関する規定（当該法文の抜
粋）による。

問42 婚姻の解消の日から301日以後に出生した子についての
嫡出でない子としての出生届出において，「特段の疑義が生
じない限り，届出を受理して差し支えない。」とあるが，ど
のような場合に留意を要するのか。

答 日本民法の子の嫡出性の推定の及ぶ期間に関する規定は，
比較法的にみて広く，通常これに外れるものは嫡出でない子
と考えて差し支えない。ただし，中華民国民法及びドイツ連
邦共和国の婚姻法では，婚姻解消又は取消しの日からいずれ
も302日以内とされ，タイの同法では，婚姻解消又は取消し
の日から310日以内とされ，これらは，日本民法により嫡出
推定の範囲が広いので留意する必要がある。

問43 事実主義とは，どのような内容をいうのか。

答 非嫡出子とその父又は母との父子関係又は母子関係の成立
について，その父又は母が自分の子であることを意思表示に
よって認める（これによって，父子関係又は母子関係が発生
するとすることを認知主義又は意思主義という。）までもな
く，その間に血縁関係が客観的に存在すれば，法律上もこれ
らの関係を扶養等特定の目的にとどまらず，一般的に認める

190

平成元年

法制をいう。

問44 事実主義を採っている国の法制を具体的に例示されたい。
答 例えば，「父子関係は，自然により，……確定することが
できる。」（フィリピン家族法第163条）（1987年改正，1988年
8月4日施行）という法制をいう。

問45 非嫡出子について，父の本国法が事実主義を採用してい
る場合，父は出生の届出義務者となるか。
答 父の資格では届出義務者とならないが（戸籍法第52条第2
項），同居者としての資格があれば，その資格での届出はで
きる（同条第3項）。なお，我が国の戸籍行政上は，所要の
手続を経なければ，父の氏名を子の戸籍に記載しない。

問46 父の本国法が事実主義を採っていることが明らかな場合
は，父の本国法上事実主義を採用している旨の証明書の添付
を省略してよいか。
答 意見のとおり。

問47 父の本国法上事実主義が採用されている旨の証明書とは，
どのようなものをいうのか。
答 外国人父の本国官憲の発給した証明書，本国の法律内容が
明らかとなる出典を明示した法文の写しなどである。これら
の証明書には，その訳文の添付を要する（戸籍法施行規則第
63条の2）。父の作成した「本国法上事実主義が採用されて

191

平成元年

いる旨の証明書」は，この証明書とはなりえない。

問48　国外で日本人母が，事実主義を採る国を本国法とする男
　　性との間に非嫡出子を出生した場合，出生子が父の国籍を取
　　得していることも考えられるが，この場合は，国籍留保の届
　　出が必要か。また，母からの出生の届出の追完の届出によっ
　　てその事実が判明した場合の処理はどのようにすればよいか。
答　前段　出生によって当該父の本国の国籍を取得している場
　　　　　　合は，国籍留保の届出が必要である。
　　　　後段　母から国籍留保の旨の追完の届出をさせる。
　　　　　　　なお，この追完の届出が出生の日から３か月を経過
　　　　　　している場合は，その届出の遅延理由書の提出を求
　　　　　　め，当該届出が戸籍法第104条第３項に当たるかどう
　　　　　　かについて判断することとなる。

問49　父の申述書の添付を求める理由は何か。また，父子関係
　　を証する資料として，父の申述書以外にどのようなものがあ
　　るか。
答　前段　我が国の戸籍法上，形式的審査を前提とすることか
　　　　　　ら，父母双方が出生子の父であることを認める場合に
　　　　　　のみ，その者が父であることを認定しうるものとした
　　　　　　ことによる。
　　　　後段　本国官憲の父子関係証明書，出生証明書に父の署名
　　　　　　がある場合，若しくは，出生登録証明書に父の氏名が
　　　　　　記載され，かつ，その登録証明書への父の氏名が父自

らの届出，申出等によって記載されている場合（この
場合には，その旨の父の証明書が必要）がこれに当た
る。

問50　父の申述書の具体的な書き方はどのようにすればよいか。
答　「当該出生子何某（出生子の氏名）の父は，私こと何某（父
の氏名）である。」旨の記載内容があれば足りる。
　　なお，この申述書の作成者は父に限られる。

問51　成年に達した子について事実主義に関する出生の届出又
は追完の届出をする場合は，子の承諾が必要か。
答　事実主義の下における父子関係の成立は，父子関係の存在
という事実によって法律上の父子関係も当然に成立するとす
るもので子の承諾は要件ではないことから，不要である。

3　嫡出となる子
問52　父の本国法が事実主義を採っていれば，父母の婚姻のみ
で，日本人である子は準正子となるのか。
答　意見のとおり。

問53　事実主義の法制国を本国とする父と母の婚姻後，婚姻前
に出生した子について，戸籍法第62条の出生の届出（基本通
達第3の1(2)エ）はできるか。
答　意見のとおり。

平成元年

第4 認知に関する取扱い
1 創設的届出
(1) 子が日本人である場合

問54 父の本国法が事実主義を採用し，既に父の氏名が戸籍に記載されている場合に創設的な認知の届出がされた場合の戸籍の記載は，参考記載例28の例によるのか。

答 参考記載例28に準じて「平成　年　月　日父認知届出」と記載する。既に父欄に父の氏名が戸籍に記載されているので，改めて認知する者の氏名を記載する必要はなく単に「父」と記載する。

問55 父の本国法が事実主義を採用している場合において，父母の婚姻等により嫡出子の身分を取得している子についても認知が認められるか。

答 子の本国法である日本民法では，嫡出でない子でなければ認知することができないので，嫡出子となった後は，認知することは認められない。

問56 父の本国法が事実主義を採用している場合に，認知時に父の氏名が変更されているときは，認知の届出に変更証明書を添付して父欄の氏名を更正することとなるか。

答 認知の届出をする前に，氏名の変更証明書を添付して父の氏名を更正する旨の申出をさせる。

問57 父の本国法が事実主義を採用している場合において，子

の出生届出又は出生届出の追完の届出に基づき父の氏名が戸籍に記載されている成年に達した子について認知の届出をする場合，子の承諾は要するか。

答 子が成年者の場合，その者の承諾は日本民法上の子の保護要件であるので，その承諾を要する。

問58 「日本民法上の認知の要件が当事者双方に備わっていない場合」とは，どのような場合か。

答 ①特別養子又は嫡出子を認知する場合
②死亡した子につきその直系卑属がない場合

(2) 子が外国人である場合

問59 「認知する者（子）の本国法により認知することができる旨の証明書」は，本国官憲の発行したものでなければならないと解してよいか。

答 出典を明示した法文の抜粋や事件本人がその法律上の要件を充足している旨の事実関係の証明書もあるので，それに限らない。

問60 「認知することができる旨の証明書」とは，要件具備証明書のことをさすのか。

答 要件具備証明書は，本国法により本人がその要件を充足している旨の証明書であるから，これも含まれる。

問61 「保護要件を満たしている旨の証明書」とは具体的にど

平成元年

んな内容の書面か。

答　出典を明示した法文の抜粋及びその法文に記載されている法律要件たる同意又は承諾を証明する書面等である。例えば，裁判所の許可書，母又は本人の承諾書，親族会の同意書等である。

問62　「認知することができる旨の証明書」及び「子の本国法上の保護要件を満たしている旨の証明書」を添付できない場合，認知者の申述書でもよいか。

答　認められない。

問63　日本人男が事実主義を採用していることが明らかな国の国籍を有する非嫡出子を認知する場合でも，子の本国法上の保護要件を満たしている旨の証明書の添付が必要か。

答　事実主義の法制の国では，認知の規定がないので，認知における保護要件もない。よって，事実主義を採用していることが明らかな場合は，この証明書の添付は不要である。

問64　我が国において，当該国の法令が明らかな場合や先例等で認められているものについては，証明書の添付を省略して差し支えないか。

答　法文，法律が明らかな場合は，その添付を省略することは可能であるが，届出人等がその要件を満たしていることの証明書は必要である。なお，保護要件がないことが明白な場合はいずれも不要である。

平成元年

問65 認知する者の本国法により認知することができる旨の証
明書には，子が嫡出でない子であり，他者に認知されていな
いことが記載されていることを要するか。

答 子の身分関係を証明する書面もこの証明書に含まれるので，
それを証明することを要する。

(3) 胎児認知の場合

問66 日本人男が，外国人女の承諾書を添付して胎児認知の届
出をした場合，これだけで受理できるか。

答 外国人母の本国法上，第三者の同意等の要件があればこれ
を満たしている旨の証明書の提出も要する。

2 報告的届出

問67 子の本国法が事実主義を採っている場合，日本人父の署
名のある出生登録証又は日本人父の宣誓に基づく出生登録証
は，戸籍法第41条の証書（認知の成立を証する書面）として
取り扱って差し支えないか。

答 子の本国法上，認知がないので，その国の方式による認知
は認められない。

問68 戸籍法第63条の類推適用による届出は，どのような手続
となるか。また，戸籍の記載例はどうなるのか。

答 届書の様式は認知届書の様式の不要部分を訂正，削除の上
使用する。届出人は訴えの提起者又は相手方である子若しく
は父である。戸籍には「平成年月日国籍何某との親子関係存

197

在確認の裁判確定月日何某届出」と記載する。なお，届出期間は，裁判確定の日から10日以内であるが，届出期間を経過しても，戸籍法第120条に規定する過料の制裁の適用はなく，失期通知も不要である。

問69　戸籍法第63条の類推適用による届出の事件の種類については，戸籍の統計上，「認知」とするのか。

答　意見のとおり。

問70　父子関係存在確認の裁判確定の報告的届出については，子の出生当時における父の本国法が事実主義を採用している旨の証明書は不要と解してよいか。

答　判決の理由中で明らかにされるから，不要である。

問71　父の本国法が事実主義を採用しており，嫡出でない日本人子の戸籍に父の氏名が記載されている場合，当該父以外の者と当該子との父子関係存在確認の裁判が確定したとして戸籍法第63条の類推適用による届出があったときは，この届出に基づいて戸籍の父の氏名を訂正することとなるのか。

答　父子関係存在確認の裁判の謄本による戸籍訂正（父の氏名の消除）をした後，この届出により父の氏名を記載する。

第5　養子縁組に関する取扱い

1　創設的届出

問72　いわゆる保護要件とは，どのようなものを指すのか。

答　「養子若しくは第三者の承諾若しくは同意又は公の機関の
　許可その他の処分」（法例第20条第1項後段）の規定の形式
　に合致するもので，具体的には，本人の承諾，父母の同意，
　配偶者の同意，裁判所の許可，法院の認可等である。しかし，
　夫婦共同緑組，韓国の直系長男子の養子禁止，中国の一人子
　の養子禁止等は，該当しない。

問73　養親の本国法上の要件の審査には，どのような証明資料
　が必要か。
答　第一に，適用される法律要件の内容の証明書。その内容が
　既に判明している場合は，不要（例，本国官憲発行の法律の
　内容に関する証明書。出典を明示した法文の抜粋の写しも可。
　当事者の申述書は，不可。）。第二に，養親の一方要件につい
　ては養親の要件具備証明書。これ以外の要件については当事
　者の身分関係事実等の証明書（例，養親及び養子の各出生証
　明書，親族関係証明書等）。その他必要に応じて養子本人の
　承諾書，養子の実父母等第三者の同意書等。

問74　養子の保護要件の審査のために養子の本国官憲の要件具
　備証明書の提出を求めることは，できないのか。
答　保護要件のみのために養子の本国法上のすべての要件に関
　する同証明書の提出を求めることはできない。もっとも，当
　事者から養子の要件具備証明書の提出があった場合は，保護
　要件が備わっていると認定することができる。

平成元年

問75 養親の本国法は成年養子を認めるが，養子の本国法は未成年養子のみを認める法制の場合，養子の本国法上の保護要件は，存在しないと解するのか。

答 養子の本国法の未成年養子についての保護要件は，原則として成年養子についても類推適用する。ただし，未成年養子の保護のための家庭裁判所の許可，意思能力がないとされる年齢の養子についての法定代理人等による代諾等は不要であろう。

問76 公の機関の許可については，当事者の本国の機関から得る必要があるか。

答 我が国の家庭裁判所のように行為地における公的機関が本国の機関の磯能を代行して許可し得る場合もある。

問77 甲国人（夫婦共同縁組を必要とする法制）と乙国人（夫婦共同縁組を任意とする法制）夫婦の養子縁組について，①甲国人配偶者が養親となる場合は，共同縁組が必要か。②乙国人配偶者が養親となる場合は，どうか。

答 養親となる者の本国法について考慮すれば足りる。よって，①の場合は，夫婦共同縁組が必要であるが，②の場合は，不要であり，夫婦共同縁組をすることも，乙国人のみが単独縁組をすることもできる。

問78 （前問①に関連）乙国人の法制が，養子を禁止するものであれば，甲国人は，夫婦共同縁組ができないか。

平成元年

答　意見のとおり。甲国の法制が，必要的共同縁組の例外を認
　めるものであれば，甲国人配偶者が単独で養親となることが
　できるが，例外を認めないものであれば，養親となることが
　できない。

　　2　報告的届出
問79　我が国の家庭裁判所が外国法（養親の本国法）により日
　本人を普通養子とする「養子決定」を代行した場合，これを
　報告的届出として受理することとなるのか。
答　意見のとおり。

問80　（前問に関連）養親の本国法の外国法がいわゆる「決定
　型」の場合でも，家庭裁判所の許可決定だけの審判があった
　ときは，従前どおり届出によって成立すると解してよいか。
答　意見のとおり。

問81　（前問に関連）前問の場合，成年養子であれば，家庭裁
　判所の許可決定を要することなく，届出によって成立すると
　解してよいか。
答　意見のとおり。

問82　養子縁組の報告的届出の審査は，適用された法律におけ
　る無効事由がないか，我が国の公序に反しないか等の従前の
　取扱いと同様でよいか。
答　意見のとおり。

201

平成元年

第6　離縁に関する取扱い

問83　離縁の準拠法である縁組当時の養親の本国法が改正された場合は，改正前の法律が適用されるのか。

答　「縁組当時」とはその当時の養親の本国法を意味するだけで，その当時に施行されていたことまでも意味しない。よって，その法律が改正されている場合に改正後の法律によるかどうかはその法律（経過規定等を含む時際法）により判断される。

問84　甲国人（夫婦共同離縁を必要とする法制）と乙国人（夫婦共同離縁を任意とする法制）夫婦が養子縁組をしており，離縁をする場合について，①甲国人配偶者が離縁をする場合は，共同離縁が必要か。②乙国人配偶者が離縁をする場合は，どうか。

答　離縁をする養親の縁組当時の本国法について考慮すれば足りる。よって，①の場合は，夫婦共同離縁が必要であるが，②の場合は，不要であり，夫婦共同離縁をすることも，乙国人のみが単独離縁をすることもできる。

問85　（前問①に関連）乙国人の法制が，離縁を禁止する場合であれば，甲国人は，夫婦共同離縁ができないか。

答　意見のとおり。甲国の法制が必要的共同離縁の例外を認めるものであれば，甲国人配偶者が単独で離縁をすることができるが，例外を認めないものであれば，原則として離縁をすることができない（公序の適用はあり得る。）。

202

平成元年

問86　外国人養親が重国籍の場合，日本人養子の戸籍には，養親の国籍がすべて記載されるが，本国法がいずれかについては，戸籍に記載されないのか。

答　意見のとおり。

第7　親権に関する取扱い

問87　法例改正前に離婚した韓国人父と日本人母の嫡出子について，①改正後は父母共同親権となるか，②協議によって一方を親権者と定めたときは親権者指定届出が必要か，③親権者を定めることなく韓国人父が死亡した場合，親権者は，母となるか。

答　法例改正により親権の準拠法は，子の本国法である日本民法に変更されるので，いずれも意見のとおり。

問88　昭和55年に日本人母とアメリカ人父の嫡出子として生まれた子（国籍取得届をしないため国籍はアメリカ）の親権者は誰か。

答　アメリカは地方により法律を異にすることから子の出身州と父の出身州が同一であれば，その州の法律により親権者が決定されるが，これが相違する場合は，子と父母の本国法がいずれも相違することとなり，子の常居所地法により親権者が決定される。

問89　日本人父母から生まれた国籍不留保者の親権の準拠法は，子の常居所地法となるか。

平成元年

答　意見のとおり。

問90　韓国人父に認知された日本人女の非嫡出子の親権者は，法例改正により日本人母の単独親権になったのか。また，この場合親権者変更届出が必要か。

答　前段，意見のとおり。後段，法定されているため不要。

問91　日本人母の非嫡出子の戸籍に事実主義国の外国人父の氏名が記載されている場合，民法第819条第４項の規定の類推適用により，外国人父を親権者と定めることができるか。

答　意見のとおり。

問92　韓国人男と日本人女が韓国において協議離婚し，韓国の戸籍謄本を添付して報告的離婚届を提出した場合，当該夫婦間の日本国籍を有する未成年の子の親権に関しては日本民法が適用されることとなる結果，親権に関する協議がないものとして親権事項は記載できないこととなるか。

答　意見のとおり（父母共同親権と解される。）。

第8　常居所の認定に関する取扱い

問93　我が国で出生した外国人で出国していないものについては，我が国に常居所ありと認定されるが，その者が再入国許可を得て出国した場合はこれに該当しないか。

答　意見のとおり。本来の在留資格により判断されることとなる。

平成元年

問94　我が国で出生した外国人で出国していないものについて
　　の常居所の認定は，何によって行うか。
答　その者が旅券を所持している場合はそれにより，所持して
　　いない場合は，外国人登録証明書による。出生後60日以内で
　　外国人登録を終了していないため，公的機関による客観的資
　　料が得られない場合にのみ，本人あるいは法定代理人等関係
　　者の申述書で認定する。

問95　外国人登録証明書で在留期間を審査する場合，上陸許可
　　日をもって起算日として差し支えないか。
答　意見のとおり。

問96　住民票が職権で消除されている場合，例えば「出国後1
　　年内」であることの判断はどうするのか。
答　一般的には，転出届に基づき住民票が消除されるため，転
　　出日で認定できるが，職権消除されている場合は，転出日付
　　等が不明であるため，旅券等で実際の出国日を認定する必要
　　がある。

問97　出国後1年以内の者については，たとえ住民票が消除さ
　　れていても日本に常居所があると認定されるが，この場合，
　　添付書類としては何を求めることとなるか。
答　消除された住民票（除票）の提出及び出国後1年内である
　　ことを確認するための旅券の呈示を求める。

205

平成元年

問98 外国人の国籍国における常居所を認定するためには，当
該国の居住証明書の提出を求めることになると考えるが，同
証明書は発行後１年以内のものに限るか。

答 新しいものが望ましいが，１年内には限らない。

問99 外国人の国籍国における常居所の認定に当たり，当該国
の在留資格及び在留期間の認定は何によるか。

答 その国の官憲等が発行する証明書等をもって我が国におけ
る常居所の認定基準に準じて認定する。

問100 住民票の写しは，本籍地の記載が省略されていても差
し支えないか。

答 意見のとおり。常居所を認定する資料であるため，本籍地
の記載がなくても差し支えない。

問101 日本人の日本における常居所については，１日でも住
民登録があれば，常居所があると認定してよいか。

答 意見のとおり（日本を住所とすることの本人の意思の表明
である上，今後，相当期間滞在することが推定され，我が国
の住民登録機関もこれを把握して，住民である旨を公に認め
ているため）。

問102 外国人の養子となった者（未成年）が養親の国籍国に
引き続き３年滞在している場合，その者の常居所の認定に当
たり，提出を求める書類は何か。

平成元年

答 　養親の国籍国に未成年養子としての資格で滞在する場合は，
引き続き1年以上の滞在で当該国に常居所ありと認定される
ため，養親の国籍を認定する証明書，事件本人の旅券及び居
住証明書等の提出を求める。

【62】

法務省民事局長回答・法務省民事局長通達　平元・12・27民二5540号・同日付民二5541号

（要旨－本国官憲により身分関係事実が把握され婚姻要件具備証明書の発行の可能な中国や韓国からの近時渡来者については，婚姻要件具備証明書が得られない旨の申述書と外国人登録済証明書のみでは婚姻届は受理できない）

　　　　民事局長通達（平成元年12月27日民二第5541号）

　　　　中国（台湾）人男と連合王国人女との婚姻届について
（通達）標記の件について別紙甲号のとおり東京法務局長から
照会があり，別紙乙号のとおり回答したので，これを了知の上，
貴管下各支局長及び市区町村長に対し周知方取り計らわれたい。

　　　　東京法務局長照会（平成元年12月25日二戸1第931号）

　　　別紙甲号
（照会）標記婚姻届について，当局管内杉並区長から別紙のと
おり受理について照会がありました。

　婚姻届には夫となる中国（台湾）人男について，婚姻要件具
備証明書の添付がなく，同証明書が得られない旨の申述書が添
付されています。

　同人の旅券及び外国人登録済証明書によれば，昭和55年7月

207

平成元年・平成3年

7日我が国に入国していますので，婚姻要件具備証明書を添付させた上受理すべきものと考えますが，昭和30年2月9日付け民事甲第245号貴職通達もあり，その受否についていささか疑義がありますので，何分の御指示を得たく照会します。

　　　　　民事局長回答（同年12月27日民二第5540号）

　別紙乙号

　平成元年12月25日付け二戸1第931号をもって照会のあった標記の件については，貴見のとおりと考える。

　なお，昭和30年2月9日付け民事甲第245号当職通達で示した申述書及び外国人登録済証明書を提出させた上で婚姻届等を受理する取扱いは，在日朝鮮人又は台湾系中国人であって，本国官憲発給の要件具備証明書を提出することが困難な事情にある者について認めているのであって，朝鮮人又は台湾系中国人で本国官憲から旅券の発給を受けて我が国に入国した者等については，これを認めていないので，念のため申し添える。

　（編注－平成24年6月25日民一第1550号通達参照）

【63】

法務省民事局長回答　平3・2・18民二1244号

　（要旨－カメルーン民法によれば，自己の子を養子とすることはできないとされているので，カメルーン共和国人女が日本人夫とともに自己の嫡出でない子を養子とする縁組届は，日本人のみとの単独縁組と訂正させた上受理して差し支えないとされた事例）

　　　　　神戸地方法務局長照会（平成2年1月26日戸第159号）

平成３年

カメルーン共和国人女が日本人夫とともに自己の嫡出で
ない子を養子とする養子縁組届の受否について

（照会）標記について，当局管内姫路支局長から，別添のとお
り伺いがありましたが，カメルーン共和国の法律が不明のため，
その受否を決しかねますので，何分の御指示を賜りたくお伺い
します。

　　　　　民事局長回答（平成３年２月18日民二第1244号）

　平成２年１月26日付け戸第159号をもって照会のあった標記
の件については，左記のとおりと考える。

　　　　　　　　　　記

　カメルーン民法によれば自己の子を養子とすることはできな
いとされているので，本件届書の「その他」欄にその旨記載し，
かつ，養母の欄，養母の署名押印の記載を消除する訂正をさせ
た上，日本人のみとの単独養子縁組として，受理して差し支え
ない。

【64】

法務省民事局第二課長回答　平３・12・５民二6047号

（要旨－連合王国人夫と本土系中国人妻の離婚の際に最も密接
な関係がある地が日本であると認定され，協議離婚届を受理し
て差し支えないとされた事例）

　　　　東京法務局民事行政部長照会（平成３年８月２日二戸
　　　　　１第619号）

　　　離婚の際に夫婦に最も密接な関係がある地の認定につい
　　　て

209

平成3年

（照会）この度，当局管内東京都豊島区長から英国人男，大陸系中国人女夫婦の協議離婚届の受理伺いがありました。

本件については，下記理由により日本が最も密接な関係のある地と認め平成元年10月2日付け法務省民二第3900号民事局長通達第2の1の(1)エ(イ)に該当する事案であると考えますが，いささか疑義もありますので，同年12月14日付け法務省民二第5476号貴職通知に基づき，御指示を得たく照会します。

　　　　　　　　記

1　妻は，西暦1988年3月23日に我が国に入国して以来本件離婚届出をするまで約3年2ヵ月居住している。夫は，婚姻届，離婚届のために渡日したのみで，居住歴はない。

2　我が国の方式で婚姻が成立している。

3　妻について外国人登録済みである。

　　　　　民事局第二課長回答（平成3年12月5日民二第6047号）

本年8月2日付け二戸1第619号をもって照会のあった標記の件については，夫婦に最も密接な関係がある地が日本であると認めて差し支えありません。

【65】

法務省民事局第二課長回答　平3・12・5民二6049号

（要旨－オーストラリア人夫とヴェトナム人妻の離婚の際に最も密接な関係がある地が日本であると認定され，協議離婚届を受理して差し支えないとされた事例）

　　　　神戸地方法務局長照会（平成3年6月25日戸第1050号）

　　　離婚の際に最も密接な関係がある地が日本であると認定

210

平成3年

　　　　　することの可否について
（照会）兵庫県尼崎市に提出された本国法が同一でない外国人
夫婦の協議離婚届の受否について，平成元年10月2日付け民二
第3900号通達に基づき，同市長から当局尼崎支局長に対し別紙
のとおり求指示がありました。
　ついては，離婚の際に最も密接な関係がある地が日本である
と認定することの可否について何分の御指示を得たく，下記の
とおり当職の意見を付して照会いたします。
　　　　　　　記
　事件本人夫（以下「夫」という。）は，関係資料及び事件本
人妻（以下「妻」という。）の供述によると，夫は1988年10月
オーストラリアに帰化した元ヴィエトナム人である。本件届書
に日本における居住証明書の添付がないが，妻の供述によると，
昭和63年12月25日妻との婚姻届出をするためにオーストラリア
から日本に入国し，翌平成元年1月15日同国に帰国しており，
日本には22日間滞在していたに過ぎない。帰国後同国に居住し
ている旨の宣誓書の提出があり，夫の常居所は国籍国であるオ
ーストラリアであると認められる。
　妻は，関係資料及び同人の供述によると，ヴィエトナム国籍
である。昭和62年1月12日ヴィエトナムからフィリピン経由で
日本に入国し，以来4－1－16－3の資格で在留しているが，
本件離婚届出時における在留期間は3年で，日本に常居所があ
るものとして取扱うための「引き続き5年以上在留」の要件を
満たしていないため，同人の常居所は従前の地であるヴィエト
ナムであると認められる。

211

平成3年

　よって，事件本人夫婦はいずれも日本に常居所を有しておらず，また，外国に共通常居所を有していないものと判断される。

　そこで，夫婦に最も密接な関係がある地が日本であるかを認定することとなるが，前記のごとく夫婦の日本における在留期間は，夫が22日，妻が離婚届出時において3年であり，その後妻は引き続き在留しているが，夫は本国に帰国後日本との往来は全く認められなく，結局日本における夫婦の接触期間は僅か22日であり，夫婦としての生活期間もほとんどない。

　しかしながら，本件夫婦の婚姻届出が夫の在留期間中である昭和63年12月26日に兵庫県尼崎市になされ，日本の方式によって婚姻が成立していること，外国において夫婦として生活したことがないこと及び夫婦が日本において離婚を成立させる意思をもって兵庫県尼崎市に離婚の届出をしてきたことから，夫婦に最も密接な関係がある地が日本であると認めて差し支えないものと思料する。

　したがって，本件協議離婚の届出は，原局意見のとおり受理して差し支えないと考える。

尼戸第181号

平成2年4月18日

　　　　　　　　　　　　　　神戸地方法務局尼崎支局長

神戸地方法務局長殿

　　　　離婚の際に密接な関係がある地が日本であると認定する

　　　　可否について（照会）

　別紙離婚届が当支局管内尼崎市に提出されたところ，届書記載の内容から本国法が同一でなく，また，日本及び外国に共通

常居所を有すると認められなく，かつ，最も密接な関係がある
地が日本であるとして，同市長から当職にその受否について指
示を求められました。

　当職としましては，平成元年12月14日付け法務省民二第5476
号通知の所定の調査を完了した結果，当該事件本人の婚姻届出
を挙行地である日本の方式で受理していることから，本件離婚
届についても最も密接な関係がある地が日本であるとして受理
して差し支えないと考えますが，いささか疑義がありますので，
その可否につき何分のご指示を願いたく，同通知により当職意
見を付し照会いたします。

　　　　　　　　記

当職意見

　まず，夫婦の本国法は，本件届出につき事件本人の国籍を証
する書面の添付がないが，当事者の婚姻届出の際の添付書類及
び妻の供述，それにこの度の妻の供述から，夫についてはオー
ストラリア，妻についてはベトナムと認められる。

　次に夫婦の常居所は，夫については居住証明書の添付はなく
妻の供述に頼らざるを得ないが，その供述から日本に常居所は
なく国籍国であるオーストラリアと認められる。また，妻につ
いては日本への入国年月日が昭和62年1月12日であり，在留資
格（4－1－16－3）から日本に常居所があるとは認められず，
従前の地であるベトナムと認められる。よって，日本及び外国
に夫婦の共通常居所は有していないと考えられる。

　そこで，本件夫婦に最も密接な関係がある地の認定であるが，
夫は日本との往来は全く認められなく，妻についても日本に居

平成3年

住しているものの日本に常居所はなく，日本を密接な関係がある地とは考え難いようにも思われる。しかしながら，当事者が接点を有する国は婚姻届を挙行地である日本の方式で届出した日本だけである。この婚姻届も妻がオーストラリアへ出国したいがために届出した節がうかがわれるが，それが受理された経緯から本件離婚届についても日本を最も密接な関係がある地として受理して差し支えないと思料する。

　　　　　民事局第二課長回答（平成3年12月5日民二第6049号）
　本年6月25日付け戸第1050号をもって照会のあった標記の件については，夫婦に最も密接な関係がある地が日本であると認めて差し支えありません。

【66】
法務省民事局第二課長回答　平3・12・13民二6123号
（要旨－日本人夫と韓国人妻の離婚の際に最も密接な関係がある地が韓国であると認定され，協議離婚届を受理して差し支えないとされた事例）

　　　　　静岡地方法務局長照会（平成3年9月30日戸第1246号）
　　　　　日本人夫と韓国人妻の離婚の際に最も密接な関係がある
　　　　　地の認定について
（照会）標記の件について，別添のとおり関係資料を添えて平成元年12月14日付け法務省民二第5476号通知の記2により，照会します。
　なお，夫婦（夫日本国籍，妻韓国籍）の常居所地は，夫はアメリカ合衆国，妻は韓国で，いずれも日本に常居所を有してお

平成3年

りませんが，夫は日本国籍を有し，かつ，離婚に際し，夫婦が
日本で接触し日本の方式による協議離婚の手続きをしているこ
とから，日本を「離婚の際に最も密接な関係がある地」と認定
するほかないものと考えます。

　おって，所要の調査の結果は下記のとおりです。

記

(1)　日本での夫婦の居住状況

　ア　夫について

　　出生後昭和54年頃，アメリカ合衆国へ出国するまで日本
　に居住していた。

　　なお，戸籍の附票によれば昭和57年2月1日出国となっ
　ている。

　イ　妻について

　　日本での居住の事実の有無については不明である。

(2)　婚姻中の夫婦の常居所地

　昭和63年8月27日韓国の方式による婚姻以来，同居するこ
となく，夫はアメリカ合衆国，妻は韓国にそれぞれ居住した
まま離婚届を提出するに至った。

(3)　夫婦間の未成年の子の居住状況

　夫婦間には，子はない。

(4)　過去の夫婦の国籍国

　夫は，出生以来，日本国籍を有し，他の国籍を取得した経
緯はない。

　妻について，過去に韓国籍以外の国籍取得した経緯がある
かどうかについては不明である。

215

平成3年

(5)　その他密接関連地を認定する参考事項

　　　離婚手続のため，平成2年9月頃と平成3年5月頃の2回，
　夫婦は日本で接触し平成3年6月17日離婚届を静岡県沼津市
　役所へ提出している。

　　　なお，妻について，渡日した際の時期及び滞在期間は不明
　であるが，夫は毎年帰国し1ヵ月程度両親の居住する静岡県
　沼津市に滞在するのを例としている。

沼戸第353号
平成3年8月2日

　　　　　　　　　　　　静岡地方法務局沼津支局長

静岡地方法務局長殿
　　　　日本人夫と韓国人妻の最も密接に関連する地の認定につ
　　　　いて（伺い）

　このたび，当支局管内沼津市長から日本人男，韓国人女夫婦
の協議離婚届の受理伺いがありました。

　夫婦の一方が日本人である場合，下記1に該当すればわが国
の法律を適用して協議離婚の届出を受理できるとされています
（平成元年10月2日法務省民二第3900号通達第2の1の(1)のイ）。

　本件の場合は，夫婦の本国法が同一でなく，夫婦について日
本に常居所があると認められないことから，夫婦に最も密接な
関係がある地を認定することになります。

　当局において調査した結果は別添のとおりであり，当職とし
ては，下記2の理由により日本が密接な関係がある地として認
められると思料しますが，いささか疑義がありますので，何分
の御指示を得たく関係書類写を添えてお伺いします。

平成 3 年

　　　　　　　記
1　夫婦の一方が日本人である場合
　㈠　日本人配偶者が日本に常居所を有するものと認められる
　　場合，又はこれに該当しないが外国人配偶者が日本に常居
　　所を有するものと認められる場合は，協議離婚の届出を受
　　理することができる。
　㈡　㈠のいずれの場合にも該当しないが，当事者の提出した
　　資料等から夫婦が外国に共通常居所を有しておらず，かつ
　　その夫婦に最も密接な関係がある地が日本であることが認
　　められる場合は，協議離婚の届出を受理することができる。
2　夫は，日本出国後アメリカ合衆国ハワイ州に引き続き 5 年
　以上居住し，同国の永住権を取得しており，既に住民票は消
　除されている。一方妻は日本との往来はあったものの一時滞
　在で帰国し韓国を常居所としている。よって事件本人等はい
　ずれも日本に常居所を有するものとは認められず，かつ，外
　国においても同居の事実がなく共通する常居所を有していな
　い。しかし，当事者双方は日本において再会し，夫の本国法
　である日本法による協議離婚に合意し，日本で届出をしてい
　ること及び夫の供述等から当該夫婦に最も密接な関係がある
　地は日本であると思料される。
　　　　　民事局第二課長回答（平成 3 年12月13日民二第6123号）
　本年 9 月30日付け戸第1246号をもって照会のあった標記の件
については，夫婦に最も密接な関係がある地は大韓民国である
と考えます。
　よって，本件協議離婚届は受理して差し支えありません。

217

平成4年

【67】

法務省民事局長回答　平4・3・26民二1504号

（要旨ーアメリカ合衆国ワシントン州の上級裁判所において成立した米国人男日本人女夫婦が日本人を養子とする縁組の報告的届出について，我が国の特別養子縁組が成立したものとして処理するのが相当とされた事例及びその場合の戸籍記載例）

　　　　東京法務局長照会（平成3年11月7日二戸1第793号）

　　　　アメリカ合衆国ワシントン州の方式で成立した養子縁組の届出につき，特別養子縁組が成立したとして届出があった場合の当該届出の受否について

（照会）標記の件について，当局管内八王子支局長から別添のとおり，照会がありました。養親の本国法であるアメリカ合衆国ワシントン州の養子縁組に関する法令が不明であるため，その受否を決しかねますので，何分のご指示を得たく照会します。

別添

八戸第253号

平成3年10月25日

　　　　　　　　東京法務局八王子支局長　菊　岡　　保

　東京法務局長　殿

　　　　アメリカ人男と日本人女の夫婦が日本人の子を特別養子とする縁組届の受否について（照会）

　当局管内国立市長から，標記の件について別添写しのとおり受理伺いがありましたが，養親の本国法であるアメリカ合衆国ワシントン州の養子縁組に関する法令が不明であるため，本件の受否を決しかねておりますので，何分の御指示を得たく照会

平成4年

いたします。

ワシントン州上級裁判所

ピアス郡

未成年者　○野亜○養子縁組の件

番号　○○−○−○○○○−○

養子縁組判決

　　　　本件は，○チャ○ド・○ツ○・○ジ○，及び○○○・美○子・○ジ○夫妻による，上記の子供を養女とする申請により，この法廷で，定期的に審議されてきた。法廷は，監護報告書提出の為○○○○・○○○○○を任命し，好意的報告書が提出されている。また，法廷は申請者の証言を取り，書類及び記録もここで審理し，養子縁組がその子供にとり最大の利益となることを認める。また，事実認定及び法律判定を提起している。であるから，故に，

　　　　○チャ○ド・○ツ○・○ジ○及び○○○・美○子・○ジ○夫妻による，上記の子を養女とする申請はこれにより許可され，ここに認定された。また，この養子縁組に必要な総ての承諾は有効であるか，さもなければ処置されている。

　　　　さらに，○野亜○の名を，亜○・○○○○・○ジ○に変更する事を命じ，ワシントン州人口記録部は○チャ○ド・○ツ○・○ジ○及び○○○・美○子・○ジ○夫妻の子として，

219

平成4年

彼女を証明するよう，この子の出生証明書を発行することを命令，指導された。

　　　ワシントン州人口登録部の記録は機密に保管され，正当な理由を証明した上で，この法廷の命令に因ってのみ，公開される事をさらに命令する。

　　養子縁組　概要

1．この子の元の氏名は
　　○野　亜○

2．新しい氏名は，
　　亜○　○○○○　○ジ○

3．生年月日は
　　１９９１年○月○日

4．その子は，日本の○○市で生まれた

5．申請者は，○チャ○ド・○ツ○・○ジ○及び○
　　○○・美○子・○ジ○夫妻

6．インディアン児童福祉条件は該当しない

220

平成4年

　　　７．陸海軍人民事救済条件は該当しない

　　　日時　　　　１９○○年○月２０日
　　　　　　　　　　○○○○○・Ｈ・○○○○○
　　　　　　　　　判事／法廷弁務官
○○○・○○○○　♯○○○○○
申請者の弁護士により提出

　　　　ワシントン州ピアス郡
　　　私，○○○・○○○は，上記法廷の事務官で，
　　　この前述の証書は，自分の事務所に提出された
　　　原本に正確で正しい複製であることを証明する。
　　　その証明に，本日１９○○年○月２０日，署名
　　　及び法廷の封印をする。
　　　　　　○○○・○○○事務官
　　　　　　副官Ｄ・○○○○による

ワシントン州上級裁判所
ピアス郡

未成年者　○野亜○養子縁組の件
　　　　　　番号　　○○－○－○○○○－○
　　　　　　養子縁組に関する事実認定及び法律判定

　　　本件は，○チャ○ド・○ツ○・○ジ○，及び○○○・

221

平成4年

美○子・○ジ○夫妻による，上記の子供を養女とする申請により，この法廷で，定期的に審議されてきた。法廷は，監護報告書提出の為○○○○・○○○○○を任命し，好意的報告書が提出されている。また，法廷は提出された証言，書類及び記録を考慮し，ここにおいて，下記の事項を認める。

事実認定

1．子供

○野亜○は，女の子で，1991年○月○日に日本の○○市で生まれた。その子は，母，○野○ゆ○及び不明人物の父のもとに生まれた。

2．実親

実母，○野○ゆ○は本件養子縁組承諾書に署名をしている。不明人物の実父の権利は，法廷命令により，終結している。

3．インディアン児童福祉条例

インディアン児童福祉条例，25U．S．C．項目1901以下は，この訴訟には適用されない。

4．陸海軍人民事救済条例

1940年の陸海軍人民事救済条例，50U．S．C．項目501以下は，この訴訟には適用されない。

平成4年

5．申請者

A．申請者は夫婦である。

B．申請者はその子を自分達の実子として養女にすることを望み，その子の世話をする意志及び能力がある。その子は現在ワシントン州ピアス郡に住む申請者，○チャ○ド・○ツ○・○ジ○及び○○○・美○子・○ジ○夫妻の監護にある。

6．氏名変更

申請者はこの訴訟の中で，その子の名前を亜○・○○○○・○ジ○に変更する事を法廷に定める。

前記の事実認定により，法廷は次を認める。

法律判定

1．

申請者○チャ○ド・○ツ○・○ジ○及び○○○・美○子・○ジ○夫妻はその子の監護を負うのに適切で，確かな人物であり，経済的にその子を養い，その子に適切な家庭，保護及び教育を与える能力と意志がある。

2．

ワシントン州，社会衛生局，人口登録部は，その子の生年月日及び申請者を両親と示した出生証明書を発行する。

平成4年

3.

その子の氏名を，亜○・○○○○・○ジ○と変更する。

4.

申請者は，養子縁組判決を与えられる。

１９○○年○月２○日に公開法廷にて終了した。

○○○○○・H・○○○○○

判事／法廷弁務官

○○○・○○○○　♯○○○○○

申請者の弁護士により提出

民事局長回答（平成４年３月26日民二第1504号）

客年11月７日付け二戸１第793号をもって照会のあった標記の件については，アメリカ合衆国ワシントン州の方式により，我が国の特別養子縁組が成立したものとして処理するのが相当と考えます。

なお，記載については，下記の振り合いによるのが相当と考えます。

記

養母の戸籍中特別養子の身分事項欄

平成○年九月弐拾○日アメリカ合衆国ワシントン州の方式により民法八百十七条の二による裁判確定同年○月○日父母

証書提出静岡県○○市○河○三千○百○十○番地の三○亜○戸籍から入籍㊞

特別養子の新戸籍中特別養子の身分事項欄

　　平成○年九月弐拾○日アメリカ合衆国ワシントン州の方式により国籍アメリカ合衆国○ジ○，○チャ○ド○ツ○（西暦千九百○十○年○月○日生）同人妻○美○子の特別養子となる縁組の裁判確定同年拾月拾日父母証書提出年月日東京都国立市長から送付静岡県○○市○河○三千○百○十○番地の三○野○ゆ○戸籍から入籍東京都国立市○○丁目○番地の○十○○美○子戸籍に入籍につき除籍㊞

特別養子の従前戸籍（実母の戸籍）中特別養子の身分事項欄

　　平成○年九月弐拾○日アメリカ合衆国ワシントン州の方式により特別養子となる縁組の裁判確定同年○月○日養父母証書提出年月日東京都国立市長から送付静岡県○○市○河○三千○百○十○番地の三に○の氏の新戸籍編製につき除籍㊞

【68】

法務省民事局第二課長回答　平5・1・5民二1号

（要旨－日本人夫婦（夫・在米，妻・在日）の米国グアム上級裁判所における離婚判決（欠席判決）に基づく離婚届について，民事訴訟法第200条第2号の要件を欠くと明らかに認められる場合には該当しないから，受理して差し支えないとされた事例）

　　　外務大臣官房領事移住部領事移住政策課長照会（平成
　　　　4年6月16日領政第222号）

　　　離婚届の受否について

平成5年

（照会）今般，在アガナ総領事館に日本人夫婦間の離婚届が米国グアム上級裁判所の離婚判決謄本を添付して提出されたところ，同総領事館より当該判決が民事訴訟法第200条第2号の要件を充足しているか否かに疑義があるとして，届書の受否について照会がありました。

　本件離婚裁判の行われた裁判所の判事は，本邦在住の被告妻に対し，訴訟の開始を通知する召喚状を郵送し，また夫の弁護人を通じて出廷を求める旨の書簡を送付していますが，提出された離婚判決謄本によれば，妻は離婚判決が確定するまでの間に裁判所へは出頭せず応訴しなかったものと考えられます。

　しかしながら，右の召喚状を妻が受領したことは，本件の資料として添付されている同人から判事に宛てて送付された私簡より明らかであり，右事実は民事訴訟法第200条第2号の要件を満たすものと考えられ，当職としては本件離婚届は受理して差し支えないものと思料しますが，念のため照会します。

　　　　　民事局第二課長回答（平成5年1月5日民二第1号）

（回答）客年6月16日付け領政第222号をもって照会のあった標記の件については，民事訴訟法第200条第2号の要件を欠くと明らかに認められる場合には該当しないものと考えられますので（昭和51年1月14日付け民二第280号当局長通達参照），貴見のとおり受理して差し支えないものと考えます。

【69】

法務省民事局第二課長通知　平5・4・5民二2986号
　（要旨－離婚の際に夫婦に最も密接な関係がある地の認定につ

平成5年

いて市区町村長から指示を求められた場合の取扱いについて）

民事局第二課長通知（平成5年4月5日民二第2986号）

離婚の際に夫婦に最も密接な関係がある地の認定について

（通知）離婚の届出の受理に際して夫婦に最も密接な関係がある地の認定を要する事件について，平成元年10月2日付け法務省民二第3900号民事局長通達に基づき市区町村長から指示を求められた場合は，下記の点に留意して指示願います。

なお，平成元年12月14日付け法務省民二第5476号当職通知記2により，当職あて照会を求めていましたが，今後は，疑義がある場合を除き，照会を要しないこととします。

記

1　婚姻が日本での届出により成立し，夫婦が日本において同居し，婚姻の成立から協議離婚の届出に至るまでの間，夫婦の双方が日本に居住していた場合は，夫婦に最も密接な関係がある地は日本であると認めることができる。

2　婚姻が外国で成立した場合であっても，夫婦が日本において同居し，以後協議離婚の届出に至るまでの間，夫婦の双方が日本に居住して婚姻生活の大部分を日本で送ったと認められるときは，夫婦に最も密接な関係がある地は日本であると認めることができる。

3　夫婦の一方又は双方が，協議離婚の届出の際に日本に居住していない場合，又は協議離婚の届出のために日本に入国したにすぎない場合は，夫婦に密接な関係がある地を日本とは認めない。ただし，これらの場合であっても，婚姻が日本で

227

平成5年・平成6年

の届出により成立しており，夫婦に最も密接な関係がある地が外国であると認められる事情（夫婦が外国で同居していたこと等）が全くないときは，夫婦に最も密接な関係がある地は日本であると認めて差し支えない。

【70】
法務省民事局長回答　平6・2・25民二1289号
（要旨－ブラジル人同士夫婦による協議離婚届は受理すべきでない）

東京法務局長照会（平成5年11月17日二戸1第675号）
ブラジル人同士の協議離婚届の受否について

（照会）標記の件について，管内前橋地方法務局長から別紙のとおり，照会がありましたが，当該離婚の準拠法たるブラジル離婚法において，協議離婚の制度に関する規定が見当らないため，当該協議離婚届は受理すべきでないと考えますが，本国における現在の離婚制度の詳細が明らかでないため，いささか疑義がありますので何分の御指示を賜りたく照会いたします。

別紙

戸（二）の二二第1083号

平成5年10月26日

前橋地方法務局長

東京法務局長殿

ブラジル人同士の協議離婚届の受否について（照会）

標記の件について，当局高崎支局長から別添のとおり照会があり，当職としては法例第16条（第14条を準用）の規定により，

ブラジル離婚法（1977年12月26日法律第6515号）において協議離婚の規定がないことから協議離婚届は受理すべきでないと考えますが，日本国の方式に従って協議離婚ができるとするブラジル国官憲の証明書等の提出があれば，受理すべきであるとの意見もあり受否を決しかねますので，何分の御指示を賜りたく照会します。

〔別添〕

　日記第941号

　平成5年10月20日

前橋地方法務局高崎支局長

　前橋地方法務局長殿

　　　ブラジル人同士の協議離婚届の受理について（照会）

　標記について，当支局管内高崎市長より別添のとおり受理伺いがあり，当職としては，ブラジル連邦共和国にあっては協議離婚の制度を採用していないものと思われることから，当該離婚届は受理できないものと考えますが，いささか疑義がありますので，何分の指示を賜りたく関係資料を添えてお伺いします。

　　　　　民事局長回答（平成6年2月25日民二第1289号）

　客年12月17日付け二戸1第675号をもって照会のあった標記の件については，貴見のとおり処理するのが相当と考えます。

【71】

法務省民事局第二課長通知　平6・3・31民二2439号

（要旨－日本人が中国人を養子とする場合の取扱いについて）

　　　　民事局第二課長通知（平成6年3月31日民二第2439号）

平成6年

　中華人民共和国（以下「中国」という。）においては，中華
人民共和国養子縁組法（1991年12月29日第7回全国人民代表大
会常務委員会第23回会議通過。以下「中国養子法」という。）
が公布され，1992年4月1日から施行されています。この法律
に基づく養子縁組の実際の取扱いについては，必ずしも明確で
はない点がありますが，日本において，日本人が中国人を養子
とする縁組の届出があった場合には，当分の間，次の点に留意
して取り扱うよう貴管下支局長及び市区町村長に周知方取り計
らい願います。

1　養子が10歳未満である場合

　　法例第20条第1項後段に規定する養子の本国法上の養子若
　しくは第三者の承諾若しくは同意又は公の機関の許可その他
　の処分あることの要件（以下「養子の保護要件」という。）
　として，中国公証処の発行する声明書（日本の公証人の作成
　する公正証書をもって代えることができる。以下同じ。）に
　よる中国人実父母の同意が必要である（中国養子法第10条参
　照）。

　　なお，養子本人の同意は，不要である（同法第11条参照）。

2　養子が10歳以上で14歳未満である場合

　　養子の保護要件として，中国公証処の発行する声明書によ
　る中国人実父母及び養子本人の同意が必要である（中国養子
　法第10条，第11条参照）。

3　養子が14歳以上で15歳未満である場合

　　養子の保護要件として，中国人実父母の同意及び養子本人
　の同意が必要であるが，これらの同意については，中国公証

処の発行する声明書によるほか，任意の形式による同意書に
よるものであっても差し支えない。

　したがって，中国人実父母が縁組代話者として届出人とな
り，養子縁組届書に署名（押印）している場合には，同人ら
の同意書が別途添付されていなくても，その同意があるもの
として取り扱って差し支えない。

4　養子が15歳以上である場合

　養子の保護要件として，中国人実父母の同意及び養子本人
の同意が必要であるが，これらの同意については，中国公証
処の発行する声明書によるほか，任意の形式による同意書に
よるものであっても差し支えない。

　したがって，養子本人が養子縁組届書に署名（押印）して
いる場合には，本人の同意書が別途添付されていなくても，
その同意があるものとして取り扱って差し支えない。

【72】

法務省民事局長通達　平6・4・28民二2996号
（要旨－渉外的な養子縁組届の処理について）

　　　　民事局長通達（平成6年4月28日民二第2996号）

　標記の件について，別紙1のとおり東京法務局長から照会が
あり，別紙2のとおり回答しました。ついては，今後，外国法
を準拠法とする養子縁組であって，養子とその実方の血族との
親族関係が終了するもの（以下，「断絶型養子縁組」という。）
の届出については，下記のとおり取り扱うこととしますので，
この旨貴管下支局長及び市区町村長に対して周知方取り計らい

平成6年

願います。

記

1　届書の「入籍する戸籍または新しい本籍」欄に新戸籍を編製する旨の記載及び「その他」欄に養子とその実方の血族との親族関係が終了する旨の記載があり，かつ，当該縁組が断絶型養子縁組であることを明らかにする書面の提出があるときは，その養子について新戸籍を編製する。

2　養子について新戸籍を編製していない場合において，昭和63年1月1日以後に成立した断絶型養子縁組であることを明らかにする書面を提出して，実方の血族との親族関係が終了する旨の追完の届出があるときは，その養子について新戸籍を編製する。

3　これらの場合の戸籍の記載は，次の例による。

(1)　日本の家庭裁判所の審判により成立した断絶型養子縁組の場合

ア　養子の新戸籍

戸籍事項欄　「平成五年拾月八日編製㊞」

身分事項欄　「平成五年拾月壱日国籍アメリカ合衆国ラッシュマン，ウェイン（西暦千九百四拾八年六月参日生）同人妻ケイ（西暦千九百五拾年九月拾日生）の養子となる縁組の裁判確定（実方の血族との親族関係の終了）同月八日父母届出東京都千代田区永田町一丁目二番乙川孝助戸籍から入籍㊞」

イ　養子の従前の戸籍

身分事項欄　「平成五年拾月壱日養子となる縁組の裁

判確定（実方の血族との親族関係の終了）同月八日養父母届出東京都千代田区永田町一丁目二番に新戸籍編製につき除籍㊞」

(2) 外国の裁判所において成立した断絶型養子縁組の場合

　ア　養子の新戸籍

　　　戸籍事項欄　「平成五年拾月八日編製㊞」

　　　身分事項欄　「平成五年拾月壱日アメリカ合衆国ワシントン州の方式により国籍アメリカ合衆国ラッシュマン，ウェイン（西暦千九百四拾八年六月参日生）同人妻ケイ（西暦千九百五拾年九月拾日生）の養子となる縁組の裁判権定（実方の血族との親族関係の終了）同月八日父母証書提出東京都千代田区永田町一丁目二番乙川孝助戸籍から入籍㊞」

　イ　養子の従前の戸籍

　　　身分事項欄　「平成五年拾月壱日アメリカ合衆国ワシントン州の方式により養子となる縁組の裁判確定（実方の血族との親族関係の終了）同月八日養父母証書提出東京都千代田区永田町一丁目二番に新戸籍編製につき除籍㊞」

(3) 外国の裁判所外において成立した断絶型養子縁組の場合

　ア　養子の新戸籍

　　　戸籍事項欄　「平成五年拾月八日編製㊞」

　　　身分事項欄　「平成五年拾月壱日○○国の方式により国籍○○ラッシュマン，ウェイン（西暦千九百四拾八年六月参日生）同人妻ケイ（西暦千九百五拾年九月拾日生）

平成6年

　　　の養子となる縁組成立（実方の血族との親族関係の終了）
　　　同月八日父母証書提出東京都千代田区永田町一丁目二番
　　　乙川孝助戸籍から入籍㊞」
　　イ　養子の従前の戸籍
　　　　身分事項欄　「平成五年拾月壱日○○国の方式により
　　　養子となる縁組成立（実方の血族との親族関係の終了）
　　　同月八日養父母証書提出東京都千代田区永田町一丁目二
　　　番に新戸籍編製につき除籍㊞」
(4)　新戸籍を編製していない場合において断絶型養子縁組で
　　ある旨の追完届出があったとき
　　ア　養子の新戸籍
　　　　戸籍事項欄　「平成六年五月六日編製㊞」
　　　　身分事項欄　「平成五年拾月壱日国籍アメリカ合衆国
　　　ラッシュマン，ウェイン（西暦千九百四拾八年六月参日
　　　生）同人妻ケイ（西暦千九百五拾年九月拾日生）の養子
　　　となる縁組の裁判確定同月八日父母届出平成六年五月六
　　　日実方の血族との親族関係が終了する旨父母追完届出東
　　　京都千代田区永田町一丁目二番乙川孝助戸籍から入籍
　　　㊞」
　　イ　養子の従前の戸籍
　　　　身分事項欄　「平成五年拾月壱日国籍アメリカ合衆国
　　　ラッシュマン，ウェイン（西暦千九百四拾八年六月参日
　　　生）同人妻ケイ（西暦千九百五拾年九月拾日生）の養子
　　　となる縁組の裁判確定同月八日養父母届出㊞」「平成六
　　　年五月六日実方の血族との親族関係が終了する旨養父母

平成6年

　　迫完届出東京都千代田区永田町一丁目二番に新戸籍編製
　　につき除籍㊞」
別紙1
　二戸1第15号
　平成6年1月7日

　　　　　　　　　　　　　　　　　　　　東京法務局長

　　法務省民事局長　　殿
　　　渉外的な養子縁組届の処理について（照会）
　我が国の家庭裁判所において審判された渉外的な養子縁組に
ついて，当局管内港区長から別添のとおり伺いがありました。
　本件養子縁組は，養親の国籍が共にアメリカ合衆国の事案で
あり，同国の法律によって成立させたものですが，審判の理由
中で養親の本国法であるニューヨーク州法が養子縁組の効果と
して養子と実親との親子関係が断絶することを認定していると
ころから，養子と実方の父母及びその血族との親族関係が終了
しているものと解されます。
　このような，実方との親族関係が断絶していると認められる
縁組については，戸籍の処理は，普通養子縁組と異なり，実方
戸籍から養子を除き，断絶していることを戸籍面上に反映させ
ることが相当であると思われますので，平成元年10月2日付け
民二第3900号貴職通達第5の2の(1)のイにより戸籍法第20条の
3の規定を適用し，特別養子縁組届に準じた戸籍処理がなされ
るべきものと考えます。
　本件照会の縁組届は，我が国の法律を準拠法としていないた
め，本来，特別養子縁組届としては受理できないものでありま

235

平成6年

すが，実方との親族関係が終了する効果をもった断絶型縁組でありますので，届書の標題を養子縁組届と補正させ，その他欄に実方との親族関係終了の旨を記載させた上，上記のとおり処理して差し支えないものと考えますが，いささか疑義がありますので，何分の御指示を賜りたく照会します。

　おって，上記の処理が可とされた場合の戸籍の記載は，下記例によってよろしいか，併せて照会します。

記

1　養子の新戸籍

　　戸籍事項欄　　「平成五年拾月八日編製㊞」

　　身分事項欄　　「平成五年拾月壱日国籍アメリカ合衆国ラッシュマン，ウェイン（西暦千九百四拾八年六月参日生）同人妻ケイ（西暦千九百五拾年九月拾日生）の養子となる縁組の裁判確定（実方の血族との親族関係の終了）同月八日父母届出東京都千代田区永田町一丁目二番乙川孝助戸籍から入籍㊞」

2　養子の従前の戸籍の身分事項欄

　　「平成五年拾月壱日養子となる縁組の裁判確定（実方の血族との親族関係の終了）同月八日養父母届出東京都千代田区永田町一丁目二番に新戸籍編製につき除籍㊞」

別紙2

　法務省民二第2995号

　平成6年4月28日

法務省民事局長

　東京法務局長　　殿

　　　　渉外的な養子縁組届の処理について（回答）

　本年1月7日付け二戸1第15号をもって照会のあった標記の件については，いずれも貴見のとおり処理して差し支えないものと考えます。

【73】

法務省民事局長回答　平6・11・30民二8202号
（要旨－在外公館で使用する出生届書の様式について）

　　　　外務大臣官房領事移住部長照会（平成6年11月10日）
　　　　在外公館で使用する出生届書の様式について

（照合）戸籍法施行規則の一部を改正する省令（平成6年法務省令第52号）により同規則第58条及び付録第11号様式から付録第14号様式までが改正され，同様式の改正が平成7年1月1日から施行されることとなったことに伴い，「戸籍届書の標準様式の一部改正について」の法務局長，地方法務局長あて貴局長通達（平成6年10月21日付け法務省民二第6517号）の別紙様式中出生の届書様式に関しましては，在外公館における届出事件処理の適正化を図るため，届出人に交付する同届書様式を別添のとおりと致したいところ，右にて差し支えないか照会します。

　なお，別紙出生届の様式は，前記通達で示された出生届の様式に父及び母の国籍を記載させる欄を設け，国籍留保に関する届出事項を予め印刷することとしたほか，同届の「記入の注意」の記載事項を整備改善しようとするものですので申し添えます。

　　　　民事局長回答（平成6年11月30日民二第8202号）

（回答）本月10日付け領政第554号をもって照会のあった標記

平成6年・平成7年

の件については，貴見様式のとおりで差し支えないと考えます。

【74】
法務省民事局第二課長回答　平7・3・30民二2639号
（要旨－パキスタン人男とその配偶者である日本人女の嫡出子及び嫡出でない子との養子縁組届が受理すべきでないとされた事例）

　　　　　福島地方法務局長照会（平成7年3月2日戸第156号）
　　　　パキスタン人男と配偶者である日本人女の嫡出子及び嫡出でない子との養子縁組届の受否について

（照会）標記の件について，当局管内郡山支局長から，別添のとおり指示を求められましたが，パキスタン国の身分関係法令が不明のためこれが受否を決しかねますので，何分の御指示を賜りたく，関係資料を添えてお伺いします。

別　添
　郡支第145号
　平成7年2月22日
　　　　　　　　　　　　　　福島地方法務局郡山支局長
　福島地方法務局長　殿
　　　　パキスタン人男と配偶者である日本人女の嫡出子及び嫡出でない子の養子縁組届の受否について（伺い）

標記について当支局管内郡山市長から，別添のとおり養親であるパキスタン人男の本国官憲発給の要件具備証明書の添付がないため，養子縁組届の受理伺いがありました。

　パキスタン国の身分法が明らかでないため受否を決しかねま

平成7年

すので，何分の御指示を賜りたく関係資料を添えてお伺いします。

民事局第二課長回答（平成7年3月30日民二第2639号）
（回答）本月2日付け戸第156号をもって照会された標記の件については，在日パキスタン大使館発行の1995年1月30日付け書面によれば，パキスタン国には養子縁組制度はないものと認められるので，受理すべきではないものと考えます。

【75】

法務省民事局第二課長回答　平7・7・7民二3292号

（要旨－日本人男が配偶者であるフィリピン人女とともに同女の未成年の嫡出でない子を養子とする場合において，養子の本国法であるフィリピン家族法188条3号の定める養親の10歳以上の嫡出子の書面による同意を要するとの要件は法例20条1項後段所定の要件（いわゆる「保護要件」）であるから，養親となる日本人男の10歳以上の嫡出子の同意書の添付がない縁組届は受理することができないとされた事例）

東京法務局長照会（平成7年6月21日二戸一第373号）
日本人男が配偶者であるフィリピン人女とともに同女の未成年の嫡出でない子を養子とする場合において，養親となる日本人男の10歳以上の嫡出子の同意書の添付がない縁組届の受否について

（照会）標記について当局千葉地方法務局長から別紙のとおり照会がありました。

当職も照会局意見のとおり受理すべきではないと考えますが，

239

平成 7 年

いささか疑義がありますので，何分のご指示を賜りたく照会します。

〔別紙〕

二戸戸 9 第986号

平成 7 年 3 月28日

千葉地方法務局長

東京法務局長殿

日本人男が配偶者であるフィリピン人女とともに同女の未成年の嫡出でない子を養子とする場合において，養親となる日本人男の10歳以上の嫡出子の同意書の添付がない縁組届の受否について（照会）

標記のことについて，当局管内市原市長から別紙のとおり受理伺いがありました。

フィリピン家族法第188条第 3 号によると，未成年者が養子となる場合において，養親となる者に10歳以上の嫡出子又は養子があるときは，その同意が必要とされており，その同意は養子の保護要件と解されています。

したがって，当職としては養親の10歳以上の嫡出子の同意がない本件縁組届は，受理することができないものと考えますが，家庭裁判所の縁組許可の審判を得ていることもあり，いささか疑義がありますので，御指示を賜りたく関係書類を添えて照会します。

民事局第二課長回答（平成 7 年 7 月 7 日民二第3292号）

（回答）客月21日付け二戸 1 第373号をもって当局長あて照会のあった標記の件については，貴局意見のとおりと考えます。

【76】

法務省民事局第二課長回答　平9・7・10民二1223号

（要旨－ペルー人女の嫡出でない子について，ペルー共和国官
憲が発行した出生登録証明書に日本人男が父として記載されて
いたとしても，その出生登録が裁判（出生登録命令）によって
されたものであるときは，同証明書を認知証書として取り扱う
ことはできないとされた事例）

　　　　　熊本地方法務局長照会（平成9年1月7日戸第6号）
　　　　ペルー人女の非嫡出子に係わる出生登録命令裁判による
　　　　出生登録証明書に基づく認知事項の職権記載について

（照会）標記について，当局御船支局長から別添のとおり照会
があり，当職としては，職権記載をして差し支えないと考えま
すが，ペルー国の裁判認知制度の法制等が不明のため，下記に
ついていささか疑義がありますので何分の御指示を賜りたくお
伺いいたします。

　　　　　　　　　記

1　本件出生登録証明書には，「父が届出人」として記載され
　　ていないが，「父の表示があり」，かつ，「本証書につき出生
　　登録命令裁判を行った。」旨の記載があることから，ペルー
　　国民法第354条により，同証明書を認知を証する書面として
　　取り扱って差し支えないか。

2　1のとおりとした場合，ペルー国民法第350条により「裁
　　判による父の確定」と解して，認知事項の記載は，「昭和四
　　三年〇月〇日国籍ペルー国ハヤ〇ガ〇〇，オ〇〇〇〇ア（西暦
　　一九五六年〇月〇日生母ガ〇〇〇ネス，フェ〇シ〇）を同国

平成9年

　の方式により認知の裁判確定平成　年　月　日許可同月　日
　記載」として差し支えないか。
3　2のように解することができない場合，出生登録の日に認
　知が成立したと解し，「昭和四四年四月○日国籍ペルー国ハ
　ヤ○ガ○○，テオ○○○ア（西暦一九五六年○月○日生母ガ
　○○○ネス，フェ○シ○）を同国の方式により認知平成　年
　　月　日許可同月　日記載」と処理して差し支えないか。
（別添）
　戸第199号
　平成8年12月18日

　　　　　　　　　　　　　　熊本地方法務局御船支局長
　熊本地方法務局長　殿
　　　ペルー人女の非嫡出子について出生登録命令裁判による
　　　出生登録証明書に基づく認知事項の職権記載の可否につ
　　　いて（照会）
　当支局管内嘉島町長あて認知事項の記載申出がなされたこと
から，別添のとおり記載許可申請が同町長から当職あて提出さ
れましたが，添付された出生登録証明書が，出生登録命令裁判
によるものであるため，これが，出生証明書に日本人男が父と
して記載され，かつ，父が届出人である場合の取扱いと同一に
処理してよいか疑義があるため，同証明書に基づく認知事項の
記載の可否につき，何分の御指示を得たく照会します。
　　　　民事局第二課長回答（平成9年7月10日民二第1223号
　　　　熊本地方法務局長あて）
　（回答）1月7日付け戸第6号をもって当局長あて照会のあっ

た標記の件については，添付された出生登録証明書をペルー国
の方式による認知の成立を証する書面として取り扱うことはで
きないので，同証明書をもって戸籍の記載をするのは相当でな
いと考えます。

【77】

法務省民事局長通達　平10・1・30民五180号
（要旨―外国人母の夫の嫡出推定を受ける子について，日本人
男から認知の届出があった場合の日本国籍の有無について）

民事局長通達（平成10年1月30日民五第180号）

（通達）客年10月17日，最高裁判所は，日本人男と婚姻中の外
国人女から出生した子について，母の夫との間の親子関係不存
在確認の審判の確定後に，母の夫以外の日本人男が認知の届出
をしたことにより生来的な日本国籍の取得が認められるか否か
が争われた事案において，「客観的にみて，戸籍の記載上嫡出
の推定がされなければ日本人である父により胎児認知がされた
であろうと認めるべき特段の事情がある場合には，右胎児認知
がされた場合に準じて，国籍法2条1号の通用を認め，子は生
来的に日本国籍を取得すると解するのが相当である」との立場
を明らかにした上，「右の特段の事情があるというためには，
母の夫と子との間の親子関係の不存在を確定するための法的手
続が子の出生後遅滞なく執られた上，右不存在が確定されて認
知の届出を適法にすることができるようになった後速やかに認
知の届出がされることを要すると解すべきである。」と判示し，
当該事案については，子の出生の3か月と3日後に母の夫と子

243

平成10年

との間の親子関係の不存在を確認するための手続が執られ，その不存在が確定してから12日後に認知の届出がされているから，上記「特段の事情があるというべきであり，このように認めることの妨げになる事情はうかがわれない」として，国籍法2条1号を適用し，生来的な日本国籍の取得を認める判決を言い渡しました（平成8年(行ツ)第60号事件最高裁判所第二小法廷判決）。

　ついては，この最高裁判所判決の趣旨にかんがみ，外国人母の夫の嫡出推定を受ける子の生来的な日本国籍の取得については，今後，下記のとおり取り扱うこととしたので，これを了知の上，貴管下各支局長及び市区町村長に周知方取り計らい願います。

記

1　外国人母の夫（外国人男の場合を含む。）の嫡出推定を受ける子について，その出生後遅滞なくその推定を排除する裁判（母の夫と子との間の親子関係不存在確認又は嫡出否認の裁判をいう。以下「嫡出推定を排除する裁判」という。）が提起され，その裁判確定後速やかに母の夫以外の日本人男から認知の届出（既に外国人の子としての認知の届出がされている事案においては，子が日本国籍を有する旨の追完の届出。以下両者を併せて「認知の届出等」という。）があった場合には，嫡出推定がされなければ胎児認知がされたであろうと認めるべき特段の事情があるものと認定し，その認定の妨げとなる事情がうかがわれない限り，子は出生により日本国籍を取得したものとして処理するので，その対象となりうる認

知の届出等を受けた市区町村長は，その処理につき管轄法務局若しくは地方法務局又はその支局（以下「管轄局」という。）の長の指示を求めるものとする。

2　管轄局の長は，子が出生してから嫡出推定を排除する裁判が提起されるまでに要した期間及びその裁判が確定してから認知の届出がされるまでに要した期間を確認した上，次のとおり取り扱うものとする。

(1)　子の出生後3か月以内に嫡出推定を排除する裁判が提起され，その裁判確定後14日以内に認知の届出等がされている場合には，嫡出推定がされなければ胎児認知がされたであろうと認めるべき特段の事情があるものと認定し，この認定の妨げとなる事情がうかがわれない限り，子は出生により日本国籍を取得したものとして処理するよう指示する。

(2)　(1)における認定の妨げとなる事情がうかがわれる場合には，その認定の妨げとなる事情についての関係資料を添付して，その処理につき当職の指示を求める。また，嫡出推定を排除する裁判が子の出生後3か月を経過して提起されている場合，又は認知の届出等がその裁判確定後14日を経過して行われている場合には，その裁判の提起又は届出に至るまでの経緯等についての関係資料を添付して，その処理につき当職の指示を求める。

【78】
法務省民事局第二課長回答　平11・4・23民二872号
（要旨ー米国ミズーリ州クレイ郡巡回裁判所においてされた日

平成11年

本人男と米国人女との離婚判決の判決書謄本を添付した離婚届を受理して差し支えないとされた事例）

広島法務局長照会（平成10年12月16日戸第1857号）

（照会）標記の件について，別添のとおり当局管内広島市安佐南区長から受理伺いがありましたが，当職としましては，アメリカ合衆国ミズーリ州の関係法規が明らかでなく，裁判離婚の確定日及び確定証明書の添付の要否，民事訴訟法第118条第2号の要件の具備，判決書中の親権事項の記載（親権者を父母と定められた旨）等について疑義があり受否を決しかねますので，何分の御指示を賜りたく関係書類を添えてお伺いいたします。

民事局第二課長回答（平成11年4月23日民二第872号）

（回答）平成10年12月16日付け戸第1857号をもって貴局長から当局長に照会のあった標記の件については，離婚届を受理して差し支えないものと考えます。

なお，戸籍の記載例については，日本人男の身分事項欄に「平成一〇年一〇月二二日妻国籍アメリカ合衆国〇〇と同国ミズーリ州クレイ郡巡回裁判所の離婚の裁判確定年月日届出」の振り合いで離婚事項を記載し，長男及び長女の身分事項欄に「平成一〇年一〇月二二日親権者を父及び母と定められる」の振り合いで親権事項を記載するのを相当と考えます。

【79】

法務省民事局第二課長・第五課長通知　平11・11・11民二・五2420号

（要旨－渉外的胎児認知届の取扱い等について）

平成11年

民事局第二課長
　　　第五課長通知（平成11年11月11日民一二五第2420号）

（通知）最高裁判所は，平成9年10月17日，外国人母の摘出でない子が日本人父から胎児認知されていなくても，特段の事情があるときは，国籍法第2条第1号により子が生来的に日本国籍を取得する場合があるとする判決（最高裁第二小法廷判決・民集51巻9号3925頁参照）を言い渡しました。これを踏まえて，平成10年1月30日付け民五第180号をもって，この種事案における国籍事務の取扱いの基準を示す民事局長通達（以下「第180号通達」という。）が発出されています。

　ところで，第180号通達は，外国人母の嫡出でない子が日本人父から胎児認知されていない事案一般に当てはまるものではなく，渉外的胎児認知届に関する従来の戸籍事務の取扱いを変更するものでもありませんが，近時，第180号通達の適用範囲を過大に解釈したり，この通達により従来の戸籍事務の取扱いに変更があったものと誤解し，その結果，訴訟に至った事案も見受けられます。

　そこで，この度，第180号通達の趣旨，渉外的胎児認知届の取扱い等について再確認するため，下記のとおり整理しましたので，貴管下支局長及び市区町村長に周知方取り計らい願います。

　　　　　記
1　第180号通達の趣旨について
　前記最高裁判決は，婚姻中の韓国人母から出生した子について日本人父が生後認知した事案において，国籍法第2条第

平成11年

　１号による日本国籍の取得を認めたものであるが，外国人母の嫡出でない子が日本人父から胎児認知されていない事案一般に当てはまるものではなく，①嫡出でない子が戸籍の記載上母の夫の嫡出子と推定されるため日本人である父による胎児認知の届出が受理されない場合であって，②この推定がされなければ父により胎児認知がされたであろうと認めるべき特段の事情があるときは，胎児認知がされた場合に準じて，国籍法第２条第１号の適用を認めるのを相当としたものである。

　第180号通達は，この最高裁判決の趣旨を踏まえて発出されたものであり，①及び②のいずれの要件にも該当する事案について適用されるものである。

　また，第180号通達は，渉外的胎児認知届に関する従来の戸籍事務の取扱いを変更するものではない。

　例えば，外国人母の離婚後に胎児認知の届出がされた場合には，届出の時期を問わず，これを受理する取扱いがされているので（大正７年３月20日付け民第364号法務局長回答，昭和57年12月18日付け民二第7608号民事局長回答参照），外国人母の離婚後に子が出生する事案については，①の要件を満たさないため，第180号通達が適用されないこととなる。

２　渉外的胎児認知届の取扱い等について

(1)　相談があった場合の対応

　　日本人男から，外国人母の胎児を自分の子として認知したい旨の相談があった場合には，母が婚姻中であるか否かにかかわらず，胎児認知の届出の手続があることを説明す

平成11年

る。
(2)　胎児認知の届出があった場合の手続
　ア　届書等の受付
　　　胎児認知の届出があった場合には，その届出が適法かどうかを問わず，いったん届書及び添付書類（以下「届書等」という。）を受領（以下「受付」という。）し，その受付年月日を届書に記載する。この受付の後に，民法及び戸籍法等関連する法規に照らして，当該届出の審査をする。
　　　なお，胎児認知の届出が口頭による届出の場合には，届出人の陳述を書面に筆記し，届出の年月日を記載して，これを届出人に読み聞かせ，かつ，その書面に届出人の署名・押印を求める（戸籍法第37条第2項）。口頭による届出を筆記したときは，当該書面の適当な箇所に，戸籍事務取扱準則制定標準（昭和42年4月13日付け民事甲第615号民事局長通達。以下「標準準則」という。）附録第19号記載例によって，その旨を記載する（標準準則第27条）。
　イ　届書等に不備がある場合
　　　届書に不備がある場合には，不備な箇所を補正させ，また，母の承諾（民法第783条第1項）を証する書面等届出に必要な添付書類が不足している場合には，それらを補完させる。
　　　なお，即日に補正又は補完することができないため，届出の受理の決定ができないときは，その旨を戸籍発収

249

簿に記載する（標準準則第33条第1項）。

ウ　届出の受理処分及びその撤回

① 届出を適法なものと認めたときは，これを受理し，その旨を受附帳に記載する。

また，届書等の不備により即日に届出の受理の決定ができなかった届出について，後日，補正又は補完がされ，これを適法なものと認めたときは，当初の届書等の受付の日をもって当該届出を受理し，その旨を戸籍発収簿の備考欄に記載する（標準準則第33条第2項）。

② 胎児認知の届出を受理した後に被認知胎児が出生したことによって，その子が外国人母の前夫の嫡出推定を受けることが明らかになった場合には，当該受理処分を撤回して，不受理処分をする。この場合には，受理処分を撤回して，不受理処分をした旨を受附帳の備考欄に記載し，届出の受理の年月日及び受付番号を消除した上で，届出人に届書等を返戻する。

届書等を返戻する際には，届出人に対し，外国人母の前夫の摘出推定を排除する裁判等が確定した旨の書面を添付して，返戻された届書によって届出をすれば，不受理処分を撤回し，当初の届書等の受付の日に届出の効力が生ずる旨を説明する。

エ　届出の不受理処分及びその撤回

① 届出を不適法なものと認めたときは，これを不受理とし，戸籍発収簿に発収月日，事件の内容及び不受理の理由を記載した上で，届出人に届書等を返戻する（標

準準則第34条）。

②　被認知胎児が婚姻中の外国人母の夫の嫡出推定を受けることを理由に届出を不受理とした場合には，届書等を返戻する際に，届出人に対し，子の出生後に外国人母の夫の嫡出推定を排除する裁判等が確定した旨の書面を添付して，返戻された届書によって届出をすれば，不受理処分を撤回し，当初の届書等の受付の日に届出の効力が生ずる旨を説明する。

【80】
法務省民事局民事第一課長通知　平14・8・8民一1885号
（要旨－日本人と中国人を当事者とする婚姻について）

　　　　　　民事局民事第一課長通知（平成14年8月8日民一第
　　　　　　　1885号法務局民事行政部長・地方法務局長あて）

（通知）標記についての中華人民共和国の見解が下記のとおり明らかとなりましたので，これを了知の上，貴管下支局長及び管内市区町村長に対し周知方お取り計らい願います。

　なお，平成3年8月8日付け法務省民二第4392号民事局第二課長通知は廃止します。

　　　　　　　　　記

一　日本国に在る日本人と中華人民共和国に在る中国人が日本において婚姻した場合であっても，同国民法通則第147条が適用され，同国国内においても有効な婚姻と認められる。したがって，当事者は同国国内であらためて婚姻登記又は承認手続を行う必要はない。

251

平成14年・平成16年

二　日本国の方式で婚姻したという証明は，日本国外務省及び
　在日本国中華人民共和国大使館又は領事館において認証を得
　れば，同国国内でも有効に使用できる。

【81】

法務省民事局民事第一課長回答　平16・4・26民一1320号
（要旨－イタリア人夫と日本人妻とのオランダ国法上の登録パ
ートナーシップ制度に基づく同居契約解消登録により離婚が成
立した旨の報告的離婚届について，同国の方式により離婚が成
立したものとして処理して差し支えないとされた事例）

　　　　　神戸地方法務局長照会（平成16年1月20日戸第51号）
　　　　イタリア人夫と日本人妻がオランダ国の方式により協議
　　　　離婚した旨の報告的離婚届の処理について

（照会）標記の件について，当局管内伊丹支局長から別添のと
おり照会がありました。

　これによると，現在，オランダ国においては婚姻の解消手続
として，通常の離婚判決の登録とは別に婚姻状態から「パート
ナーシップ登録」と称する同居契約登録への変更が認められ，
その後，当事者の合意により（裁判官の関与なく）同登録を解
消した場合には，離婚の成立を認める簡便な制度が存在するこ
とが添付の在外公館からの調査報告により確認されています。

　本件離婚届は，この同居契約解消登録の手続を経て離婚が成
立したとしてなされたものであり，その処理については，伊丹
支局長意見のとおり取り扱って差し支えないものと考えますが，
一方で添付の同国民法抜粋においては，同居契約解消登録の日

252

平成16年

を離婚成立とする根拠が明らかにされておらず，その有効性に
つきいささか疑義がありますので，何分の御指示を賜りたく照
会いたします。

（別添）

伊戸第16号

平成16年1月8日

　　　　　　　　　　　神戸地方法務局長　　殿

神戸地方法務局伊丹支局長

　　　　イタリア人夫と日本人妻がオランダ国の方式により協議
　　　　離婚をした旨の報告的離婚届の処理について（照会）

　標記について，当支局管内川西市長から別添のとおり照会が
ありました。

　外務省の調査により，オランダ国においては婚姻状態から「パ
ートナーシップ登録」と称される同居契約登録に変更した後当
事者の合意で同登録を解消した場合に婚姻の終了を認める「瞬
間離婚」と呼ばれる特有の制度があることが確認されており，
当職としては，本件について，同居契約解消登録の日である平
成14年12月13日をもってオランダ国の方式による離婚が成立し
たものと認め，届書に添付されている同居契約に関する登録抄
本をいわゆる戸籍法第41条証書として取り扱って差し支えない
と考えますが，参考となる先例もなく，同居契約登録の解消を
もって離婚が成立したものと認めてよいか疑義もあります。

　また，離婚の成立が認められる場合，戸籍の記載については，
「平成一四年一二月一三日夫国籍イタリア国○○○○，○○○
○とオランダ国の方式により離婚成立平成一五年○月○○日証

253

平成16年・平成18年

書提出同年○○月○○日在オランダ大使から送付㊞」の振り合いによるものと考えます。

　つきましては，本件の処理につき何分の御指示を賜りたく照会いたします。

　　　　　民事局民事第一課長回答（平成16年4月26日民一第
　　　　　1320号）

（回答）本年1月20日付け戸第51号をもって当局長あて照会のあった標記の件については，平成14年12月13日をもってオランダ国の方式による離婚が成立したものと認め，戸籍法第41条の証書の謄本提出による報告的届出として処理して差し支えないものと考えます。

【82】
法務省民事局民事第一課長回答・同通知　平18・2・3民一289号・同日付民一290号
（要旨－日本で婚姻をしたブラジル人夫の氏変更の取扱いについて）

　　　　　民事局民事第一課長通知（平成18年2月3日民一第
　　　　　　290号法務局民事行政部長，地方法務局長あて）

（通知）従来，日本で婚姻をしたブラジル人妻の氏変更の取扱いについては，ブラジル国の身分登録制度特有の事情にかんがみ，その婚姻の届出の際に，申出書の提出等を求め，ブラジル人妻の氏変更を証する書面の添付を省略する取扱いとしておりましたが（平成8年12月26日付け法務省民二第2254号民事局第二課長通知），このたび，標記の件について，名古屋法務局長

から別紙1のとおり照会があり，別紙2のとおり回答したので，この旨，貴管下支局長及び管内市区町村長に周知方お取り計らい願います。

別紙1

標記の件について，当局管内支局に別添創設的婚姻届（平成16年4月26日届出）により戸籍記載されたブラジル人夫の氏につき，日本人妻の氏を称する氏変更ができないか相談がありました。

日本で婚姻をしたブラジル人妻の氏変更の取扱いについては，平成8年12月26日付け法務省民二第2254号法務省民事局第二課長通知が発出されているところですが，その後のブラジル民法の改正により男女のいずれであっても希望により他方の氏を付け加えることができることとされた（2002年法律第10406号ブラジル民法第1565条第1項）ことから，日本で婚姻をしたブラジル人夫についても，同通知に準じて取り扱って差し支えないものと考えますが，いささか疑義がありますので，何分の指示を賜りたく照会します。

別紙2

平成17年7月1日付け戸第788号をもって貴局長から当局長あて照会のあった標記の件については，貴見のとおり取り扱って差し支えないものと考えます。

【83】
法務省民事局民事第一課長回答　平18・7・25民一1690号
　（要旨－ペルー法上同国人が日本に住所を有すると認められる

平成18年

場合は，反致が適用されるものとして，ペルー人男の婚姻要件
について日本法を適用して差し支えないとされた事例）

　　　　名古屋法務局長照会（平成14年6月10日戸第419号）
　　　ペルー人男と中国人女の婚姻届の受否について
（照会）標記について，当局管内春日井支局長から，別添のと
おり照会がありました。
　標記については，渉外的婚姻の実質的成立要件は各当事者の
本国法によるところ（法例第13条第1項），当事者からその本
国法によれば住所地法（ペルー民法第2075条）及び婚姻締結地
の法律（中華人民共和国民法通則第147条）によると規定があ
るので，反致により日本の法律を適用されたいとして届出がさ
れたものです。当職としては，本件ペルー人男につきその本国
法上，日本に「住所」を有しているものとして反致が適用され
るか不明であることから，受否を決しかねますので，何分のご
指示を賜りたく照会します。
（別添）

　　　　　　　　　　　　　　　　　　　　　日記第221号
　　　　　　　　　　　　　　　　　　　平成14年5月31日

　名古屋法務局長　　殿

　　　　　　　　　　　　　　　名古屋法務局春日井支局長
　　　ペルー人男と中国人女の婚姻届の受否について（照会）
　標記の件について，当支局管内小牧市長から別紙のとおり受
理照会がありました。別紙の婚姻届については，ペルー人につ
き，ペルー国民法典第2075条及び2076条の反致に基づき，ペル
ー法ではなく日本法が準拠法になるとして届出がなされました

256

が，反致を認めるのは，問題となる一法律関係について，当事者の本国の国際私法が日本法を指定していることが明白でなければならないとされており（昭和54年12月12日付け民二第6121号回答），法務局備付けの資料では関係法令等確認することができず，現時点では法制が不明とする事案のため受否を決しかねますので，平成13年11月12日名古屋法務局管区内渉外戸籍・国籍事務担当者事務打合せ会の結果に基づき照会いたします。

> **民事局民事第一課長回答**（平成18年 7 月25日民一第1690号）

（回答）平成14年 6 月10日付け戸第419号をもって貴局長から当局長あて照会のありました標記の件については，ペルー人男の本国法上，同人が日本に「住所」を有すると認められれば，反致が適用されるものとして，その婚姻要件について日本法を適用して差し支えありません。

【84】

法務省民事局長通達　平20・5・27民一1503号
（要旨－外国人からの不受理の申出等の取扱いについて）

> **民事局長通達**（平成20年 5 月27日民一第1503号法務局長，地方法務局長あて）

（通達）本年 5 月 1 日から施行された戸籍法及び戸籍法施行規則の一部改正に伴う不受理申出等の取扱いについては，平成20年 4 月 7 日付け法務省民一第1000号民事局長通達（以下「1000号通達」という。）によることとされているところですが，外国人からの不受理の申出及び外国人を届出人とする届出受理後

平成20年

の通知については，下記のとおり取り扱うこととしますので，これを了知の上，貴管下支局長及び管内市区町村長に周知方取り計らい願います。

記

1　外国人からの不受理の申出

　　外国人が，届出によって効力を生ずべき認知，縁組，離縁，婚姻又は離婚であって日本人を相手方とするものの届出（以下「縁組等の届出」という。）について，あらかじめ市区町村の窓口に出頭して，自己を特定するために必要な事項を明らかにした上で，当該外国人を届出事件の本人とする縁組等の届出がされた場合であっても当該外国人が自ら窓口に出頭して届け出たことを確認することができない限り当該縁組等の届出を受理しないよう申出をした場合において，当該申出がされた縁組等の届出があったときは，当該申出人が出頭して届け出たことを確認することができなければ，当該縁組等の届出を受理することができないものとする。この場合において，当該縁組等の届出に係る届書の提出を受けた市区町村長は，遅滞なく，当該申出をした者に対して，当該縁組等の届出が不受理とされたことを通知するものとする。

　　なお，当該申出については，以下に示す取扱い以外は，1000号通達に準じて行うものとする。

(1)　申出書等は，1000号通達の様式（別紙6ないし9）に準じた様式によるものとするが，申出書等には，申出人の本籍の表示に代えてその国籍を記載するほか，その他欄に，相手方（認知届については，被認知者）の本籍，筆頭者氏

258

名及び氏名を記載するものとする。

(2)　申出のあて先及び申出書の保管先は，当該申出の対象となる縁組等の届出の相手方（認知届については, 被認知者）の本籍地の市区町村長であり，当該申出についての備忘的措置を講じる対象戸籍は，相手方（認知届については，被認知者）の戸籍とする。

(3)　申出がされたことによって縁組等の届出を受理することができなかった場合における通知のあて先は，当該申出書に記載された申出人の住所とする。

2　届出受理後の通知

　市区町村長は，縁組等の届出についての届出事件の本人のうちに，本人確認をすることができなかった届出事件の本人があった場合において，当該本人が外国人であるときは，当該縁組等の届出を受理した後遅滞なく，その者に対して，当該縁組等の届出に係る届書上の住所あてに，転送不要の郵便物又は信書便物を送付する方法により，当該縁組等の届出が受理されたことを通知するものとする。

　なお，上記以外の取扱いについては，1000号通達に準じて行うものとする。

3　取扱いの開始日

　この取扱いについては，平成20年6月6日以後に市区町村長に提出されたものについて適用するものとする。

【85】

法務省民事局長通達　平20・12・18民一3300号

平成20年

（要旨－国籍法の一部を改正する法律等の施行に伴う国籍取得の届出に関する取扱いの変更について）

民事局長通達（平成20年12月18日民一第3300号）

国籍法の一部を改正する法律（平成20年法律第88号。以下「改正法」という。）が平成21年1月1日から施行されることに伴い，国籍法施行規則の一部を改正する省令（平成20年法務省令第73号。以下「改正省令」という。）が本日公布され，改正法の施行の日から施行されることとなりました。

ついては，この改正に伴い，国籍取得の届出に関する国籍事務の取扱いについて示した昭和59年11月1日付け法務省民五第5506号当職通達にかかわらず，国籍取得の届出に関する国籍事務については，下記のとおり取り扱うこととしますので，これに留意し，事務処理上遺憾のないよう取り計らい願います。

なお，本通達中，「法」とあるのは改正法による改正後の国籍法を，「規則」とあるのは改正省令による改正後の国籍法施行規則をいいます。

おって，本通達に反する従前の取扱いは，本通達によって変更し，又は廃止するので，念のため申し添えます。

記

第1　国籍取得の届出

改正法により，出生後に日本国民から認知された子は，父母の婚姻の有無を問わず，所定の条件を備えるときは，法務大臣に届け出ることによって，その届出の時に日本の国籍を取得することができるものとされ（法第3条），虚偽の届出をした者に対する罰則が設けられた（法第20条）。

260

また，国籍法及び戸籍法の一部を改正する法律（昭和59年法律第45号。以下「昭和59年改正法」という。）により，国籍を留保する意思を表示しなかったことにより日本の国籍を失った者等は，所定の条件を備えるときは，法務大臣に届け出ることによって，その届出の時に日本の国籍を取得することができるものとされている（法第17条）。

これらの届出は，法務局又は地方法務局の長を経由してしなければならない（規則第1条第1項又は第2項）が，法務局又は地方法務局における当該届出に関する事務の処理及び留意すべき事項は，おおむね次のとおりである。

1　届出

（1）　届書

　届出は，書面によってしなければならない（規則第1条第3項）が，その届書は届出人に付録第1号から第3号までの様式による用紙を交付して作成させるものとする。

（2）　届出人の出頭

　届出は，届出人が自ら法務局又は地方法務局に出頭してしなければならない（規則第1条第3項）ので，届出を受け付ける前に，出頭した者が届出人本人であるか否かを確認するとともに，その者の届出意思をも確認するものとする。

　出頭してきた者が届出人本人であるか否かの確認は，外国人登録証明書，旅券等その者が届出人本人であることを証するに足りる書面の提示を求めるほか，届書及び

平成20年

　その添付書類に基づいた適宜な質問をすること等によっ
てするものとする。
　届出意思の確認は，届書の署名が届出人の自筆したも
のであるか否かを確認することによってするものとする。

(3)　添付書類
　法第3条第1項の規定による届出については，届書に
添付しなければならない書類が具体的に掲げられ（規則
第1条第5項），法第17条の規定による届出については，
届書に国籍の取得をしようとする者（以下「事件本人」
という。）が国籍取得の条件を備えていることを証する
に足りる書類を添付しなければならないこととされた
（規則第1条第6項）。これらの書類としては，原則とし
て戸籍謄本等の公的資料を提出させるものとし，これが
できない場合には，公的資料に代わり得る相当な資料又
は届出人及び関係者の申述書を提出させるものとする。
　なお，法第3条第1項の規定による届出の添付書類の
うち「その他実親子関係を認めるに足りる資料」（規則
第1条第5項第5号）としては，例えば次のようなもの
がある。
ア　外国の方式による認知証明書
イ　事件本人の父の日本における居住歴を証する書面
　（母が事件本人を懐胎した時期からのもの）
ウ　事件本人及びその母の外国人登録原票に登録された
　事項に関する証明書（登録時からの居住歴が記載され
　たもの）

262

エ　事件本人とその父母の３人が写った写真

2　受付

(1)　届出の受付は，受付簿に所要の事項を記載し，かつ，届書の適宜な箇所に受付印を押印の上，受付年月日時分及び受付番号を記入してするものとする。

(2)　届出の効力は，その届出が適法なものであるときは，法務局又は地方法務局において届出を受け付けた時に生ずる（法第３条第２項，第17条第３項）ので，受付手続は，事前に届出人の提出すべき書類がそろっているか否か，その記載が整っているか否かを点検し，書類が不足する場合には完備させ，記載に不備がある場合には補正させた上，適法な届出であると認められるときにするものとする。

(3)　受付手続を経ないで届書又はその添付書類を預かることのないように留意するものとする。

(4)　法第３条第１項の規定による届出に関して受付をしなかった場合において，虚偽の届出がされようとした疑いがあると認められるときは，その旨当職に速やかに報告するものとする。

3　受付後の調査

(1)　届出を受け付けた後に届書又はその添付書類の成立又は内容について疑義が生じたときは，届出人若しくは関係者に文書等で照会し，又は届出人若しくは関係者宅等に赴いて事情聴取する等して，その事実関係を調査するものとする。

平成20年

　(2)　法第3条第1項の規定による届出については，事件本
人の父母が届出人たる法定代理人とならない場合であっ
ても，届出人に対して，できる限り父母双方が出頭する
よう求めるものとし，受付後に，出頭した父母から，認
知に至った経緯等を記載した父母の申述書の内容等に基
づき，認知に至った経緯等を聴取するものとする。ただ
し，認知の裁判が確定しているときは，この限りでない。

　(3)　法第3条第1項の規定による届出について，規則第1
条第5項第3号又は同項第4号の書類を届書に添付する
ことができないやむを得ない理由を記載した書類が提出
されているときは，受付後に，事件本人の父母の出入国
記録等を取り寄せるなど父子関係の有無を確認するため
に必要な調査を行うものとする。

4　国籍取得証明書の交付等

　(1)　法務局又は地方法務局の長は，届出が適法な手続によ
ってされ，かつ，事件本人が国籍取得の条件を備えてい
るときは，届出人に付録第4号様式による国籍取得証明
書を交付するものとする。

　(2)　法務局又は地方法務局の長は，届出が適法な手続によ
ってされていないとき又は事件本人が国籍取得の条件を
備えているものと認められないときは，その旨届出人に
通知するものとする。ただし，事件本人が法第3条第1
項の条件を備えているものとは認められない旨を通知す
る場合において，それが虚偽の届出がされたことを理由
とするときは，届出人に通知する前に虚偽の届出がされ

264

た旨当職に速やかに報告し，当職の指示を受けて届出人
に通知するものとする。

5　法第3条第1項の規定による届出に関する関係機関への
通知等

(1)　市区町村長等への通知

　4(2)ただし書により届出人に通知した場合において，
それが虚偽の認知届がされたことを理由とするものであ
り，認知者の戸籍に当該認知事項が記載されているとき
は，戸籍法第24条第3項の規定により，当該認知事項の
記載が法律上許されないものであることを認知当時の認
知者の本籍地の市区町村長に通知するものとする。

　なお，その市区町村の管轄法務局又は地方法務局が届
出を受け付けた法務局又は地方法務局と異なるときは，
戸籍法第24条第3項の規定により通知した旨を管轄法務
局又は地方法務局の長にも通知するものとする。

(2)　捜査関係機関への情報提供

　4(2)ただし書又は2(4)により当職に報告した場合は，
当職の指示を受けて捜査関係機関に通報することにより
必要な情報を提供するものとする。

第2　経過措置

1　昭和59年改正法の経過措置

　昭和59年改正法の経過措置として，同法施行前に日本国
民である母から出生した子及びその者の子は，所定の条件
を備えるときは，同法施行後3年間（天災その他その責め
に帰することができない事由により同法施行後3年以内に

平成20年

届け出ることができないときは，その期間は届出をすることができるようになったときから3月）に限り，法務大臣に届け出ることによって，その届出の時に日本の国籍を取得することができるものとされている（昭和59年改正法附則第5条第1項，第3項，第4項，第6条）。

この届出は，法務局又は地方法務局の長を経由してしなければならない（規則の附則第2項において準用する規則第1条第1項）が，法務局又は地方法務局における当該届出に関する事務の処理及び留意すべき事項については，その届書の様式は付録第5号又は第6号様式によるものとするほか，第1（法第3条第1項の規定による届出に関する取扱いを除く。）に準じて取り扱うものとする。

2　改正法の経過措置
(1)　従前の届出をした者の国籍の取得に関する経過措置及び国籍を取得した者の子の国籍の取得に関する特例

改正法の経過措置として，日本国民により認知され昭和60年1月1日から平成20年6月4日までに従前の届出をした者，及び昭和60年1月1日から平成14年12月31日までに従前の届出をしたことにより国籍を取得した者の子で当該従前の届出以後に出生したものについて，所定の条件を備えるときは，同法施行後3年間（天災その他その責めに帰することができない事由により同法施行後3年以内に届け出ることができないときは，その期間は届出をすることができるようになったときから3月）に限り，法務大臣に届け出ることによって，その届出の時

（平成15年１月１日以後に従前の届出をしているときは，当該従前の届出の時）に日本の国籍を取得することができるものとされ（改正法附則第２条第１項，第３項，第５条第１項，第２項），虚偽の届出をした者に対する罰則が設けられた（改正法附則第11条）。

　この届出は，法務局又は地方法務局の長を経由してしなければならないこととされた（改正省令附則第２条において準用する規則第１条第１項）が，法務局又は地方法務局における当該届出に関する事務の処理及び留意すべき事項については，その届書の様式は付録第７号又は第９号様式によるものとするほか，第１（第１の１(3)のうち法第３条第１項の規定による届出のみに関する取扱い並びに第１の３(2)及び(3)の取扱いを除く。）に準じて取り扱うものとする。

(2)　従前の届出をした者以外の認知された子の国籍の取得に関する経過措置

　改正法の経過措置として，平成15年１月１日から改正法施行日の前日までの間に法第３条第１項の要件を備えていた者で20歳を超えたことにより同項の規定による届出ができないものについて，所定の条件を備えるときは，同法施行後３年間（天災その他その責めに帰することができない事由により同法施行後３年以内に届け出ることができないときは，その期間は届出をすることができるようになったときから３月）に限り，法務大臣に届け出ることによって，その届出の時に日本の国籍を取得する

平成20年

ことができるものとされ（改正法附則第4条），虚偽の
届出をした者に対する罰則が設けられた（改正法附則第
11条）。

　この届出は，法務局又は地方法務局の長を経由してし
なければならないこととされた（改正省令附則第2条に
おいて準用する規則第1条第1項）が，法務局又は地方
法務局における当該届出に関する事務の処理及び留意す
べき事項については，その届書の様式は付録第8号様式
によるものとするほか，第1（第1の1(3)については，
法第17条の規定による届出のみに関する取扱いを除く。）
に準じて取り扱うものとする。

平成20年

付録第1号様式

国 籍 取 得 届

（国籍法第3条第1項）

平成　年　月　日届出

法務大臣殿

日本の国籍を取得したいので届出をします。

（国籍を取得しようとする者の写真（届出の日前6月以内に撮影した上半身のもの。縦5センチメートル、横4センチメートル。無帽、正面、上半身、無背景）を貼付し、余白に撮影年月日を記入する。）

（平成　年　月　日撮影）

届出をする者	氏　名	（よみかた）（氏）　　　　　　　　（名）	
	国　籍		□男 □女
	生年月日	年　　月　　日	父母との続柄
	出生場所		□嫡出 □嫡出でない
	住　所		

外国人である父又は母	氏　名	父（氏）　　（名）　　母（氏）　　（名）
	国　籍	
	本　籍	筆頭者の氏名　　　　　　　筆頭者の氏名

国籍取得の事由

父又は母が認知をした
□20歳未満である。
□日本国民であったことがない。
□父又は母が日本国民である。
□父又は母が日本国民であって死亡した。
（死亡した日　　年　　月　　日）

受理

国籍を取得しようとする者が16歳未満のときは、その法定代理人が届け出てください。

国籍取得の事由を証するために、下欄に書いてください。（届出事項第5から8まで注）

その他

| 国籍取得の際の本籍 | |
| 国籍取得者の氏名 | （代）　　　　　　　　　　　　年　　月　　日 |

（裏　面）

届出人の署名		
法定代理人の資格・氏名	届出人の署名（届出人本人のとき）	□父 □養父　　□母　　□養母 □本人
住　所		

上記届出を自署したものであり、届出人又は写真等と相違ないことを確認した。

（届出人連絡先電話番号　　　　　　　　　　）

受付担当官

住所事項

1　まず「届出人本人が出頭し、届出人本人であることを証する公的書類を提示したこと」を確認してください。

2　国籍取得を証明する書類（出生証明書、父の認知届、父母の婚姻証書等）を添付してください。

3　届出人が日本人と婚姻している場合は、その婚姻を証明する書類を添付してください。

4　届出人が日本の近代的戸籍にその氏名を記載する場合は、その氏名に用いる文字を確認してください。

5　この届は、届出人本人の署名・押印を受け付けてください。

6　この届は、日本人と婚姻している場合（戸籍法の規定による）には、住民票の写し、常用漢字又は人名用漢字等を使用してください。

7　父母の婚姻の有無を、父母の続柄欄に記入してください。

8　国籍取得者の氏名欄に、父又は母の国籍を記入してください。

9　この届出によって日本の国籍を取得することができるのは、日本人と婚姻している場合は22歳に達するまでで、いずれかの国籍を選択しなければなりません。

10　太枠の箇所については記入しないでください。

事実に反する内容で届出をした場合は、刑罰に処せられることがあります。

平成20年

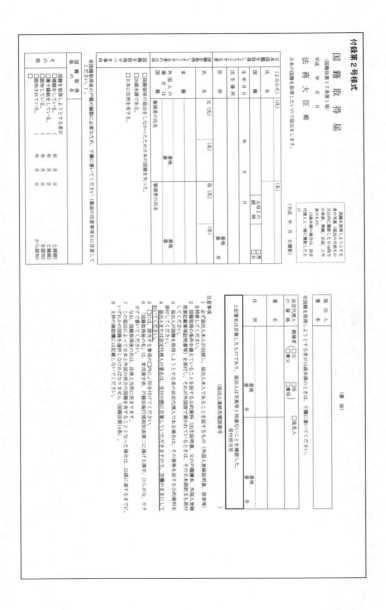

平成20年

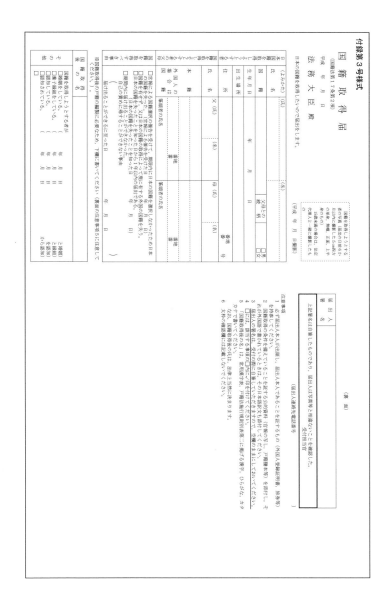

平成20年

付録第4号様式

国　籍　取　得　証　明　書		第　　　　　号

	従　前　の　氏　名	(氏)	(名)		
国籍を取得した者	国籍取得の際の外国の国籍			父の母続と柄	
	生　　年　　月　　日				
	出　生　場　所				
	出生届に関する事項	年　　月　　日			に届出
	住　　　　　所				

国　籍　取　得　年　月　日	年　　月　　日	

国籍を取得した者の父母	氏　　　　　名	父（氏）　　　（名）	母（氏）　　　（名）
	本　籍　又　は　国　籍	①　　　　　　　　　番地番	②　　　　　　　　　番地番
		筆頭者の氏名	筆頭者の氏名

国籍を取得した者の国籍取得後の氏名	(氏)	(名)

国籍を取得した者の入るべき戸籍及び身分事項	

備　　　　　考	

上記の者は{ 昭　和　59　年改正法籍附則法則 }第　条第　項
平　成　20　年改正法附則
の届出により日本の国籍を取得したことを証明する。

平成　　年　　月　　日　　　　　　　　　　　法務局（地方法務局）長

注意事項：この証明書は，戸籍法第102条の届書に添付して市区町村長に提出してください。
（　　　年　　月　　日交付　印）

272

平成20年

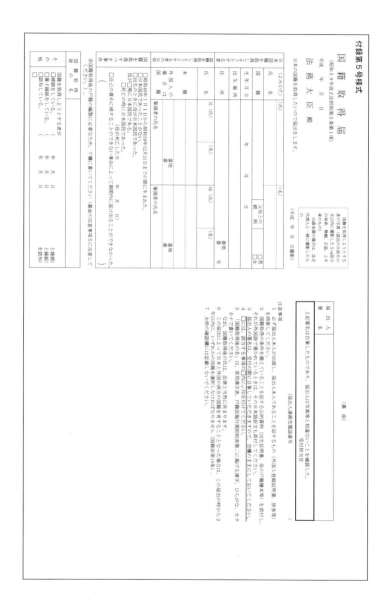

平成20年

付録第6号様式

国籍取得届

（昭和59年法務省訓令第6号第1項）

法務大臣　殿

平成　年　月　日

日本の国籍を取得したいので届出をします。

（ふりがな）	（氏）	（名）
氏名		
国籍		
生年月日	年　月　日	
出生場所		
住所		

氏名	父（氏）	（名）	父母との続柄
	母（氏）	（名）	

国籍を取得しようとする者の写真（届出の日前6か月以内に撮影した単身、無帽、正面、上半身のもの）
代理人と一緒に撮影したもの可

（平成　年　月　日撮影）

国籍を取得しようとする者が15歳未満のときは、下欄に書いてください。

国籍を取得しようとする日	（これは法務省訓令第5条第1項の届出により日本の国籍を取得した日）	平成　年　月　日

□男　□女

国籍を取得しようとする者が日本の国籍を取得した日　番地　号

外国人の場合　番地　号

国籍取得の事由

□父又は母が日本の国籍を取得したとき
□日本国籍でない父又は母に認知された
□その他

国籍取得届の編綴を必要なら、下欄に書いてください（裏面の注意事項第6に注意してください）。

国籍取得後の本籍

氏名　氏　名

□国籍を取得しようとする者が
□国籍を取得している。
□日本国籍である。
□帰化しようとしている。
□帰化している。
□認知している。
□認知されている。

年　月　日
年　月　日
年　月　日
年　月　日
から取得

（裏）

届出人氏名

当該国籍を取得しようとする者が15歳未満のときは、下欄に書いてください。

法定代理人の資格	□父　□母　□養父　□養母　□後見人	
氏名		
住所	番地　号	

（法定代理人連署　押印）

受付担当官

注意事項

1 必ず届出人本人が出頭し、届出人本人であることを証する...
2 国籍の取得を証する...公的資料（出生証明書、父母の戸籍謄本等）を添付...
3 届出人が外国籍を有する者は、その日本国籍文書等を添付...
4 添付しなければならない書類は、その資格を証する公的資料...
5 届出人又は法定代理人であることを証するものを持参...
6 この届出は、届出の本籍地又は住所地の...
7 この届出によって日本で外国の国籍を有することとなった者は、満20歳...届出の時から2年以内に、いずれかの国籍を選択しなければなりません。（国籍法第14条）。
8 ...

（届出人連署先筆担当官）

平成20年

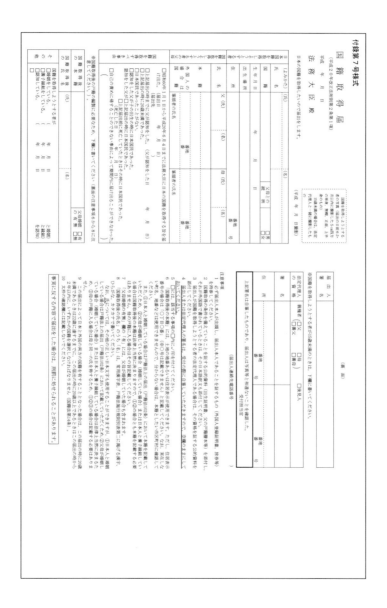

平成20年

付録第8号様式

国籍取得届

（平成20年改正法附則第4条第1項）

平成　年　月　日届出

法務大臣殿

日本の国籍を取得したいので届出をします。

（代理人と一緒に来署した上は、代理人の署名も要します）

日本人（よみかた）	氏 名	（氏）　　　　　　　（名）	
国籍を取得する者	国 籍		男・女
	生年月日	年　月　日	父母との続柄
	出生場所		長男女
	住 所		番地 番 号
	氏 名	父（氏）　　　（名）　　母（氏）　　　（名）	
外国人の父母	国 籍		
	住 所		番地 番 号
	本 籍	筆頭者の氏名	

（届出人連絡先電話番号　　　　　　　　）

届出人署名　　　　　　　　　　　（裏面）

276

平成20年

付録第9号様式

国 籍 取 得 届
（平成20年改正法附則第5条第1項）

平成　年　月　日届出

法 務 大 臣　殿

日本の国籍を取得したいので届出をします。

（平成　年　月　日受付）

届出人	
署　名	
住　所	

（届出人連絡先電話番号）

上記署名は自筆でのものであり、届出人は写真等と相違ないことを確認した。

受付担当官

（裏　面）

平成20年

【86】

法務省民事局長通達　平20・12・18民一3302号

（要旨－国籍法及び国籍法施行規則の一部改正に伴う戸籍事務の取扱いについて）

民事局長通達（平成20年12月18日民一第3302号）

改正－平成23年9月28日民一第2313号通達

　国籍法の一部を改正する法律（平成20年法律第88号。以下「改正法」という。）が平成21年1月1日から施行されることに伴い，国籍法施行規則の一部を改正する省令（平成20年法務省令第73号。以下「改正省令」という。）が本日公布され，改正法の施行の日から施行されることとなりました。

　この改正に伴う戸籍事務については，下記のとおり取り扱うこととしますので，これを了知の上，貴管下支局長及び管内市区町村長に周知方取り計らい願います。

　なお，本通達中，「法」とあるのは改正法による改正後の国籍法を，「規則」とあるのは戸籍法施行規則（昭和22年司法省令第94号）を，「国籍取得の届出」とあるのは戸籍法（昭和22年法律第224号）第102条の規定による国籍取得の届出をいいます。

　おって，本通達に反する当職通達又は回答は，本通達によって変更するので，念のため申し添えます。

記

第1　国籍取得の届出

　改正法により，出生後に日本国民から認知された子が法務大臣に届け出ることによって日本国籍を取得するためには，

278

父母の婚姻を要しないこととされた(法第3条)。これにより，法第3条，改正法附則第2条（第3条により第2条第1項の届出をしたものとみなされる場合を含む。以下同じ。），第4条又は第5条により日本国籍を取得した者は，一定期間内に市区町村長に届け出なければならないこととされた（戸籍法第102条，改正法附則第八条）。

1　戸籍の記載

　　法第3条，改正法附則第2条又は第4条により法務大臣に対する届出により国籍を取得した場合の戸籍の記載は，別紙1の例による。ただし，準正子の取扱いについては従前どおりとする。

2　国籍を取得した者の称すべき氏及び入籍する戸籍

(1)　法第三条，改正法附則第2条又は第4条により法務大臣に対する届出により国籍を取得した者の称すべき氏及び入籍する戸籍は，次の原則によるものとする。ただし，準正子の取扱いについては，昭和59年11月1日付け法務省民二第5500号当職通達（以下「5500号通達」という。）第3の1(2)を適用するものとする。

　ア　国籍を取得した者の氏は，新たに定めるものとする。ただし，国籍を取得した者が国籍取得時に日本人の養子であるときは養親の氏を称し，国籍を取得した者が国籍取得時に日本人の配偶者であるときは，国籍取得の届出において日本人配偶者とともに届け出る氏を称するものとする。

　イ　国籍を取得した者がアにより氏を新たに定めるとき

平成20年

は，新戸籍を編製するものとし（戸籍法第22条），養親の氏を称するときはその戸籍に入り，日本人の配偶者であるときであって自己の氏を称するときは新戸籍を編製するものとし，日本人配偶者の氏を称するときはその戸籍に入る。

ウ　国籍を取得した者の母が国籍取得時にすでに帰化等により日本国籍を取得しているときは，ア及びイにより氏を新たに定め新戸籍を編製するほか，母の戸籍に入籍することを希望する場合は，母の戸籍に入る。

(2)　改正法附則第5条により国籍を取得した者は，嫡出子の場合は父又は母の改正法附則第2条による国籍取得時の氏を称しその戸籍に入り，嫡出でない子の場合は母の改正法附則第2条による国籍取得時の氏を称しその戸籍に入る。

(3)　国籍を取得した者が新たに氏を定めるときに用いる文字は正しい日本文字を用いるものとし，漢字を用いる場合は次に掲げる字体で記載するものとする。

ア　常用漢字表（平成22年内閣告示第2号）の通用字体

イ　規則別表第2の1に掲げる字体

ウ　康煕字典体又は漢和辞典で正字とされている字体

エ　当用漢字表（昭和21年内閣告示第32号）の字体のうち，常用漢字表においては括弧に入れて添えられなかった従前正字として取り扱われてきた「慨」,「概」,「免」及び「隆」

オ　国字でアからエまでに準ずる字体

カ　平成22年11月30日付け法務省民一第2903号当職通達
　　により改正された平成２年10月20日付け法務省民二第
　　5200号当職通達別表に掲げる字体

3　国籍を取得した者の名

　　法第３条，改正法附則第２条，第４条又は第５条により
国籍を取得した者（以下「国籍を取得した者」という。次
項において同じ。）の名については，第5500号通達第３の
１(3)を適用するものとする。

4　国籍取得の届出に添付する書面

　　国籍を取得した者は，国籍取得の届書に国籍取得前の身
分事項を記載し，その身分事項を証すべき書面を添付しな
ければならない（規則第58条の２，改正省令附則第３条）。
ただし，国籍取得証明書（戸籍法第102条第２項）に身分
事項に関する記載があるときは，その事項については更に
資料を添付することを要しない。

5　国籍取得の届書の様式

　　平成12年３月15日付け法務省民二第602号当職通達で示
されていた国籍取得の届書の標準様式は，別紙２のとおり
改めるものとする。

　　なお，従前の様式による届書の用紙は，本通達実施後に
おいても当分の間使用することができる。

6　国籍取得の日

　　改正法第３条により日本国籍を取得する日は，法務大臣
に届け出た日である。

　　改正法附則の規定により日本国籍を取得する日は以下の

とおりとされた。

(1)　改正法附則第２条による届出の場合

　　法務大臣に届け出た日

　　ただし，平成15年１月１日以後に従前の届出をしているとき及び改正法附則第３条により第２条の届出をしたものとみなされる場合は，従前の届出の日とされた。

(2)　改正法附則第４条又は第５条による届出の場合

　　法務大臣に届け出た日

７　国籍取得の届出期間の起算日の特例

　　改正法附則第８条により戸籍法第102条が準用される場合において，国籍取得の届出期間の起算日については，改正法附則第２条による届出のうち，平成15年１月１日以後に従前の届出をしている場合は，改正法附則第２条による届出をした日と読み替えるものとし，改正法附則第３条により改正法の施行の日に第２条による届出をしたものとみなされる場合は，改正法の施行の日と読み替えるものとされた。

８　国籍留保の届出期間の特例

　　改正法附則第２条第１項及び第３項ただし書により日本国籍を取得した者を父又は母とし，その取得の時以後改正法附則第２条第１項の規定による届出の日前までに，国外で出生し，外国の国籍を取得した子の戸籍法第104条による国籍留保の期間の起算日については，父又は母が平成15年１月１日以後に従前の届出をしている場合にあっては，改正法附則第２条による届出をした日であり，父又は母に

ついて改正法附則第3条により改正法の施行の日に第2条の届出をしたものとみなされる場合にあっては，改正法の施行の日とされた（改正法附則第9条）。

第2　虚偽の認知届がされたことを理由として法第3条による法務大臣に対する届出が不受理とされた場合の戸籍訂正手続について

1　認知者への通知

虚偽の認知届がされたことを理由として法第3条による法務大臣に対する届出が不受理とされた場合には，法務局又は地方法務局の長から戸籍法第24条第3項により当該認知事項の記載が法律上許されないものであることを認知当時の認知者の本籍地の市区町村長に通知がされることとされた（本日付け法務省民一第3300号当職通達第1の5(1)）。当該通知を受けた市区町村長は，同条第1項により，遅滞なく認知者に対し認知事項の記載が法律上許されないものであることを通知するものとする。

2　職権訂正

1の通知をすることができないとき，又は通知をしても戸籍訂正の申請をする者がないときは，市区町村長は，戸籍法第24条第2項により，管轄法務局，地方法務局又はその支局の長の許可を得て，認知者の戸籍の認知事項を消除するものとする。

3　被認知者への通知

2により，認知事項を職権により消除した市区町村長は，被認知者（被認知者が十五歳未満の場合はその法定代理人）

283

平成20年

にその旨を通知するものとし，通知の様式は別紙３又は４
に準じた様式とする。
第３　渉外の創設的認知の届出に関する留意点
　　渉外の創設的認知の届出を受理するに当たっては，以下の
点に留意するものとする。
１　父又は母が認知することができるのは嫡出でない子であ
　るとされていることから（民法第779条），認知届を受理す
　るに当たり，嫡出でない子であることについては，原則と
　して，母の本国官憲が発行した独身証明書をもって審査を
　行うものとする。
　　ただし，独身証明書以外に母の本国官憲が発行した婚姻
　要件具備証明書や家族関係証明書等によって当該子が嫡出
　でない子であることが確認できる場合は，当該認知届を受
　理することができる。
２　独身証明書等の発行制度がない場合や独身証明書等を入
　手することができないやむを得ない事情が存する場合等市
　区町村の窓口において，届出の受否について疑義を生じた
　場合は，管轄法務局，地方法務局又はその支局の長に指示
　を求めるものとする。

平成20年

（別紙１）
(1) 紙戸籍の場合
　子の身分事項欄
　「平成17年12月25日東京都千代田区で出生平成18年１月４日母届出㊞」
　「平成22年８月12日東京都千代田区平河町一丁目四番地甲野幸雄同籍義太郎認知届出㊞」
　「平成22年11月４日国籍取得同月28日親権者母届出入籍（取得の際の国籍フィリピン共和国従前の氏名ルイサ、マリア）㊞」

　父の身分事項欄
　「平成22年８月12日国籍フィリピン共和国ルイサ、マリア（西暦2005年12月25日生母ルイサ、ベルナール）を認知届出㊞」
　「平成22年11月４日子甲野マリ子（新本籍東京都千代田区平河町一丁目四番地）国籍取得同月28日記載㊞」

(2) コンピュータ戸籍の場合
　子の身分事項

出　　生	【出生日】平成１７年１２月２５日 【出生地】東京都千代田区 【届出日】平成１８年１月４日 【届出人】母
認　　知	【認知日】平成２２年８月１２日 【認知者氏名】甲野義太郎 【認知者の戸籍】東京都千代田区平河町一丁目４番地 　　甲野幸雄
国籍取得	【国籍取得日】平成２２年１１月４日 【届出日】平成２２年１１月２８日 【届出人】親権者母 【取得の際の国籍】フィリピン共和国 【従前の氏名】ルイサ，マリア

　父の身分事項

認　　知	【認知日】平成２２年８月１２日 【認知した子の氏名】ルイサ，マリア 【認知した子の国籍】フィリピン共和国 【認知した子の生年月日】西暦２００５年１２月２５日 【認知した子の母の氏名】ルイサ，ベルナール
子の国籍取得	【子の国籍取得日】平成２２年１１月４日 【子の氏名】甲野マリ子 【子の新本籍】東京都千代田区平河町一丁目４番地 【記録日】平成２２年１１月２８日

（編注　別紙２は省略）

285

平成20年

（別紙3）

平成　年　月　日

　　　　　　　　　様

市区町村長

お　知　ら　せ

　あなたを被認知者とする下記1の戸籍に記載された認知事項については，下記のとおり戸籍訂正がされました。

記

1　認知事項が記載された戸籍
　　　　本　　　籍
　　　　筆頭者氏名
2　認知届の届出年月日

3　認知者の氏名

4　訂正の内容
　　　認知者の身分事項欄に記載された被認知者の認知事項を消除した。

（別紙4）※被認知者の法定代理人に通知する場合

平成　年　月　日

　　　　　　　　　様

市区町村長

お　知　ら　せ

　下記4に記載された方を被認知者とする下記1の戸籍に記載された認知事項については，下記のとおり戸籍訂正がされました。

記

1　認知事項が記載された戸籍
　　　　本　　　籍
　　　　筆頭者氏名
2　認知届の届出年月日

3　認知者の氏名

4　被認知者の氏名

5　訂正の内容
　　　認知者の身分事項欄に記載された被認知者の認知事項を消除した。

【87】

法務省民事局民事第一課長通知　平21・3・26民一762号
（要旨－ブラジル人を当事者とする創設的婚姻届の取扱いについて）

民事局民事第一課長通知（平成21年3月26日民一第
762号法務局民事行政部長，地方法務局長あて）

（通知）標記については，ブラジル人当事者について，同国民法第1521条第6号の規定により禁止されている既婚者間の婚姻に該当しないことの要件を審査するために，ブラジル本国で発行される「出生証明書（CERTIDAO DE NASCIMENTO）」を添付させ，その記載内容により審査する取扱いとされているところですが，当該証明書の備考欄の付記の取扱いにつき疑義が生じていることから，外務省に照会したところ，今般，在ブラジル日本国大使館から下記のとおり回答がありました。

　ついては，今後，備考欄に「記載事項無し（Nada consta）」の記載がある出生証明書又は備考欄が空白である出生証明書の提出があった場合は，これを独身証明書として取り扱って差し支えありませんので，これを了知の上，貴管下支局長及び管内市区町村長に周知方取り計らい願います。

記

　出生証明書（CERTIDAO DE NASCIMENTO）の備考欄に「記載事項無し（Nada consta）」とある場合，独身であることを意味しているが，当該欄が空白の場合も同様に独身であることを意味している。

　備考欄には，ブラジル国の登記所によっては「記載事項無し」

平成21年

と記載するところもあるが，特段記載すべき事項がないときに
は何も記載することなく空欄のままで発行する登記所もある。

【88】
法務省民事局民事第一課長通知　平21・9・1民一2012号
（要旨－外国での使用を目的として日本人の身分事項に関する証明書の交付請求があった場合の取扱いについて）

　　　　　　民事局民事第一課長通知（平成21年9月1日民一第
　　　　　　2012号法務局民事行政部長，地方法務局長あて）

　（通知）外国での使用を目的として日本人について戸籍の記載
から明らかな一定の身分事項（年齢，独身であること等）に関
する証明書の交付請求があった場合については，当該外国にお
いて同身分事項を直接証明する書面の提出が必要とされ，戸籍
謄本等の提出では足りない等の特別の事情があると認められる
ときは，同身分事項に関する証明書を一般行政証明として発行
することは差し支えないものと考えます。

　そして，上記身分事項に関する証明書は，別紙1又は2の参
考様式の例により，請求に係る証明内容に応じて，独身である
こと（又は未婚であること），日本法上の婚姻適齢に達してい
ること等の身分事項について証明することが相当であると考え
ます。

　ついては，上記取扱いについて，貴管下支局長に周知すると
ともに，管内市区町村に対し，協力を求めるようにお取り計ら
い願います。

　なお，本通知は，婚姻要件具備証明書の様式を示した平成14

288

平成21年

年5月24日付け法務省民一第1274号当職通知の取扱いを変更するものではありませんので，念のため申し添えます。

（別紙1）

交付番号第　　　号

証　明　書

戸籍の表示 （本　籍　地） （筆頭者氏名）		
出　生　地		
父		続柄
母		
氏　　　名		
生年月日		

何年何月何日付け〇〇市（区町村）長発行の戸籍謄（抄）本によれば，上記の者は，独身であること（又は未婚であること）を証明する。

年　　　月　　　日

〇〇（地方）法務局長　何　　某　　印

平成21年

（別紙２）

交付番号第　　　号

証　明　書

戸籍の表示 （本　籍　地） （筆頭者氏名）		
出　生　地		
父		続柄
母		
氏　　名		
生年月日		

　何年何月何日付け〇〇市（区町村）長発行の戸籍謄（抄）本によれば，上記の者は，独身であり（又は未婚であり），日本法上の婚姻適齢に達していることを証明する。

年　　　　　月　　　　　日

〇〇（地方）法務局長　何　　某　　印

※　未成年者の場合は，証明文は，「何年何月何日付け〇〇市（区町村）長発行の戸籍謄（抄）本によれば，上記の者は，独身であり（又は未婚であり），日本法上の婚姻適齢に達している（ただし，日本法上，未成年の子が婚姻するには，別に父母の同意を得なければならない。）ことを証明する。」の例による。

平成22年

【89】

法務省民事局民事第一課長通知　平22・3・31民一833号

(要旨－中国人を当事者とする創設的婚姻届の審査について)

民事局民事第一課長通知（平成22年3月31日民一第833号法務局民事行政部戸籍課長，地方法務局戸籍課長あて）

（通知）標記審査については，今後，下記のとおり取り扱うこととしますので，貴管下支局長及び管内市区町村長に周知方取り計らい願います。

記

1　中国人と日本人を当事者とする婚姻について

（1）　中国人当事者の実質的成立要件の準拠法

法の適用に関する通則法（以下「通則法」という。）第24条第1項，同法第41条及び中華人民共和国民法通則第147条により日本法が適用される。

（2）　中国人当事者の婚姻要件の審査

性別及び年齢については，性別及び出生年月日の記載されている公証書，独身であることについては，無婚姻（無再婚）登記記録証明，未婚姻公証書等婚姻登記記録がない旨の公証書又は未（再）婚声明書に公証員の面前で署名したことが証明されている公証書，再婚禁止期間が経過していることについては，上記公証書で審査できない場合には離婚公証書等により審査することとする。ただし，婚姻要件具備証明書が添付された場合は，これにより性別，年齢及び独身であることを審査して差し支えない。

291

平成22年

2　中国人同士を当事者とする婚姻について
　(1)　実質的成立要件の準拠法
　　　　通則法第24条第1項により中国法が適用される。ただし，駐日中華人民共和国大使館発行の定住証明書又は日本国が日本法に基づいて婚姻を許す場合異議を表明しない旨の証明書のいずれかが添付されている場合は，その者については日本法が適用される。
　(2)　婚姻要件の審査
　　　　上記2(1)により実質的成立要件の準拠法が中国法である場合は婚姻要件具備証明書により審査する。ただし，婚姻要件具備証明書が添付できない場合は，婚姻要件具備証明書が得られない旨の申述書の提出を求め，性別，年齢及び独身であることについては，上記1(2)と同様の方法により審査するものとする。この場合，中国法上の「近親婚でないこと」及び「医学上婚姻すべきでないと認められる疾病を患っていないこと」の要件については，申述書の提出を求め，これによって審査することとする。
　　　　上記2(1)ただし書きにより実質的成立要件の準拠法が日本法である場合は，上記1(2)と同様の方法により審査するものとする。

【90】
民事局民事第一課長回答　平22・6・23民一1540号
　(要旨－永住者の資格で日本に居住する中国人夫婦が妻の兄夫婦の嫡出子を養子とする創設的縁組届出について，養親となる

夫婦は中華人民共和国養子縁組法第７条第２項における華僑で
あると認められるが，妻の兄の子は姻族であることから，同法
第７条第１項及び第２項の「３代以内の同輩の傍系血族の子を
養子とするとき」に該当しないため養子縁組をすることはでき
ないとされた事例）

　　　　東京法務局長照会（平成21年３月16日二戸１第137号）
　　　永住者の資格で日本に居住する中国人夫婦が妻の兄夫婦
　　　の嫡出子を養子とする創設的縁組届出における中華人民
　　　共和国養子縁組法７条２項の規定の適用（華僑該当性）
　　　の有無等について
（照会）標記の件について，東京都北区長から別添のとおり照
会がありました。
　本件において，妻の兄夫婦の嫡出子（満15歳・妻の姪）を養
子としようとする中国人夫婦は，永住者の資格で日本に居住し，
嫡出子２名を有しています。
　中華人民共和国養子縁組法（以下「養子法」という。）７条
１項は，３代以内の同輩の傍系血族の子を養子とするときは，
養子となる者が14歳未満であることの要件（養子法４条）を免
除しています。また，養子法６条は，養子となる者に子がない
ことを縁組成立のための要件として規定していますが，養子法
７条２項は，養親となる者が「華僑」である場合は，３代以内
の同輩の傍系血族の子を養子とするときは，子がないことの要
件を免除する旨規定しています。
　当職としては，本件については，養子となる子が未成年者（18
歳未満，中華人民共和国民法通則11条，養子法４条）であり，

養親となる夫婦は，いずれも永住者の資格で日本に居住する者であり，養子法7条2項に規定する「華僑」と認めて，養親となる者に子がないことの要件を免除し，必要的夫婦共同縁組（養子法10条2項）として，受理して差し支えないものと考えております。

しかし，同種の先例等が見当たらず，また，養子法10条1項は，実父母双方が共同して養子を送り出すことを要する旨規定するが，本件については，養子となる子の実父が死亡しており，実母のみの代諾で差し支えないと考えるが（養子法10条1項），亡くなった実父の父母の同意（養子法11条，18条）を要するか否かが不明であること，さらに，養親となる者につき，「養子となる者を撫養教育する能力を有すること」及び「医学上子を養子とすべきではないと認められる疾病を患っていないこと」（養子法6条2号及び3号）の各要件について，いかなる書面等を求めて審査すべきかが不明であり，以上につき，当局から駐日中国大使館領事部に確認したが，情報が得られなかったこともあり，この取扱いについては，なお疑義があります。

つきましては，何分の御指示を賜りたく，照会いたします。

民事局民事第一課長回答（平成22年6月23日民一第1540号）

（回答）平成21年3月16日付け2戸1第137号をもって照会のあった件については，下記のとおりと考えます。

記

1　華僑とは「国外に定住する中国公民」をいうとされており（中華人民共和国華僑及び華僑家族の権利及び利益保護法第

２条），また，一般に，永住者の在留資格をもって我が国に在留する者は，我が国に定住しているものと考えられている。したがって，本件養親となる夫婦は，永住者の在留資格をもって我が国に在留していることから，華僑であると認められる。

2　妻の兄の子は姻族であることから，養父となる者については，本件養子縁組は，中華人民共和国養子縁組法（以下「養子法」という。）第７条第１項及び第２項の「３代以内の同輩の傍系血族の子を養子とするとき」に該当しない。したがって，養父となる者は，本件養子縁組をすることができない（養子法第４条柱書き，第６条第１号）。また，養母となる者は，単独で養子をすることはできない（養子法第10条第２項）ことから，本件養子縁組をすることはできない。

3　養子となる者の実父母の一方が死亡している場合には，養子縁組について，生存親の同意のほか，死亡した実親の父母の同意が必要である。

4　養子法第６条第２号及び第３号の各要件については，要件具備証明書又は要件具備証明書を得られない旨及び当該各要件を備えている旨が記載された申述書並びに当該各要件に関する本国官憲作成の証明書（これを提出させることができないときは，当該各要件を満たしている旨の判断の資料となり得る本国官憲発給の身分関係を証する書面）を提出させ，これらに基づき判断することになる。

平成22年

【91】
法務省民事局民事第一課長通知　平22・6・23民一1541号
（要旨－日本人が中国人を養子とする場合の取扱いについて）
民事局民事第一課長通知（平成22年6月23日民一第1541号）

（通知）標記取扱いについては，平成6年3月31日付け法務省民二第2439号当職通知により取り扱っておりますが，今般，外務省領事局政策課から中華人民共和国養子縁組法（以下「中国養子法」という。）の調査についての回答があったことを踏まえ，今後は，下記のとおりとしますので，これを了知の上，貴管下支局長及び市区町村長に周知方取り計らい願います。

なお，平成6年3月31日付け法務省民二第2439号当職通知は廃止します。

記

1　養子が10歳未満である場合

養子縁組には，法の適用に関する通則法（平成18年法律第78号）第31条第1項後段の要件（以下「養子の保護要件」という。）として，中国人実父母の同意が必要である（中国養子法第10条参照）が，同意の方式については，定めがない。

したがって，中国人実父母が縁組代諾者として届出人となり，養子縁組届書に署名・押印している場合には，中国人実父母の同意書が添付されていなくても，それらの同意があるものと取り扱って差し支えない。

なお，養子本人の同意は，不要である（同法第11条参照）。

2　養子が10歳以上で15歳未満である場合

平成22年

　　養子縁組には，養子の保護要件として，中国人実父母の同
　意及び養子本人の同意が必要であるが，同意の方式について
　は，定めがない。
　　したがって，中国人実父母が縁組代諾者として届出人とな
　り，養子縁組届書に署名・押印している場合には，中国人実
　父母の同意書が添付されていなくても，それらの同意がある
　ものと取り扱って差し支えない。
3　養子が15歳以上である場合
　　養子縁組には，養子の保護要件として，中国人実父母の同
　意及び養子本人の同意が必要であるが，同意の方式について
　は，定めがない。
　　したがって，養子本人が養子縁組届書に署名・押印してい
　る場合には，養子本人の同意書が添付されていなくても，そ
　の同意があるものと取り扱って差し支えない。

【92】
法務省民事局長通達　平22・7・21民一1770号
（要旨－在外公館で受理した戸籍の届書に不備がある場合の取
扱いについて）
　　　　　　民事局長通達（平成22年7月21日民一第1770号法務局
　　　　　　　　長，地方法務局長あて）
（通達）在外公館で受理した戸籍の届書に不備があるため戸籍
の記載をすることができない場合の取扱いについては，当該届
書の送付を受けた市区町村長が当該届書を管轄法務局若しくは
地方法務局又はそれらの支局（以下「管轄法務局等」という。）

297

平成22年

を経由して法務省に回送し，法務省が外務省を経由してこれを
在外公館に返戻することとしています（昭和25年 5 月23日付け
法務府民事甲第1357号当職通達）が，事務の効率化により戸籍
への身分事項の登載をより迅速化するため，外務省との協議の
結果，今後は，下記のとおりとしますので，これを了知の上，
貴管下支局長及び管内市区町村長に周知方取り計らい願います。
　なお，上記の当職通達は，廃止します。

記

1　届書の不備が軽微であり，外務省及び在外公館を通じて届
　出人に事実関係を確認することによって戸籍の記載をするこ
　とができる場合
　　市区町村長は，外務省を通じて在外公館に対し，届出人へ
　の事実関係の確認を依頼し，在外公館において届出人に確認
　した事項について外務省から連絡を受けたときは，届書の不
　備の箇所に補正事項を記載した符せんをはる等の方法を執っ
　た上で，戸籍の記載をするものとする。
2　届書の追完によって届書の不備を補正することができる場
　合
　　市区町村長は，外務省を通じて在外公館に対し，届出人に
　届書の追完を促すよう依頼し，届出人から在外公館及び外務
　省を経由して遅滞なく追完がされたときは，これに基づき戸
　籍の記載をするものとする。
　　市区町村長は，届出人から遅滞なく追完がされないときは，
　関係戸籍の謄本若しくは抄本又は戸籍法（昭和22年法律第
　224号）第120条第 1 項の書面（以下「謄抄本等」という。）

を添付して，管轄法務局等を経由して当該届書を法務省に回送するものとする（当該届書は，法務省において，外務省を経由して在外公館に返戻することとする。）。

3　届出人への事実関係の確認又は届書の追完によって届書の不備を補正することができない場合

市区町村長は，直ちに，謄抄本等を添付して，管轄法務局等を経由して当該届書を法務省に回送するものとする（当該届書は，法務省において，外務省を経由して在外公館に返戻することとする。）。

【93】
法務省民事局民事第一課長回答　平23・2・9民一320号
（要旨－フランス法に基づく断絶型養子縁組に関する戸籍記載につき，養子縁組後の子と父母との続柄を「長女」とし，養子縁組後の養子の身分事項欄に特記事項として，「実父方の血族との親族関係の終了」と記載するのが相当とされた事例）

　　　　静岡地方法務局長照会（平成22年11月11日戸第936号）
　　　　フランス法に基づく断絶型養子縁組に関する戸籍記載について

（照会）今般，当局浜松支局長から，在マルセイユ日本国総領事が受理し，下記1記載の事件本人本籍地である浜松市西区に送付されたフランス法に基づく断絶型養子縁組届に関し，戸籍の記載内容について疑義があるとして照会がありました。

　当局において検討した結果，別紙記載例案のとおり戸籍に記録したいと考えているところ，下記2の点について疑義があり

平成23年

ますので，処理方につき御指示を賜りたく照会いたします。な
お，当該届書には，「外務省領事局政策課領事サービス室　戸
籍国籍班　○○」氏作成の付せんが添付されており，「法務省
と協議の上」との記載があることを申し添えます。

　　　　　　　　　　記

1　本件事案の概要

　　事件本人（養子）　A（日本国籍）

　　事件本人父　　　　空欄

　　事件本人母　　　　B（日本国籍）

　　父母との続柄　　　「女」（Bの嫡出でない子）

　　　　　　　　　　　※ただし，続柄更正申出により「長女」
　　　　　　　　　　　と更正予定

　　養父　　　　　　　C（フランス国籍）

　　縁組の方式　　　　フランス国の方式

　　証書提出日　　　　平成22年7月13日

　　証書提出者　　　　C

　　受理日　　　　　　平成22年7月13日（在マルセイユ日本国
　　　　　　　　　　　総領事館）

　　送付日　　　　　　平成22年9月10日（浜松市西区）

2　疑義がある点

　(1)　事件本人は，母と縁組していないが，法の適用に関する
　　　通則法31条，フランス民法356条2項及び358条により，母
　　　との関係においても夫婦双方による縁組の効果を生じ，嫡
　　　出子の身分を取得したと解釈して差し支えないか。

　(2)　本件届書には，子の続柄につき「女」から「長女」へ更

300

正することを希望する旨の記載があるところ，本件届書の
届出人は養父であり，平成16年11月１日付け法務省民一第
3008号通達記２(1)に規定されている申出人に該当しないが，
嫡出でない子の父母との続柄欄の記載の更正の申出があっ
たと解釈して差し支えないか。また，その際の更正事由は
「親権者母の申出」として差し支えないか。

(3)　本件届書のその他欄には「実父方との親族関係終了」と
の記載があるところ，事件本人の父親欄は空欄であり，法
律上の父はないが，特記事項として「実父方との親族関係
終了」の旨を記録する必要があるか。また，特記事項の記
録が必要な場合，参考記載例69にならい「実父方の血族と
の親族関係終了」と記録して差し支えないか。

(4)　フランス民法355条によれば，縁組の効力発生時期につ
き「養子縁組は，養子縁組の申請の提出の日から，その効
力を生じる。」とあるところ，ブラジル国の裁判離婚に関
する昭和57年９月８日付け法務省民二第5623号通達に準じ，
コンピュータ記載例中，「縁組の裁判確定日」欄を申立日
である「平成21年９月25日」とし，「特記事項」欄に「縁
組の裁判確定日は縁組の申立日である」と記載して差し支
えないか。

　　また，本件届書添付の判決書中に「控訴が可能である。」
と明記されているが，当該判決は確定しているものと解し
て差し支えないか。

　　民事局民事第一課長回答（平成23年２月９日民一第
　　320号）

平成23年・平成24年

（回答）平成22年11月11日付け戸第936号をもって照会のあった件については，下記のとおりと考えます。

　　　　　　　　記

1　養子は，本件養子縁組によっては実母の嫡出子の身分を取得していない。

2　本件養子縁組の届出人である養父は，平成16年11月１日付け法務省民一第3008号民事局長通達に基づく父母との続柄の更正の申出をすることはできない。

　　ただし，本件養子縁組後の子と父母との続柄の記載については，「長女」と記載すべきである。

3　本件養子縁組後の養子の身分事項欄には，特記事項として「実父方の血族との親族関係の終了」と記録するのが相当である。

4　本件養子縁組の裁判確定日は，実母から在マルセイユ総領事に提出された最終判決証明書（別添）から，平成22年１月８日と認めるのが相当である。

【94】

法務省民事局長通達　平24・6・25民一1550号

（要旨－出入国管理及び難民認定法及び日本国との平和条約に基づき日本の国籍を離脱した者等の出入国管理に関する特例法の一部を改正する等の法律等の施行に伴う戸籍に関する従来の通達の取扱いについて）

　　　　　民事局長通達（平成24年６月25日民一第1550号法務局長，地方法務局長あて）

302

平成24年

（通達）出入国管理及び難民認定法及び日本国との平和条約に基づき日本の国籍を離脱した者等の出入国管理に関する特例法の一部を改正する等の法律（平成21年法律第79号。以下「入管法改正法」という。），住民基本台帳法の一部を改正する法律（平成21年法律第77号。以下「住基法改正法」という。）及び出入国管理及び難民認定法及び日本国との平和条約に基づき日本の国籍を離脱した者等の出入国管理に関する特例法の一部を改正する等の法律の施行に伴う法務省関係省令の整備及び経過措置に関する省令（平成23年法務省令第43号。以下「改正省令」という。）の一部が本年7月9日から施行されることに伴い，従来の外国人登録証明書及び外国人登録原票に代わるものとして，中長期在留者（入管法改正法による改正後の出入国管理及び難民認定法（昭和26年政令第319号。以下「入管法」という。）第19条の3に規定する中長期在留者をいう。以下同じ。）に対しては在留カードが，特別永住者（入管法改正法による改正後の日本国との平和条約に基づき日本の国籍を離脱した者等の出入国管理に関する特例法（平成3年法律第71号。以下「入管特例法」という。）に定める特別永住者をいう。以下同じ。）に対しては特別永住者証明書が，それぞれ交付されることとなりました。

　また，住基法改正法による改正後の住民基本台帳法（昭和42年法律第81号。以下「住基法」という。）の規定により，中長期在留者及び特別永住者を含む一定の在留資格等を有する外国人住民については，住民票が作成され，その写しが交付されることとされました。

303

平成24年

　これらの法令改正に伴い，昭和30年２月９日付け法務省民事
甲第245号当職通達等を下記のとおり改めますので，これを了
知の上，貴管下支局長及び管内市区町村長に周知方取り計らい
願います。

　なお，この通達中，「規則」とあるのは，改正省令による改
正後の戸籍法施行規則（昭和22年司法省令第94号）をいいます。

　おって，この通達に反する当職通達又は回答は，この通達に
よって変更し，又は廃止しますので，念のため申し添えます。

　　　　　　　　　記

第１　昭和30年２月９日付け法務省民事甲第245号当職通達の
　　一部改正

　　本文中「その身分関係を証する戸籍謄抄本（本国当該官憲
　　発給の身分関係の証明書を含む。）又は本人の登録原票記載
　　事項証明書（発行の日から１月以内のもの）」を「本人の住
　　民票の写し（発行の日から３月以内のもの）並びにその身分
　　関係を証する戸籍謄抄本（本国当該官憲発給の身分関係の証
　　明書を含む。）等」に改め，「追つて」以下を削除する。

第２　昭和56年９月14日付け法務省民二第5537号当職通達の一
　　部改正

　１　二中「本国法上の文字」を「ローマ字」に改める。

　２　二の次に次の二節を加える。

　　三　国籍喪失届書における国籍を喪失した者の表記

　　　　国籍喪失届書に記載する国籍を喪失した者の氏名は，
　　　戸籍に記載されている氏名で表記し，その下に外国人と
　　　しての氏名をローマ字で付記させなければならない。た

304

だし，届出人が外国人としての氏名をローマ字で付記しないときでも，便宜その届出を受理して差し支えない。

四　国籍喪失の報告における国籍を喪失した者の表記

　　官庁又は公署から国籍喪失の報告がされたときは，報告者に対し，国籍を喪失した者の外国人としての氏名をローマ字で表記した資料を添付するよう協力を求めるものとする。ただし，報告者が外国人としての氏名をローマ字で表記した資料を添付しないときでも，便宜その報告を受理して差し支えない。

第3　平成元年10月2日付け法務省民二第3900号当職通達の一部改正

　第8の1(2)中「外国人登録証明書」を「在留カード，特別永住者証明書又は住民票の写し」に改める。

第4　平成5年4月9日付け法務省民二第3319号当職通達の一部改正

　本文中「特別永住者である旨の記載がある外国人登録証明書」を「特別永住者証明書」に，「登録原票記載事項証明書」を「住民票の写し」に改める。

第5　平成20年4月7日付け法務省民一第1000号当職通達の一部改正

1　第1の5(2)ア(ア)①ⅱ中「戸籍の附票の写し，住民票の写し又は外国人登録原票の写し」を「戸籍の附票の写し又は住民票の写し」に改める。

2　第1の5(2)ア(ア)①ⅲ中「戸籍の附票，住民票又は外国人登録原票」を「戸籍の附票又は住民票」に改める。

305

平成24年

第6　経過措置等

1　中長期在留者又は特別永住者が入管法改正法の施行前から所持する外国人登録証明書については，次の期間は，規則第11条の2第1号並びに第3及び第4による改正後の各当職通達にいう在留カード又は特別永住者証明書とみなすとされた（改正省令附則第24条第1項第1号，入管法改正法附則第15条第2項，第28条第2項）。

(1)　外国人登録証明書を在留カードとみなす期間

ア　永住者

平成27年7月8日まで（平成24年7月9日に16歳に満たない者にあっては，平成27年7月8日又は16歳の誕生日（当該外国人の誕生日が2月29日であるときは，当該外国人のうるう年以外の年における誕生日は2月28日であるものとみなす。以下同じ。）のいずれか早い日まで）

イ　入管法別表第1の5の表の上欄の在留資格を決定され，同表の下欄（ニに係る部分を除く。）に掲げる活動を指定された者

在留期間の満了の日又はアに定める日のいずれか早い日まで

ウ　ア及びイ以外の者

在留期間の満了の日まで（平成24年7月9日に16歳に満たない者にあっては，在留期間の満了の日又は16歳の誕生日のいずれか早い日まで）

(2)　外国人登録証明書を特別永住者証明書とみなす期間

ア　平成24年７月９日に16歳に満たない者

　　　　16歳の誕生日まで

　　イ　平成24年７月９日に16歳以上の者であって，入管法

　　　　改正法の規定による廃止前の外国人登録法（以下「旧

　　　　外国人登録法」という。）第４条第１項の規定による

　　　　登録を受けた日（旧外国人登録法第６条第３項，第６

　　　　条の２第４項若しくは第７条第３項の規定による確認

　　　　又は旧外国人登録法第11条第１項若しくは第２項の規

　　　　定による申請に基づく確認を受けた場合には，最後に

　　　　確認を受けた日。以下「登録等を受けた日」という。）

　　　　後の７回目の誕生日が平成27年７月８日までに到来す

　　　　るもの

　　　　平成27年７月８日まで

　　ウ　平成24年７月９日に16歳以上の者であって，登録等

　　　　を受けた日後の７回目の誕生日が平成27年７月９日以

　　　　後に到来するもの

　　　　当該誕生日まで

２　中長期在留者及び特別永住者以外の外国人に対しては，

　在留カード又は特別永住者証明書は交付されず（入管法第

　19条の３，入管特例法第７条），当該外国人が入管法改正

　法の施行前から所持する外国人登録証明書は在留カード又

　は特別永住者証明書とみなされないため，当該外国人につ

　いては，規則第11条の２第１号に掲げる旅券等の他の書類

　の提示を求めることになる。

平成24年

【95】

法務省民事局民事第一課長回答　平24・7・31民一1953号

（要旨－中国村民委員会（居民委員会）発行の証明書をもって
婚姻の成立を証明する有効な証書として取り扱うことはできな
いとされた事例）

　　　　　　　　大阪法務局民事行政部長照会（平成24年7月10日戸第
　　　　　　　533号）

（照会）中華人民共和国における1953年4月1日以降（婚姻法
貫徹運動実施後）1994年1月31日以前（婚姻登記管理条例施行
前）の事実婚の効力については，上記の期間内における事実婚
の成立が公証書等の関係証拠によって認定される場合には，人
民法院の裁判等において明確に「非法同居関係」として無効と
宣言されていない限り，これを一律に有効に成立した婚姻とす
る取扱いがされているところですが，中国における上記期間内
の事実婚の成立を認定する有効な証拠とは，公証処の発行する
公証書に限られ，村民委員会（居民委員会）の発行する文書は
これに当たらないとする取扱いがされているところです。

　しかしながら，近年，上記期間内の事実婚につき，公証処か
ら事実婚の成立を証する公証書が発行されていない事案につい
ても，有効に成立した婚姻と認める審判がされていることから，
上記取扱いを今後も継続することについて，いささか疑義があ
りますので照会します。

　また，村民委員会（居民委員会）発行の証明書について，公
証処において原本に相違ない旨の証明がされている場合，村民
委員会（居民委員会）発行の証明書の内容についてまでは，公

証処が事実として証明したものではないと判断してよいか，併せて照会します。

　　　　民事局民事第一課長回答（平成24年7月31日民一第1953号）

（回答）平成24年7月10日付け戸第533号をもって照会のありました件につきましては，下記のとおりと考えます。

　　　　　　　記

　村民委員会（居民委員会）発行の証明書をもって婚姻の成立を証明する有効な証書として取り扱うことはできない。

　また，村民委員会（居民委員会）発行の証明書について，公証処において原本に相違ない旨の証明がされている場合，村民委員会（居民委員会）が発行した証明書の内容について公証処が証明したものとまでは判断することはできず，同証明書をもって公証処が発行した婚姻の成立を証明する有効な証書として取り扱うことはできない。

【96】

法務省民事局民事第一課長回答　平26・2・26民一187号

（要旨－養子が外国人と婚姻し，戸籍法第107条第2項の届出により外国人の氏を称した後に離婚し，その後に養子離縁した場合に，離縁後も引き続き呼称上の氏を称するとされた事例）

　　　　東京法務局長照会（平成25年12月17日二戸1第315号）

（照会）標記の件について，東京都世田谷区長から別添のとおり照会がありました。

　本件は養子が縁組継続中に外国人と婚姻し，戸籍法第107条

平成26年

第２項の届出により外国人の氏を称した後に離婚し，そのまま
外国人の氏を称していたところ，離縁届が受理されて養子の本
籍地へ送付された事案です。離縁により養子の民法上の氏は縁
組前の氏に戻りますが，外国人との婚姻は解消したものの，提
出された離縁の届書において養子が引き続き離縁の際に称して
いる氏を称する旨の意思表示をしていることが明らかであるこ
とから，当該届書をもって戸籍法第73条の２の届出をすること
なく，離縁の際の氏を称するものとして処理して差し支えない
と考えますが，仮に本件の養子が離縁後に縁組前の氏を称すべ
く離縁届でその旨を意思表示した場合，縁組前の氏を称するこ
とが可能かどうかを含め，いささか疑義がありますので，関係
書類を添えて照会します。

　なお，養子の離縁による復氏に関し，縁組中に婚姻により氏
を改めた後，離婚して，戸籍法第77条の２の届出をした養子が，
その後離縁をした場合は，民法上の氏は縁組前に復することと
なりますが，呼称上の氏は変更されず，戸籍法第73条の２の届
出をすることなく，離縁後も引き続き呼称上の氏を称すること
になるのか，また，養子が離縁後に縁組前の氏を称すべく離縁
届でその旨の意思表示をした場合，縁組前の氏を称することが
可能かどうかについても，何分の御指示を賜りたく照会します。
（別添省略）

　　　民事局民事第一課長回答（平成26年２月26日民一第
　　　　　187号東京法務局民事行政部長あて）
　（回答）平成25年12月17日付け二戸１第315号をもって貴局長
から照会のありました件につきましては，処理して差し支えな

310

いものと考えます。

また，本件の養子が離縁後に縁組前の氏を称すべく離縁届で
その旨の意思表示をした場合であっても，縁組中に戸籍法第
107条第2項の届出をしたときは，縁組前の氏を称することは
できないものと考えます。

なお，養子が，縁組中に婚姻により氏を他の一方の氏に改め
た後，離婚して戸籍法第77条の2の届出をし，その後に離縁を
した場合は，民法上の氏は縁組前の氏に復することとなります
が，呼称上の氏は戸籍法第73条の2の届出をすることなく，引
き続き戸籍法第77条の2の届出により称することとされた氏を
称することとなるものと考えます。

その場合において，養子が離縁後に縁組前の氏を称すべく離
縁届でその旨の意思表示をしたときであっても，縁組前の氏を
称することはできないものと考えます。

【97】

法務省民事局長通達　平26・7・3民一737号

**（要旨—母が50歳に達した後に出生した子として届けられた
出生届の取扱いについて）**

> 　　　**民事局長通達**（平成26年7月3日民一第737号法務局
> 　　　　　長，地方法務局長あて）

（通達）母が50歳に達した後に出生した子として届けられた出
生届の取扱いについては，市町村長はその受否につき管轄法務
局，地方法務局又はその支局の長（以下「管轄法務局長等」と
いう。）に照会の上で処理することとしています（昭和36年9

311

平成26年・平成27年

月5日付け民事甲第2008号当職通達）が，今後は，下記のとおり取り扱うこととしますので，これを了知の上，貴管下支局長及び管内市町村長に周知方取り計らい願います。

　　　　　　　　記

　母が50歳に達した後に出生した子として届けられた出生届については，その子を出生した施設が医療法（昭和23年法律第205号）第1条の5第1項に規定する病院（歯科医師が歯科医業を行う場所であるものを除く。）であることを，当該出生届に添付されている出生証明書によって確認することができるときは，管轄法務局長等に照会をすることなく，受理して差し支えないものとする。ただし，この場合であっても，その他の事情を考慮した結果，出生届の内容に疑義があるときは，その受否につき管轄法務局長等に照会をするものとする。

　これに対し，上記出生届に係る子の出生した施設が上記病院であることを確認することができないときは，従前のとおり，その受否につき管轄法務局長等に照会をするものとする。

【98】

法務省民事局民事第一課長回答　平27・5・20民一645号
（要旨－外国人女の嫡出でない子（日本人男から胎児認知がされている。）に係る国籍留保届について，当該日本人男が外国人女と同居している場合に届出人となることはできないとされた事例）

　　　　　　福岡法務局民事行政部長照会（平成27年4月15日戸第
　　　　　　74号）

312

（照会）今般，外国人女の嫡出でない子を胎児認知している日本人男から，当該外国人女と同居している場合，当該子の国籍留保届をすることが可能であるかにつき，相談がありました。

当職としては，戸籍法（昭和22年法律第224号）第104条第1項の規定から，国籍留保届は，原則として出生の届出をすることができる者が届出をすることができるが，同法第52条第3項の規定によって届出をすべき者，すなわち同居者等は除くとされていることから，外国人女の嫡出でない子を胎児認知した父は，子の母との同居の有無に関わらず，国籍留保届をすることはできないと考えます。

しかし，戸籍誌等において，「嫡出でない子の父は，子の母と同居していない限り，国籍留保届をすることはできない。」と解説している記事もあり，いささか疑義がありますので照会します。

　　　　民事局民事第一課長回答（平成27年5月20日民一第
　　　　645号）
（回答）本年4月15日付け戸第74号をもって照会のありました件につきましては，貴見のとおりと考えます。

【99】
法務省民事局民事第一課長回答　平27・6・1民一707号
（要旨－外国人と婚姻をした日本人が，その氏を戸籍法第107条第2項の届出により，婚姻の効果として外国人配偶者が称することとなった複合氏に変更することは認められないとされた事例）

平成27年・平成28年

名古屋法務局民事行政部長照会（平成27年4月28日戸
第188号）

（照会）今般，外国人と婚姻をした日本人から，外国人配偶者
の本国法における婚姻の効果として，外国人配偶者の氏が日本
人配偶者の氏との複合氏となり，申出により，当該複合氏が日
本人配偶者の身分事項欄に，外国人配偶者の氏として記載され
ている場合，婚姻の日から6か月以内であれば，戸籍法（昭和
22年法律第224号）第107条第2項の届出により，日本人配偶者
の氏を，当該複合氏に変更することが可能であるかにつき，相
談がありました。

当職としては，戸籍法第107条第二項の「外国人配偶者の称
している氏」に，外国人配偶者が本国法における婚姻の効果と
して称することとなった複合氏は含まれないことから，日本人
配偶者が同項の届出により自らの氏を複合氏に変更することは
認められず，この変更を希望する場合には，同条第1項の届出
によるべきものと考えますが，いささか疑義がありますので，
照会します。

民事局民事第一課長回答（平成27年6月1日民一第
707号）

（回答）本年4月28日付け戸第188号をもって照会のありまし
た件につきましては，貴見のとおりと考えます。

【100】
法務省民事局民事第一課長回答　平28・2・22民一171号
（要旨－オーストリア国の方式で成立したとして在オーストリ

ア日本大使館で受理された特別養子縁組届について，同国の養子縁組法制は，養子と実親の親族関係が断絶するものとは認められないことから，特別養子縁組として取り扱うことはできないとされた事例）

　　　神戸地方法務局長照会（平成27年10月21日戸発第356
　　　　　号）

（照会）日本人を養親とする養子縁組について，外国の裁判所で養子決定がされた場合，当該届出について民法第817条の２以下の特別養子縁組の要件を満たしているかを審査し，その要件を備えていると認められるときには，外国の方式によって特別養子縁組が成立したものとして取り扱うことができると解されています（平成４年３月26日付け民二第1504号回答）。

　オーストリアの縁組法制については，実父母と養子との家族法上の関係は例外を除き消滅する旨，同国民法第197条第２項に規定されているものの，扶養義務や相続法上の関係については，縁組成立後も維持される旨，同法第198条及び第199条に規定されており，文理的には断絶型の法制を採っていないため，特別養子縁組の記載をすることはできないと考えますが，養子縁組の成立により親族関係が終了するとする資料もあり，オーストリアの縁組法制が断絶型かにつき疑義が生じています。

　つきましては，本件縁組届の取扱いについて，何分の御指示を賜りたく，照会いたします。

　　　民事局民事第一課長回答（平成28年２月22日民一第
　　　　　171号）

（回答）平成27年10月21日付け戸発第356号をもって照会のあ

平成28年

りました標記の件につきましては，オーストリア国の養子縁組
法制は，養子と実親の親族関係が断絶するものとは認められな
いことから，特別養子縁組として取り扱うことはできないもの
と考えます。

事項別先例目次

事項別先例目次

◆　　◆　　◆

〔渉外戸籍通則編〕

【2】　外国人との婚姻届には，その国の権限ある官庁が発行し
　　　た婚姻能力を証する書面を添付させて受理する。右の場合
　　　の婚姻届書は1通でよい……………………………………　　2

【4】　新国籍法施行後，夫婦がともに日本に帰化した場合，又
　　　は夫婦の一方が日本国民であって他の一方が帰化した場合
　　　等における戸籍事務の取扱方………………………………　　5

【10】　平和条約に伴う朝鮮人，台湾人等に関する国籍及び戸籍
　　　事務の処理について…………………………………………　16

【11】　外国在留邦人から届け出た戸籍届書に錯誤又は遺漏があ
　　　る場合の市町村長の処置……………………………………　19

【12】　日本の国籍を有しない者に関する戸籍届書類の保存は，
　　　戸規第50条によって取り扱う………………………………　20

【13】　日本に在留する外国人の出生又は死亡については，その
　　　者の所属する国の駐日公館にその国の法律に基き出生又は
　　　死亡に関する登録をしても，戸籍法による届出義務が消滅
　　　するものでない………………………………………………　20

【15】　外国に在る日本人がその国の方式に従って婚姻し戸籍法
　　　第41条によって証書の謄本を提出する場合は，必ずしも夫
　　　婦双方の署名を要するものでなく，また証人の連署は必要
　　　でない…………………………………………………………　23

【24】　外国在住の日本人と日本在住の日本人との間の養子縁組

317

についても，民法第801条による取扱が認められる… 40

【26】 日本国民が外国の方式によって婚姻する場合の，婚姻要件具備に関する証明書について………………………… 43

【35】 在日朝鮮人の戸籍届書の保存期間は戸籍法施行規則第50条に規定にかかわらず当分の間そのまま保管する… 66

【36】 朝鮮人の国籍の表示に関する戸籍の取扱い方（先例変更）……………………………………………………… 66

【39】 在外公館長は管轄区域外に在留する邦人に関する国籍法上の届出等を取り扱ってさしつかえない…………… 75

【44】 中国（台湾）人－23歳－が，日本人－41歳－の養子となる縁組届について，養子となるべき中国（台湾）人につきその要件に関する準拠法として中華民国民法を適用し，当該縁組届が受理されなかった事例…………………… 85

【50】 日本人と外国人との間に出生した日本人たる嫡出子の外国人たる父又は母欄の戸籍記載に漢字によって氏を表記する取扱い等について………………………………… 97

【51】 氏又は名に用いる文字の取扱いに関する通達等の整理について………………………………………………… 100

【52】 難民の地位に関する条約等の発効に伴う難民に関する戸籍事務の取扱いについて………………………………… 102

【54】 1．ブラジル国で生まれた外務省派遣技術協力専門家の子は，出生によって同国の国籍を取得しないので日本国籍を留保する必要はない。

2．この場合は，出生事項中父の資格は「外務省派遣専門家」とする……………………………………………… 107

【57】 アメリカ合衆国及びソ連の国民並びに無国籍者を除く在留外国人の死亡届を受理した市区町村長は管轄法務局の長にその旨を通知し，法務局の長はこれを取りまとめて外務大臣官房領事移住部長あてに通知する……………… 114

【58】 国籍法第2条第1号の改正により，外国人父と日本人母との間の嫡出子の出生届を受理したときは，その子を戸籍に記載する……………………………………… 118

【61】 法例の一部を改正する法律の施行に伴う戸籍事務の取扱いについて…………………………………………… 159

【62】 本国官憲により身分関係事実が把握され婚姻要件具備証明書の発行の可能な中国や韓国からの近時渡来者については，婚姻要件具備証明書が得られない旨の申述書と外国人登録済証明書のみでは婚姻届は受理できない……… 207

【84】 外国人からの不受理の申出等の取扱いについて… 257

【85】 国籍法の一部を改正する法律等の施行に伴う国籍取得の届出に関する取扱いの変更について………………… 259

【86】 国籍法及び国籍法施行規則の一部改正に伴う戸籍事務の取扱いについて………………………………… 278

【88】 外国での使用を目的として日本人の身分事項に関する証明書の交付請求があった場合の取扱いについて…… 288

【92】 在外公館で受理した戸籍の届書に不備がある場合の取扱いについて………………………………………… 297

【94】 出入国管理及び難民認定法及び日本国との平和条約に基づき日本の国籍を離脱した者等の出入国管理に関する特例法の一部を改正する等の法律等の施行に伴う戸籍に関する

319

従来の通達の取扱いについて……………………………… 302

〔出生編〕

【1】 国籍留保の届出は，出生の届出と同時になすべきもので
あるから，国籍留保が同時にされない限り，出生届は受理
できない………………………………………………………… 1

【9】 米国軍人と日本人女との夫婦間の婚姻前の出生子につき，
婚姻後父から戸籍法第62条の出生届があった場合の取扱
………………………………………………………………… 14

【14】 カナダ人男又は豪州人男と日本人女の夫婦間の婚姻前の
出生子につき，戸籍法第62条の出生届があった場合は受理
する…………………………………………………………… 22

【18】 日本在住の英国人女の胎児を日本人男が認知する届出は
受理できる。なお，右の胎児認知の届出は，母の住所地で
する…………………………………………………………… 28

【19】 米国（カリフォルニア州）人女の胎児を日本人男が認知
する届出は，これを受理して差しつかえない。右認知胎児
が出生したときは，その出生届によって子につき新戸籍を
編製する……………………………………………………… 30

【27】 在外公館職員の子の出生届について……………… 44

【31】 ポーランド在住の日本人男とポーランド人女の婚姻成立
前の出生子について，婚姻後に父である日本人男から戸籍
法第62条に規定する嫡出子出生届がなされたときは，当該
出生届は認知届として処理する……………………… 54

【41】 生地主義国で出生した子の出生届が，14日経過後になされた場合，その受理につき疑義のあるときは，あらかじめ在外公館から外務省経由，法務省の指示を得た上で処理する……………………………………………………………… 78

【42】 朝鮮人夫婦の子として朝鮮戸籍に入籍している子について，日本人女から母子関係存在証明書のみを添付し，嫡出でない子としての出生届が日本国総領事に提出され，これが受理送付された場合であっても，母子関係存在証明書のみでは，当該母子関係が真実であり，したがって事件本人が日本人であるかどうかを認定しえないので，当該出生届に基づく戸籍の記載はすべきでない………………… 80

【53】 無国籍者を父とする嫡出子等の出生届出を受理するに当たっては，事前に管轄局の指示を求めること……… 105

【73】 在外公館で使用する出生届書の様式について…… 237

【97】 母が50歳に達した後に出生した子として届けられた出生届の取扱いについて……………………………………… 311

【98】 外国人女の嫡出でない子（日本人男から胎児認知がされている。）に係る国籍留保届について，当該日本人男が外国人女と同居している場合に届出人となることはできないとされた事例………………………………………… 312

〔認 知 編〕

【25】 ヴェトナム法おける認知について………………… 41

【29】 父母の婚姻後200日以内の出生子につき嫡出でない子と

321

して出生届がなされた後に，父から認知届があった場合の
取扱について……………………………………………… 49

【46】 日本人女とギリシヤ人男との婚姻前の出生子について，
ギリシヤ人男から駐日ギリシヤ国総領事に対して認知届が
なされ，同領事発給の同届出受理証明書を添付して認知届
があった場合は，右証明書を戸籍法第41条に規定する証明
書の提出があったものとして処理して差し支えない
……………………………………………………… 87

【47】 日本人女の非嫡出子をスイス人男（有配偶者）が認知し
た旨の同国チューリッヒ市民課民事官作成の認知報告書を
添付して，右日本人母から認知届があった場合は，戸籍法
第41条に規定する証書の提出があったものとして受理して
差し支えない…………………………………………… 91

【55】 1．韓国人と離婚した同国人女の胎児を，離婚後3ヵ月
目に日本人男が認知し，その胎児が父母離婚後300日以内
に出生したときにおいて，出生後，母の前夫との間に親子
関係不存在確認の裁判が確定したときは，さきになされた
胎児認知届の効力は認められる。

　　2．右胎児認知届の効力が認められる結果，出生子は国
籍法第2条第1号に該当し日本国籍を取得する…… 108

【76】 ペルー人女の嫡出でない子について，ペルー共和国官憲
が発行した出生登録証明書に日本人男が父として記載され
ていたとしても，その出生登録が裁判（出生登録命令）に
よってされたものであるときは，同証明書を認知証書として
取り扱うことはできないとされた事例…………… 241

【77】 外国人母の夫の嫡出推定を受ける子について，日本人男から認知の届出があった場合の日本国籍の有無について ……………………………………………………… 243

【79】 渉外的胎児認知届の取扱い等について…………… 246

〔養子縁組編〕

【33】 アメリカ人男（ワシントン州）が日本人たる妻の子を養子とする米国裁判所の中間判決がされた場合の処理 ………………………………………………… 60

【48】 米国人夫が日本人妻の非嫡出子を養子とする縁組につき，同国ハワイ州の巡回家庭裁判所において養子決定がなされ，その決定書の謄本を添付して，右の子から縁組届があった場合は，報告的届出として受理する………………… 93

【59】 民法等の一部を改正する法律の施行に伴う戸籍事務の取扱いについて…………………………………… 135

【63】 カメルーン民法によれば，自己の子を養子とすることはできないとされているので，カメルーン共和国人女が日本人夫とともに自己の嫡出でない子を養子とする縁組届は，日本人のみとの単独縁組と訂正させた上受理して差し支えないとされた事例………………………………… 208

【67】 アメリカ合衆国ワシントン州の上級裁判所において成立した米国人男日本人女夫婦が日本人を養子とする縁組の報告的届出について，我が国の特別養子縁組が成立したものとして処理するのが相当とされた事例及びその場合の戸籍

記載例……………………………………………………… 218

【71】　日本人が中国人を養子とする場合の取扱いについて
　　………………………………………………………………… 229

【72】　渉外的な養子縁組届の処理について……………… 231

【74】　パキスタン人男とその配偶者である日本人女の嫡出子及
　　び嫡出でない子との養子縁組届が受理すべきでないとされ
　　た事例…………………………………………………… 238

【75】　日本人男が配偶者であるフィリピン人女とともに同女の
　　未成年の嫡出でない子を養子とする場合において，養子の
　　本国法であるフィリピン家族法188条3号の定める養親の
　　10歳以上の嫡出子の書面による同意を要するとの要件は法
　　例20条1項後段所定の要件（いわゆる「保護要件」）であ
　　るから，養親となる日本人男の10歳以上の嫡出子の同意書
　　の添付がない縁組届は受理することができないとされた事
　　例………………………………………………………… 239

【90】　永住者の資格で日本に居住する中国人夫婦が妻の兄夫婦
　　の嫡出子を養子とする創設的縁組届出について，養親とな
　　る夫婦は中華人民共和国養子縁組法第7条第2項における
　　華僑であると認められるが，妻の兄の子は姻族であること
　　から，同法第7条第1項及び第2項の「3代以内の同輩の
　　傍系血族の子を養子とするとき」に該当しないため養子縁
　　組をすることはできないとされた事例……………… 292

【91】　日本人が中国人を養子とする場合の取扱いについて
　　………………………………………………………………… 296

【93】　フランス法に基づく断絶型養子縁組に関する戸籍記載に

つき，養子縁組後の子と父母との続柄を「長女」とし，養
子縁組後の養子の身分事項欄に特記事項として，「実父方
の血族との親族関係の終了」と記載するのが相当とされた
事例……………………………………………………… 299

【100】　オーストリア国の方式で成立したとして在オーストリ
ア日本大使館で受理された特別養子縁組届について、同国
の養子縁組法制は、養子と実親の親族関係が断絶するもの
とは認められないことから、特別養子縁組として取り扱う
ことはできないとされた事例……………………………… 314

〔養子離縁編〕

【7】　養父は米国の，養母と養子は日本の国籍を有している場
合における養子離縁の取扱………………………………… 10

【23】　養父母は米国の国籍を有して同国に居住し，養子は日本
人で日本に居住している養親子について協議離縁の届出が
あっても，市町村長は受理できない……………………… 38

【40】　アメリカ人養親（オハイオ州）と日本人未成年養子の調
停離縁が認められた事例…………………………………… 76

【96】　養子が外国人と婚姻し、戸籍法第107条第2項の届出に
より外国人の氏を称した後に離婚し、その後に養子離縁し
た場合に、離縁後も引き続き呼称上の氏を称するとされた
事例…………………………………………………………… 309

〔婚 姻 編〕

【3】 外国の方式により成立した婚姻の届出についての領事の
審査義務……………………………………………………… 4

【5】 1．日本人男が外国人女と妻の氏を称し，外国において
新戸籍を編製する旨記載した婚姻届は受理すべきでない。
2．日本人男が外国人女と婚姻し，婚姻前の出生子につ
き戸籍法62条の出生届出をしても，その子は当然には日本
国籍を取得しない……………………………………………… 7

【17】 ポルトガル人男と日本人女とが日本においてポルトガル
国の方式によって婚姻し，右婚姻に関する同国領事の証明
書を添付して市町村長に婚姻の届出があった場合でも，日
本法上の婚姻の効力は市町村長の届書受理の時に生ずる。
右の婚姻届には夫の婚姻要件具備に関する証明書を提出さ
せる必要がない………………………………………………… 27

【20】 駐留米国軍人と日本人女との婚姻届書に，夫に関する部
分はすべて英文字で記載し，届書の欄外に，夫が所属部隊
長の面前で自署し宣誓した旨の右部隊長の証明がなされて
いる届書の取扱………………………………………………… 32

【21】 外国人男と日本人女との婚姻届に，夫の出生証明書及び
夫の父母の婚姻証明書のみを添付しても，これによって婚
姻要件具備の証明とはならない……………………………… 33

【30】 日本に不法入国した外国人から婚姻届の提出があった場
合，婚姻要件が具備されていれば受理してさしつかえない
（先例変更）…………………………………………………… 52

【32】 日本人と外国人を当事者とする婚姻については民法750

条の適用はない……………………………………………… 58

【34】 ギリシャ人男と日本人女の婚姻につき日本の教会におい
て法的に婚姻したものである旨のギリシャ総領事発行の証
明書を添付して婚姻届があったときは右証明書を要件具備
証明書とみなして受理して差しつかえない………… 64

【37】 パキスタン人男と日本人女の婚姻届を受理してさしつか
えないとされた事例……………………………………… 68

【38】 日本人男とベルギー人女の婚姻届に添付すべきベルギー
人女の婚姻条件具備証明書……………………………… 73

【49】 日本人男とドイツ連邦共和国人女との間に出生した嫡出
子の母欄に漢字によって氏を表記する取扱い等について
……………………………………………………………… 96

【56】 シンガポール人男と日本人女との婚姻届に，東京回教寺
院発行の婚姻証明書のほかシンガポール国の婚姻登録所が
発行した右婚姻は有効である旨の証明書の添付があっても，
当該証明書類を要件具備証明書として取扱い受理するのが
相当とされた事例……………………………………… 112

【80】 日本人と中国人を当事者とする婚姻について…… 251

【82】 日本で婚姻をしたブラジル人夫の氏変更の取扱いについ
て………………………………………………………… 254

【83】 ペルー法上同国人が日本に住所を有すると認められる場
合は，反致が適用されるものとして，ペルー人男の婚姻要
件について日本法を適用して差し支えないとされた事例
……………………………………………………………… 255

【87】 ブラジル人を当事者とする創設的婚姻届の取扱いについ

327

て……………………………………………………………………… 287
【89】 中国人を当事者とする創設的婚姻届の審査について
………………………………………………………………………… 291
【95】 中国村民委員会（居民委員会）発行の証明書をもって婚
姻の成立を証明する有効な証書として取り扱うことはでき
ないとされた事例………………………………………………… 308
【99】 外国人と婚姻をした日本人が、その氏を戸籍法第107条
第２項の届出により、婚姻の効果として外国人配偶者が称
することとなった複合氏に変更することは認められないと
された事例………………………………………………………… 313

〔離 婚 編〕

【6】 米国人男と日本人女の婚姻及び離婚に関する戸籍の取扱
につき注意すべき点……………………………………………… 9
【8】 米国在留の日本人夫婦が，米国裁判所の離婚判決に基き
在外事務所に離婚届をしたが，その離婚判決が法例第16条
の規定に違反し，日本法上離婚の効果を生じない場合でも，
右の離婚届が夫婦双方から届け出られているときは，これ
を協議離婚の届出として取り扱うことができる…… 12
【16】 日本に在留する外国人につき日本の裁判所において離婚
の調停が成立した場合の離婚届の受否……………… 26
【22】 外国の国会において，夫が同国に在住する日本人夫妻に
ついて離婚の法律を制定した場合の取扱…………… 35
【28】 回教国の方式によってなされた離婚に関する取扱

……………………………………………………………… 46

【43】 外国でなされた離婚判決は，民事訴訟法第200条の条件を具備する場合に限り，我が国においてもその効力を有するものと解すべきである（先例変更）……………… 81

【45】 裁判又は調停による離婚等の届出人でない者が，当該届出によって復氏する場合に，同届書の「その他」欄に新戸籍を編製する旨記載し，署名押印して届け出た場合，又はその旨の申出書を添付して届出があった場合には，これに基づいて新戸籍を編製して差し支えない（先例変更）……………………………………………………………… 86

【60】 離婚の裁判確定後，原告である夫から離婚届があったが，帰化により日本人夫の戸籍に入籍した者が，離婚後称する氏について申出をする意思がない場合の処理……… 155

【64】 連合王国人夫と本土系中国人妻の離婚の際に最も密接な関係がある地が日本であると認定され，協議離婚届を受理して差し支えないとされた事例……………………… 209

【65】 オーストラリア人夫とヴェトナム人妻の離婚の際に最も密接な関係がある地が日本であると認定され，協議離婚届を受理して差し支えないとされた事例……………… 210

【66】 日本人夫と韓国人妻の離婚の際に最も密接な関係がある地が韓国であると認定され，協議離婚届を受理して差し支えないとされた事例…………………………………… 214

【68】 日本人夫婦（夫・在米，妻・在日）の米国グアム上級裁判所における離婚判決（欠席判決）に基づく離婚届について，民事訴訟法第200条第2号の要件を欠くと明らかに認

められる場合には該当しないから，受理して差し支えない
とされた事例……………………………………………… 225

【69】 離婚の際に夫婦に最も密接な関係がある地の認定につい
て市区町村長から指示を求められた場合の取扱いについて
……………………………………………………………… 226

【70】 ブラジル人同士夫婦による協議離婚届は受理すべきでな
い…………………………………………………………… 228

【78】 米国ミズーリ州クレイ郡巡回裁判所においてされた日本
人男と米国人女との離婚判決の判決書謄本を添付した離婚
届を受理して差し支えないとされた事例…………… 245

【81】 イタリア人夫と日本人妻とのオランダ国法上の登録パー
トナーシップ制度に基づく同居契約解消登録により離婚が
成立した旨の報告的離婚届について，同国の方式により離
婚が成立したものとして処理して差し支えないとされた事
例…………………………………………………………… 252

［編者紹介］

澤田　省三　● ● ● ● ● ●

略　歴
1936年生。兵庫県豊岡市出身
法務省勤務を経て，宮崎産業経営大学法学部教授，同法律学科長，鹿児島女子大学教授，志學館大学法学部教授，同図書館長，中京大学法科大学院教授，全国市町村職員中央研修所講師，全国市町村国際文化研修所講師等歴任

著　書（主なもの）
「夫婦別氏論と戸籍問題」（ぎょうせい）
「家族法と戸籍をめぐる若干の問題」（テイハン）
「新家族法実務大系２」共著（新日本法規）
「ガイダンス戸籍法」（テイハン）
「私の漱石ノート」（花伝社）
「戸籍実務研修講義」（テイハン）
その他多数

渉外戸籍実務基本先例百選

2019年 9 月26日　初版第 1 刷印刷　定　価：本体2,900円（税別）
2019年10月 7 日　初版第 1 刷発行　（〒実費）

不複 許製	編　者　澤　田　省　三 発行者　坂　巻　徹

発行所　東京都文京区　株式 テイハン
本郷 5 丁目 11-3　会社
電話 03(3811)5312 FAX03(3811)5545/〒113-0033
ホームページアドレス　http://www.teihan.co.jp

〈検印省略〉　　　　　　印刷／太陽印刷工業株式会社
ISBN978-4-86096-115-2

本書のコピー，スキャン，デジタル化等の無断複製は著作権法上での例外を除き禁じられています。本書を代行業者等の第三者に依頼してスキャンやデジタル化することはたとえ個人や家庭内での利用であっても著作権法上認められておりません。